LE LIVRE DE RAISON

DE L'ABBAYE

DE

SAINT-MARTIN-DE-PONTOISE

(XIVᵉ ET XVᵉ SIÈCLES)

PUBLICATIONS DE LA SOCIÉTÉ HISTORIQUE DU VEXIN

LE LIVRE DE RAISON

DE L'ABBAYE

DE

SAINT-MARTIN-DE-PONTOISE

(XIVe ET XVe SIÈCLES)

PAR

J. DEPOIN

Secrétaire général de la Société Historique du Vexin
Administrateur de la Société Historique de Corbeil
Membre de la Commission des Antiquités et des Arts du département
de Seine-et-Oise

PONTOISE

AUX BUREAUX DE LA SOCIÉTÉ HISTORIQUE

3, RUE DES MOINEAUX

1900

LE LIVRE DE RAISON

DE

L'ABBAYE DE SAINT-MARTIN

DE PONTOISE

I

LE MANUSCRIT

Il existe aux Archives de Seine-et-Oise dans le très important fonds de Saint-Martin de Pontoise, un registre in-folio ayant primitivement contenu au moins 329 feuillets cotés en chiffres romains, et dont il ne subsiste que 257, cotés et inventoriés. Ce registre fut rempli par diverses mains d'annotations, dont la plus ancienne est de 1328 et la plus récente de 1603.

Son principal emploi semble avoir été de préciser l'état des principales opérations financières engagées par l'Abbaye, telles que les marchés avec les divers fournisseurs; les conventions avec les fermiers, les métayers et les journaliers; l'écoulement des produits de l'exploitation des vignes ou des troupeaux; les prêts en numéraire ou en nature consentis par l'Abbaye et les emprunts faits à des tiers ; on y rencontre également des partages ; de dîmes ou de péages, des déclarations et aveux, des censiers, des règlements de corvées, des abornements de terroirs, des formules de serment, des nominations d'officiers, des présentations aux bénéfices dépendant de l'Abbaye.

On y trouve transcrits aussi des contrats, des sentences, des requêtes de procédure, des inventaires, et un grand nombre d'indications de toute nature pouvant intéresser l'administration du Monastère.

Des comptes de l'Abbaye, à diverses périodes, y sont encore insérés.

Il est difficile de donner une idée de la variété presque infinie des renseignements qu'il renferme.

Nous nous proposons, dans les extraits qui vont suivre, et qui se rattachent surtout à des questions d'intérêt historique général, de montrer quelle mine de renseignements précieux est contenue dans ce véritable *Livre de raison* monastique, que nous avons signalé en 1896 au Congrès des Sociétés savantes.

On ne devra pas s'étonner de rencontrer, dans un certain nombre de passages, ce singulier mélange de français et de latin qui porte de nos jours le nom de style macaronique.

Dès le temps de l'abbé Dreux, en 1260, les archives du Monastère renferment des actes en langue romane : mais la plupart des juridictions conservèrent beaucoup plus tard l'usage du latin. Le Parlement le maintint pour les sentences jusque sous François Ier, tout en insérant dans son style une infinité de gallicismes audacieux. La juxtaposition franche des deux idiomes est rare dans les documents judiciaires : nous en avons relevé cependant un exemple, qui sera reproduit à titre de curiosité lexicographique. C'est un acte du prévôt de Cergy pour l'abbaye de Saint-Denis, daté de 1396.

Le prevost religieus à Sargi, temps de Nicolle, abbé de S. Martin laies Pontoise, a la contencion *inter illum abbatem et presbiterum Putheolis* a cause des grosses dismes *proter amissiciam*. Moy prevost de Sargi vu les titres dudit abbé par les quelx il fut dit que le curé dudit Puiseux auroit *amodo* la jouissance du dict muy de blé qui est à prendre huit sept (iers) sur la disme que S. Martin prend audit Puiseux et un sur le Sugier; oultre appert et demeure la jouissance aud. curé toute la disme d'unz petit terrouer *noncupé* les Poulaillières et treille, avecques toutes les menues dismes, nonobstant que sans diminuer le curé ès aultres drois sur ledit abbé. *Datum anno* Mᵒ CCCᵒ IIIIˣˣ et XVIᵒ. (A N. LL, 1170, fol 101).

Quelques remarques sont à faire sur les inscriptions françaises, de beaucoup les plus fréquentes, portées au Livre de raison.

L'orthographe peut être considérée comme en formation. Elle est si peu fixée que, dans une seule page écrite de la même main, un mot revêtira trois expressions graphiques différentes.

Le tilde est rarement employé pour indiquer l'élision d'un *m* ou d'un *n* à rétablir; nous avons remarqué une seule fois *poît* pour *point*. Ce signe a pour rôle de distinguer les *n* des *u* qui sont identiques. Ainsi, le mot *anniversaire* a ses deux *n* tildés (1). C'est pour ce motif qu'on ajoute un petit *e* au-dessus du chiffre IIII, dont le tracé ne différerait pas autrement, de celui du mot *un* (2).

---

(1) Plus tard, les grammairiens se méprirent sur le sens de ce signe; et ne saisissant pas le but du tilde de *boñe* destiné à empêcher de lire *boue*, ils doublèrent la consonne, en dépit de l'étymologie.

(2) Registre, folio 201.

Le son mouillé est toujours représenté, non par deux *ll* seulement, mais par les trois lettres *lli*. *Touaille* (serviette), s'écrit *touaillie*; *coquille*, *coquillie*.

La lettre *z* finale s'emploie indifféremment pour *s*.

La prononciation de l'*oi* comme un simple *è* est générale à St Martin. On écrit même *eaue benaite* pour *benoiste* (bénite); *telle* pour *toile*, etc. D'ailleurs, les Pontoisiens appelèrent certainement leur ville *Pontaise* du xive siècle au xvie siècle.

Telles sont les principales observations grammaticales qu'il nous a paru intéressant de relever. Mais notre Livre de raison pourrait fournir, à ce point de vue, le sujet d'une étude spéciale sur l'évolution de la langue, dans un milieu très voisin de Paris, drant la période de la Guerre de Cent Ans.

II

ORIGINES DE L'ABBAYE

Fondé par un petit groupe de cénobites qui appelèrent, vers 1069, saint Gautier, l'une des gloires de l'ordre bénédictin, à se mettre à leur tête, — le monastère de Saint-Martin près Pontoise acquit en peu de temps une réputation considérable et de grandes richesses. Du vivant même de son premier abbé, sept prieurés, tous abondamment dotés, lui furent adjoints, par les libéralités de la noblesse vexinoise, beauvaisienne et briarde dans les diocèses de Rouen, Paris, Beauvais et Meaux. Quatre autres fondations vinrent s'ajouter à cette liste dans le courant du XIIe siècle.

Ce siècle n'était pas écoulé, que, dès le début du règne de Philippe-Auguste, la gestion déplorable de deux abbés de cour, — Guillaume Huboud d'Exeter et maître Hellouin, précepteur du jeune roi, — avait fait succéder à l'édification des temps primitifs un désordre général. C'est dans la congrégation de Saint-Denis, où le puissant génie monastique de Suger laissait encore son empreinte, qu'on alla chercher des réformateurs (1). Pendant quelques années, de 1196 à 1201, Saint-Martin, avec toutes ses dépendances, fut pourtant réduit à l'état de prieuré dionysien.

---

(1) J. Depoin. *Cartulaire de Saint-Martin de Pontoise*, édité par la Société Historique du Vexin, p. 166.

Rendu à son autonomie après l'infusion d'un sang nouveau, le monastère vit refleurir son vieux renom sous l'égide du saint abbé Nicolas I. Il possédait une nombreuse « Librairie » cent vingt ans avant que ne fût constituée une Bibliothèque royale. La vie claustrale y était ordonnée par de pieux et sages règlements qui nous ont été conservés.

Malheureusement, il vint d'autres supérieurs qui négligèrent de veiller à leur observance. Le registre des visites d'Eudes Rigaud, archevêque de Rouen, tenu de 1248 à 1270, nous révèle un état moral peu régulier, une situation matérielle plus précaire encore. Toutefois la scrupuleuse attention du prélat, aidée de moyens coercitifs énergiques, aboutit en vingt ans à remédier sensiblement au mal. L'élection de Gautier II de Sérifontaine, en 1263, assurait à la communauté écrasée par des dettes usuraires un bon administrateur : mais les procès mêmes qu'il soutint et gagna pour défendre les droits féodaux de son couvent montrent, comme nous le verrons en parlant des chasses, que l'esprit de la règle était parfois singulièrement méconnu.

Ce qui est certain, c'est que, sous son régime, l'Abbaye rentra en possession des deux prieurés du pays meldois dont elle avait dû, par suite d'impérieux besoins d'argent, céder l'usufruit à l'Évêque et à l'Archidiacre de Meaux (1). Au début du XIVe siècle, au moment où s'ouvre notre livre de raison, l'abbaye est aux mains d'un abbé distingué par ses origines et par sa valeur personnelle. Jehan de Brécourt paraît avoir contribué à rétablir un ordre parfait dans son monastère. L'établissement du registre que nous allons analyser est, à lui seul, une preuve évidente de l'esprit de

---

(1) Cela résulte de ce que dit le registre de Rigaud à l'année 1263. Dès 1249, l'abbaye n'avait déjà plus que neuf prieurés occupés par des moines. Or, vers 1280, la taxe des procurations dues à l'Abbaye constate que les onze prieurés sont au complet. (Voir Annexe II.)

méthode qu'il déploya dans la conduite des affaires conventuelles.

Pour établir avec clarté une chronologie dont la suite de ce travail fera ressortir fréquemment l'utilité, nous consacrerons un chapitre à exposer brièvement la succession des abbés de Saint-Martin durant les XIVe et XVe siècles.

III

LES ABBÉS DU XIVᵉ AU XVIᵉ SIÈCLE

Le créateur du Livre de raison de Saint-Martin, JEHAN DE BRÉCOURT, en fonctions dès 1318, appartenait à une famille de noblesse vexinoise qui possédait un manoir et des terres dans la paroisse de Labbeville. Fils d'Adam et d'Hodierne, il avait pour frère Anseau (1), dont le nom revient assez fréquemment dans le registre, car l'abbé le chargea de démarches nombreuses pour la liquidation d'une importante succession échue à l'Abbaye (2). Jehan de Brécourt mourut le 10 novembre (3), probablement en 1343 (4).

Son successeur fut JACQUES Iᵉʳ DES ORMES, qui portait *bandé d'argent et de gueules de dix pièces*. (4). Il mourut le 19 septembre (5), en 1354, d'après Dom Estiennot. Les religieux élurent pour le remplacer le prieur claustral, frère ETIENNE III COSSON (6). L'abbé Etienne III mourut le

---

(1) Obituaire de St Martin, 29 septembre, (J. Depoin, *Cartul. de St Martin*, p. 237).

(2) Celle de maître Pierre de Hérouville, mort en 1319.

(3) Obiit bone memorie Johannes † abbas de Brecuria. (*Cartulaire*, p. 238.)

(4) Dom Estiennot, *Historia mon. Sti Martini*, t. I.

(5) *Cartulaire*, p. 237.

(6) Ou QUOSSON. Il était fils de Jean Cosson : durant son priorat, il perdit son père et Catherine, sa sœur. (Obituaire, 6 août et 11 novembre. *Cartulaire*, p. 234 et 238.)

23 septembre, nous ignorons à quelle date. En 1358, il avait résigné son abbaye. (1).

Jehan II, qui lui succéda, était d'une famille Marguerite, habitant La Villeneuve Saint-Martin, près de Vigny. Nous ne lui connaissons point d'armes, non plus qu'à son devancier.

C'est lui qui, le premier, s'intitula « Dei et Apostolice Sedis gracia humilis abbas monasterii Sti Martini juxta Pontisaram », dans un acte du 24 octobre 1360 transcrit au Livre de raison (fol. 158). En 1358 il s'intitulait seulement « humilis abbas » et au début de 1360 « permissione divina abbas ».

Sa tombe fut longtemps conservée dans la sacristie. Il y était représenté avec les insignes de sa dignité, portant en ses mains une banderole où se lisait cette devise : *Salvator Mundi, miserere mei* (2).

Voici le texte de son épitaphe :

Hic jacet abbatis corpus mortale Johannis
Ortus de villa Martini nomine nova :
Hinc Margarite cognomine dicitur apte ;
Bis decem et novem annis rexit que gregamen.
Constanter valeant, vestigia qui bene curant :
Anno milleno centeno tres octuagesimo nono,
Februorum quinta tres decim fit que dieta ;
Requiem quesivit summam, terrena reliquit.
Deo verumtamen fac tecum regnitet. Amen.
Hunc tu ita precare, Themericourt, hujus amore (3).

---

(1) L'Obituaire porte : Bone memorie Stephanus Cosson *quondam abbas istius ecclesie.* » *Cartulaire*, p. 236. Cette formule indique que celui auquel elle s'applique n'est pas mort en fonctions.

(2) D. Estiennot, t. I, fol. 72.

(3) Is *Themericourt*, ut opinor, ejus abbatis discipulus, tale condidit epitaphium (D. Estiennot, ibid.) *Jehan de Thémericourt* est cité à diverses reprises comme l'un des religieux, dans le *Livre de raison*. — Le *Gallia christiana* a reproduit cette épitaphe.

L'abbé Jehan II laissa une communauté assez divisée pour que, quatre années durant, elle ne pût tomber d'accord pour lui choisir un successeur (1). Enfin, en 1394, fut reconnu pour abbé Pierre II, fils de Tristan Du Bois, chevalier seigneur de Villiers-sur-Auchy et bailli d'Amiens. Il mourut le 14 octobre 1401 (2).

Pierre II fut enterré au seuil du sanctuaire, sous une tombe le représentant en pied et portant cette épitaphe :

Sub petra Petrus Sylvestris nomine dignus
Hac dormit totus mente Deo deditus.
De Villers natus vixit juste constitutus
.... abbas in corpore castus,
Judicio rectus, in verbis valde modestus.
Anno milleno juncta iota centum quaterno,
Obiit octobris septima bis die mensis.
Æternam requiem Deus illi concedat. Amen.

Sur un listel placé dans ses mains se déroulait cette devise : *Qui me plasmasti, tu miserere mei.*

---

(1) « Defuncto Johanne de Villeneuve abbate, vacavit sedes per aliquod tempus. An immediate ei Petrus de Villers successerit dubitare cogunt : 1° quod tantum anno 1394, elapso saltem quinquennio a morte Johannis, obedientiam monasterii sui archiepiscopo Rothomagensi promisit (Cartul. minus, pag. 300); 2° quod an 1390, vicarius Pontisarensis concedens licentiam ex authoritate Apostolice sedis et Dni G. de Vienna Roth. archiepiscopi, mittendi monachos ad ordines sacros a quolibet antistite suscipiendos, litteras dirigit ad patres Johannem Reginaldum et Henricum de Hues monachos S. Martini, non vero ad abbatem... (Cart. min. pag. 316.) Sane per id tempus D. Johannem Hurel monasterium rexisse innuunt litteræ emptionis quarundarum ædium in urbe Pontisaræ an. 1392 et concordiæ commutationis factæ cum priorissa Domus Dei Pontis. an. 1392, et acquisitiones factæ LX solidorum annui census an. 1393, in quibus ipse nomine suo et monasterii S. Martini ac prioratûs de Cambliaco, cujus erat prior, emit. » (D. Estiennot, t. I, fol. 73.) Comme les comptes de 1390 mentionnent la bénédiction d'un abbé, nous croyons que l'élection de Pierre II fut contestée.

(2) Obiit Petrus † Silvestris de Villaribus, abbas. (*Cartulaire*, p. 238). « Porrho nostrum Petrum du Bois filium Tristani du Bois equitis, domini de Vilers sur Auchy, an. 1382, Ambianensisque bailivi fuisse arbitror. Is duos filios habuit, nostrum abbatem et Mansuetum, qui tantummodo filiam habuit quæ nupsit Roberto de Fiennes. Familiæ vero DD. du Bois gentilitium tale erat : « d'argent au lyon de ... » (D. Estiennot, t. I, fol. 75.)

Mathieu Le Cordonnier fut élu, avec la permission de l'Archevêque de Rouen, en 1401. Il est appelé Cordubenarius par l'obituaire, Aluptarius dans un texte du Petit cartulaire cité par Dom Estiennot (1). La *Neustria Pia*, par une des nombreuses erreurs que renferment ses chronologies monastiques, en a fait un *Mathieu de Corbie*, qui aurait gouverné de 1336 à 1349. Ni le Livre de raison, ni les Archives, ni l'obituaire, ne soufflent mot de quatre autres prétendus abbés cités dans la compilation d'Artus du Moustier à la place des véritables (2).

L'abbé Mathieu mourut le 23 janvier (3), probablement en 1433, car son successeur Pierre III Le Boucher confirma le 28 avril de cette année, un engagement important pris par Mathieu (4); et c'est aussi en 1433 qu'il se fit recevoir dans la Confrérie aux Clercs de Pontoise suivant l'usage traditionnel des dignitaires ecclésiastiques de la région (5).

Pierre Le Boucher appartenait à une famille commerçante de Pontoise, anoblie par le duc de Bedford après la prise de cette ville en 1419. Il portait « d'or à trois roses de gueules ».

Pierre III mourut le 1ᵉʳ octobre (6), en 1456 ou 1457 (7).

Jehan III Le Charon (en latin Caronus), qui le remplaça ne fut point pris dans la communauté. Il était profès du prieuré de Gaye, près de Sézanne, où son corps fut, après ses obsèques, solennellement transporté.

---

(1) D. Estiennot, t. I, fol. 76.
(2) Jacques du Moustier, 1391, mort le 24 septembre; — Hugues de Cergy, 1415, mort le 18 décembre; — Guillaume de l'Isle, 1436, mort le 16 avril; — Pierre de Villiers, mort le 2 mai 1452. (*Neustria pia*, Rouen, 1663, in fol., p. 552.)
(3) *Cartulaire*, p. 222.
(4) D. Estiennot, t. III, cap. 24, n° 1.
(5) D. Estiennot, t. I, fol. 77.
(6) *Cartulaire*, p. 237.
(7) D. Estiennot, t. I, fol. 79.

Ses armes, qui figurent dans le sceau d'une quittance du 17 mars 1461, se composent d'un seul meuble : une patte de lion (1).

Le 12 décembre 1465, il désigna pour son coadjuteur Pierre du Moustier, qu'il avait nommé dès le 10 avril 1460 prieur de Saint Aubin de Chambly (2). Mais, après sa mort arrivée le 4 août 1471 (3), les dispositions qu'il avait prises ne furent point ratifiées par la communauté ; la majorité des moines, au nombre de six, par un procès-verbal daté du 25 août, procéda à l'élection de Guillaume Le Groing, moine de Chambon au diocèse de Limoges (4), fils de Jehan Le Groing et d'Héliette de Chamborant (5).

Cependant un tout petit groupe de deux moines (6), resté fidèle à Pierre du Moustier, le proclama de son côté et le présenta le 31 août au grand-vicaire de Pontoise. Pierre réussit à détacher deux des électeurs de Guillaume (7), qui se déclarèrent pour lui le 15 février 1472 et la communauté demeura dès lors partagée quatre contre quatre. Les deux concurrents entamèrent l'un contre l'autre un procès d'autant plus prolongé qu'ils avaient chacun des appuis en haut lieu.

La famille de Guillaume Le Groing tenait à la maison

---

(1) Nous Jehan humble abbé de l'église St Martin lez Pontoise certifions avoir reçu de Alexandre Lorget grenetier de Pontoise 2 septiers de sel pour la despence de nostre hostel. En tesmoin de ce que nous avons mis à ceste quittance nostre scel. L'an 1461, le 17 ms.»
Le sceau représentant deux abbés : sur l'écu, une patte de lion. Légende : Sigillum Jehannis..., (B. N. Mss. fr. 20875, t. VI, p. 171).
(2) D. Estiennot, t. I. fol. 80-82.
(3) *Cartulaire*, p. 234.
(4) Orig. Arch. de Seine-et-Oise. Fonds St-Martin de Pontoise, cart. 4. Les électeurs de Guillaume Le Groing étaient Dom Martin Ragot, prieur d'Amblainville; dom Thomas de La Croix, prieur de Tour ; dom Antoine Piret, prieur de Morcerf; dom Raymond Charon, prieur de la Buhotière ; dom Pierre Le Meur, prieur de Belléglise, et dom Jehan Sergent, religieux profès.
(5) *Gallia Christ.*, t. XI, col. 259.
(6) Dom Jehan de Neelle, prieur de Boury; dom Pierre Desvignes, prieur de Ronquerolles.
(7) Dom Pierre Le Meur, prieur de Belléglise, et dom Jehan Sergent, devenu prieur de la Buhotière.

du roi (1); mais le père de son compétiteur, maître Jehan du Moustier, était avocat au Châtelet de Paris (2).

Pendant que se déroulait la procédure, l'abbaye, « mise en la main du roi », eut successivement pour administrateurs : *Jehan Maraine*, prévôt de Senlis (1471-72); dom *Gilles Deslyons*, prieur d'Amblainville et procureur du monastère (1472-73); dom *Jehan de Neelle*, prieur de Boury (mai 1473); enfin dom *Martin Ragot*, prieur claustral (1473-75). Ces moines, pris à tour de rôle dans les deux partis, conduisirent pitoyablement les affaires du monastère (3). Pierre du Moustier finit par triompher; et le 21 octobre 1475, on le voit, en qualité d'abbé, confier le prieuré de Chambly à son frère Jacques (4). Mais ce fut seulement le 4 mars suivant qu'il prêta le serment de déférence à l'archevêque de Rouen.

Cet abbé Pierre IV se fit inscrire en 1476 sur les contrôles de la Confrérie aux Clercs (5). A sa mort, arrivée le 17 août 1494, il fut inhumé dans l'église conventuelle, au-dessous du clocher, sous une tombe gravée portant son effigie.

---

(1) Louis XI, roi de France. — Let. sig. à Aubert Le Groing, courrier et chevaucheur du roi; (Montbazon, décembre 1471), 1/2 p. in-8 obl. Ordre de se rendre auprès de M. de Craon (Georges de la Trémoïlle). — Le roi négociait alors avec le duc de Bourgogne et venait même de transformer en traité définitif la trêve conclue à Amiens, le 4 avril.
(Catal. Eugène Charavay, vente d'autographes du 14 avril 1886, n° 105).

(2) *Cartulaire*, p. 240.

(3) « Intravère administratores seu potiùs lupi rapaces, qui non pepercerunt gregi : de quorum omnium miserrimâ conversatione meliùs est silere quam loqui. » (D. Estiennot, t. I, fol. 83.)

(4) D. Estiennot, t. I, fol. 84. — Jacques mourut prieur de Valmondois. L'Obituaire relate sa mort au 4 mai. (*Cartulaire*, p. 229.)

(5) Nomen et quatuor libras Confratriæ Clericorum anno 1476 dedit [abbas Petrus] ut patet ex authenticis ejusdem, quas v. cl. D. Bornat socius sorbonicus et ecciesiæ S. Maclovii vigilantissimus pastor hujusce Confratriæ an. 1671 quo scribo, præpositus, evolvere scrutarique ultro permisit : idque grati in ipsum animi mei æternum monumentum esto. (D. Estiennot, t. I, fol. 86.)

Dom Estiennot y lut son épitaphe dans les termes suivants :

RELLIGIONIS EXEMPLAR JACET HIC PETRUS DE MONASTERIO, AMBI (AN)ENSIS DIŒCESIS, QUONDAM HUJUS DIVI MARTINI MERITISSIMUS ABBAS, NECNON CELEBRATISSIMI CHOLLETTORUM COLLEGII OB VITÆ INTEGRITATEM CUSTOS POSTULATUS, QUI AB HUMANIS DECESSIT DECIMA SEPTIMA DIE MENSIS AUGUSTI ANNO MILLESIMO QUADRINGENTESIMO NONAGESIMO (QUARTO). ORATE PRO EO. AMEN,

Ses armes, inscrites aussi sur sa tombe, étaient les suivantes : « escartelé aux 1. et 4. de ... à la bande de ... fuselée ; aux 2. et 3. de ... à trois besans ou tourteaux de ... entre deux burelles de ... accompagnées de deux mollettes d'esperon de ... une et une ». (1).

Dès le 22 août 1494, cinq jours après la mort de Pierre IV, le couvent se réunit ; après un vote secret, dont les bulletins furent recueillis par le sous-prieur dom Denis Le Queux, GUY DE VILLIERS fut proclamé élu. Il n'était que sous-diacre, prieur de l'Isle-Adam, et ne faisait point partie de la communauté pontoisienne. C'était l'un des fils d'Antoine de Villiers, seigneur de l'Isle-Adam et prévôt de Paris, et de noble dame Jehanne de Nesle. Il était le propre frère du dernier grand maître de Rhodes, Philippe, et de Louis, évêque de Beauvais. Le blason des Villiers-l'Isle-Adam est justement célèbre : « d'or au chef d'azur chargé d'un dextrochère vêtu d'hermines, au fanon de même ».

Bien qu'ayant accepté de prime abord, le nouvel élu ne tarda pas à renoncer à l'honneur qui lui était fait. Son frère, l'évêque de Beauvais, l'attira sans doute dans son

---

(1) D. Estiennot, t. I, fol. 86. — Pierre IV avait un autre frère, Jehan, qui demeurait avec son père, à Paris. Il leur fit envoyer en 1490, 25 setiers de blé des greniers du monastère.

diocèse : Guy devint plus tard abbé de St Germer-de-Fly et mourut en 1536, après avoir relevé singulièrement l'état matériel et moral de cet antique monastère. (1).

Son désistement obligea la communauté de Pontoise à chercher un autre chef. PIERRE V DE COCQUEREL, d'une famille noble de Beauvoisis (2) fut nommé, et confirmé le 17 novembre 1494. Mais dès le 4 décembre 1496, le nouveau supérieur se hâtait de céder son abbaye par acte notarié, à PIERRE VI DONGNE, qu'il avait précédemment constitué son procureur (3).

Cet acte simoniaque fut sans doute dissimulé au Pape, qui, à défaut de l'archevêque de Rouen, confirma les pouvoirs de Pierre Dongne, le 15 juillet 1497. Quelques années plus tôt, cet abbé, n'étant encore que prieur d'Amblainville, avait obtenu en commende du même Pape Alexandre VI, *cui venalia erant omnia*, dit impitoyablement Dom Estiennot, le prieuré de Chambly, antérieurement uni à la mense abbatiale.

---

(1) Sepultus fuit in dextrâ parte chori sui asceterii, cum hoc epitaphio :
Hic jacet reverendus in Christo pater Dominus Guido de Villers de l'Isle Adam, monachus et abbas hujus cenobii, qui obiit an. Domini M. D. XXXVI die XXIII junii. Requiescat in pace.
Optimus abbas Flaviacense suum monasterium in pristinam integritatem asseruit; templum instauravit, talem tantumque se suis exhibuit, ut bonus pastor merito sit dicendus. Utinàm S. Martinianum monasterium Guidonem diù servasset archimandritam, quo sane quam maxime egebat, ut pote ab Anglicis intestinisque bellis penè funditus eversum et ab ipso omnino mutatum !
(D. Estiennot, t. I, fol. 87.)

(2) Il portait *de gueules au chevron d'argent, accompagné de trois cocquelets d'or, crêtés et piétés de même, deux et un*. Firmin de Cocquerel, évêque de Noyon en 1355, et Jean de Cocquerel, consul de France au Canada en 1601, étaient de cette maison, (Pihan de la Forest.)

(3) Pierre Dongne, natif de Montdidier, au diocèse d'Amiens, portait *écartelé au 1 et 4 d'azur à deux gerbes d'or, au chef d'or chargé de deux oiseaux de sable; au 2 et 3 d'argent à la ban'e d'azur chargée de trois coquilles d'or, accostées de cinq lozanges de gueules en orle, deux et trois.*
Le *Livre de raison* contient (fol. 217) des lettres de Pierre IV, nommant titulaire du prieuré de Rosnel et de la chapelle du Ruel, Pierre Dogne, prêtre, déjà prieur de Morcerf.

Pierre VI résigna à son tour l'abbaye par acte de 1504, à charge d'une pension annuelle de 300 livres, à dom Toussaint Le Cousturier, gisorcien (1), alors prieur de Chaumont. L'abbé démissionnaire continua d'habiter le couvent, auquel il témoigna sa libéralité par des dons qui seront relatés plus loin; ce fut là qu'il mourut le 3 février 1511.

L'année suivante Toussaint Le Cousturier cédait à son tour l'abbaye moyennant une forte pension à dom Jehan IV Harencq, profès de St Pierre de Neauphle-le-Vieux, son concitoyen et son allié.

C'est au Concile de Pise, alors assemblé, que fut transmise cette démission, et c'est au nom du Concile que les bulles d'investiture, datées de Milan le 24 août 1512, furent expédiées au résignataire.

Les armes de Jehan Harencq, relevées par dom Estiennot sur la petite cloche de la tour, donnée par cet abbé, se lisaient : « de... au hareng nageant de... accompagné de deux étoiles en chef et d'une rose en pointe ».

Jehan Harencq prit possession de l'abbaye le 29 septembre 1512, en présence de Pierre Rebolle, lieutenant du bailli de Senlis, et de Denis Pasquier, élu de Pontoise (2).

Notre Livre de raison, en grande partie rempli déjà, cessa d'être utilisé sous l'administration de Jehan IV. Les transcriptions du xviie siècle qui s'y trouvent, revêtent un caractère tout à fait exceptionnel.

Nous interromprons donc, avec cet abbé, la nomenclature des successeurs de Saint Gautier, dont le *Gallia* donne d'ailleurs, à partir de cette époque, une chronologie exacte.

---

(1) Obiit dompnus Toussanus abbas istius ecclesie, de Gysortio. (Obituaire, au 6 mars. *Cartulaire*, p. 224.)
(2) Arch. de S.-et-O., Fonds St Martin, cart. 4.

IV

INDÉPENDANCE DE L'ABBAYE

LUTTE VICTORIEUSE CONTRE L'ARCHIDIACRE DU VEXIN

Au moment de la fondation de l'abbaye, la ville de Pontoise était le chef-lieu d'un archidiaconé embrassant le territoire de la ville et cinq paroisses de sa banlieue, sur la rive droite de l'Oise. De même que le village de Cergy, limitrophe de Pontoise, ces divers pays avaient été autrefois englobés dans la zone d'influence de Saint-Denis ; le puissant moûtier possédait un marché hebdomadaire à l'emplacement d'un bourg qui fut le berceau de la cité pontoisienne, transportée depuis au pied de la forteresse (1).

L'antique chapelle de ce bourg, dédiée à saint Martin, fut donnée à saint Gautier, premier abbé de la communauté ce qui l'amena à transférer en cet endroit son monastère et à en modifier le nom. Le bourg qui dépendit dès lors de saint Martin au temporel et au spirituel, fut rasé de fond en comble durant les guerres anglaises, comme on le verra plus loin. Les terrains en furent acquis plus tard par le Cardinal de Bouillon pour agrandir le parc de son abbatiale.

Les Comtes de Vexin, porte-oriflammes de Saint-Denis, élevèrent à Pontoise un château dans le courant du Xe siècle ; c'est alors que fut détaché de l'archevêché de

---

(1) Diplôme de 864. Tardif, *Cartons des Rois*, n° 21.

Rouen le Vexin français sur lequel le chef de ce diocèse avait eu les premiers droits. Mais l'état aigu des relations politiques entre la France et la Normandie ne lui permettait plus de les exercer; le rattachement à Paris s'imposa; et de fait, le chapitre de Saint-Mellon de Pontoise continua jusqu'en 1791 à prendre à Paris les saintes huiles et à les transmettre aux curés des cinq villages de banlieue restés sous sa juridiction.

Lorsque Dreux, comte de Vexin, succomba aux côtés de son ami Robert-le-Diable au retour de leur pèlerinage en Terre Sainte, le roi de France Henri Ier s'étant emparé du Vexin, le fils de Dreux, Gautier III, demeuré en Normandie, s'y lia intimement avec saint Maurille et promit au prélat rouennais la restitution de Pontoise. Gautier III rentra bien en possession de son héritage; mais sa mort prématurée et sans hoirs en 1064 fournit aux tuteurs du jeune Philippe Ier l'occasion de ressaisir le Vexin français, cette fois pour toujours (1).

Pontoise et le Vexin furent alors dans une situation pour ainsi dire indépendante au point de vue ecclésiastique: cet état de choses dura jusqu'en 1092, date à laquelle Philippe Ier, ayant eu recours à Guillaume Bonne-Ame, pour consacrer son union adultère avec Bertrade, remit cet archevêque de Rouen en possession du Vexin.

Ces détails font comprendre comment, dans le Cartulaire si complet du XIIe siècle, aucune pièce de l'autorité religieuse approuvant la fondation de l'Abbaye, n'accom-

---

(1) Le Vexin fut dès lors considéré comme un apanage. C'est en qualité de comte de Vexin que Louis le Gros qui porta ce titre étant héritier du trône, leva solennellement l'oriflamme sur le tombeau des apôtres de la Gaule. Quand le Vexin fut définitivement réuni à la Couronne, le domaine de Pontoise continua d'être accordé en douaire aux reines de France.

pagnait le diplôme de sauvegarde accordé par Philippe Iᵒʳ en 1069 à la communauté naissante, placée tout d'abord sous le patronage spirituel de saint Germain de Paris.

Ainsi s'explique fort bien la scène que narre le biographe de saint Gautier : le roi Philippe-remettant lui-même au nouvel abbé la crosse qu'il tient près du « nouel » et le saint élevant le bras pour la saisir au-dessus de la main du prince, en lui disant : *Non a te, sed a Deo* (1).

Le texte ajoute que l'incident se passa « receptâ pontificali benedictione ». C'est selon toute apparence à Paris que Gautier reçut cette bénédiction. C'est d'ailleurs à Paris qu'il fut convoqué à un concile provincial (2) — ce qui serait peu compréhensible s'il avait appartenu au diocèse de Rouen. Il est vrai qu'au moment de sa retraite à Cluny, ses disciples, pour obtenir son retour, eurent recours à l'archevêque de Rouen, Jehan Iᵉʳ (1068-1079) « rogantes ut litteras ejus auctoritatis sigillo signatas acciperent, quatinûs servum Dei ad locum suum reducerent » (3).

Mais l'autorité morale du prélat fut peut-être seule en jeu. Le Cartulaire ne signale d'appel à l'intervention de l'archevêque de Rouen qu'à une époque très voisine de 1092. Le monastère est en possession depuis longtemps de l'église de Saint-Martin que lui a donnée Guichard, quand, après la mort du donateur, sa veuve et son beau-frère confirmant ce don, l'abbé Gautier obtient d'eux la promesse qu'ils accompagneront l'un de ses moines en Normandie pour obtenir de l'archevêque l'approbation de cette libéralité (4).

Rien ne montre toutefois que la promesse ait été tenue ;

---

(1) *Cartulaire*, p. 176.
(2) Ibid., p. 193.
(3) *Cartulaire*, p. 189.
(4) Pepigit etiam quod cum monachis ad archiepiscopum in Normannia pergeret et hoc ejus concessione firmaret. (*Cartulaire*, p. 16.)

et les moines qui s'étaient préoccupés de faire confirmer par l'ordinaire les fondations accessoires du Parisis, du Beauvaisis, du Meldois, ne recoururent au siège de Rouen pour en tirer un privilège authentique que sous Hugues III, le 1ᵉʳ novembre 1135. Or, bien que l'archevêque déclare que depuis le temps de son devancier Jehan, l'abbaye pontoisienne est restée « un monastère libre et propre de son église » — « prout tempore... Johannis... liberum et proprium Rothomagensis ecclesiæ cœnobium ad nostra usque tempora pervenit » — il ajoute que ce privilège lui est accordé pour qu'elle ne soit soumise à nulle autre juridiction qu'au Saint-Siège et à la métropole normande : « ita privilegii nostri authoritate roboramus et pontificali sanctione munimus ut nulli unquam nisi Domino Papæ et Rothomagensis ecclesiæ subditum fiat » (1).

En fait, l'indépendance de l'Abbaye restait absolue : l'archidiacre de Pontoise n'avait sur elle aucun pouvoir, et l'archevêque de Rouen, dans son majestueux éloignement, dépourvu de représentants directs qui pussent prendre contact avec la communauté, n'exerçait pas un contrôle plus efficace que n'eût pu faire le Pape lui-même.

L'ordre de Cluny s'émut de cette situation ; et lorsque Guillaume II de Mello, abbé de Saint-Martin, fut appelé en 1161 à régir le cloître de Vézelay, le chapitre de Cluny protesta contre cette translation faite sans son aveu et contre l'élection du prieur Lécelin, en remplacement de Guillaume. De son côté, l'archevêque Hugues écrivit au Roi que Saint-Martin relevait, après le patronage royal, de l'église de Rouen, sans dire mot de la juridiction apostolique. Ce fut pourtant le Pape qui trancha le débat : Alexandre III, alors à Sens, prononça la validité des deux élections et affirma ainsi son autorité directe sur le Monastère (2).

---

(1) *Cartulaire*, p. 74.
(2) *Cartulaire*, p. 114-115.

En 1192, lors de l'élection d'Hellouin, précepteur de Philippe-Auguste, ce fut Maurice, évêque de Paris, qui lui remit la crosse. Il s'en excusa il est vrai, auprès de l'archevêque de Rouen en déclarant n'avoir procédé è cette cérémonie que sur les instances d'Ottaviano, légat du Saint-Siège (1).

Nous avons vu ce qui advint grâce à cette absence de surveillance à la fin du XIIe siècle. Plus tard, quand, après quelques années de réforme sous la crosse de Saint-Denis, l'Abbaye eut licence de se choisir un chef, Etienne Ier fut élu sans qu'on songeât à s'assurer de l'agrément de l'Archevêque. Gautier le Magnifique jugea l'occasion propice pour formuler des revendications. Mais la rupture entre Philippe-Auguste et Jehan-sans-Terre, après le meurtre du jeune Artus, vint compliquer les choses. Elle rendait d'abord impraticables les communications entre la France et la Normandie. Puis, la situation du prélat rouennais pris entre deux feux, devenait fort difficile.

L'archevêque, sentant le besoin de ménager tout le monde, consentit à laisser sommeiller ses droits et bénit même le nouvel abbé, à la prière du légat Ottaviano (2).

Sous la régence de Blanche de Castille, qui avait reçu Pontoise en douaire et faisait sa résidence favorite de l'abbaye de Maubuisson fondée par elle tout près de cette ville, — l'abbé Nicolas de Margicourt, issu de chevaliers vexinois, et dont l'heureuse et ferme direction releva de tout point le monastère, sut s'attirer la haute faveur de la reine. Les magnifiques présents dont elle enrichit le Trésor de Saint-Martin ne laissent aucun doute sur ses sentiments.

---

(1) *Cartulaire*, p. 163.
(2) Voir annexe I.

Appuyé sur un soutien si puissant, l'abbé Nicolas parvint à obtenir de Rome des bulles reconnaissant la liberté absolue d'élection à la communauté pontoisienne.

« Te obeunte, vel quolibet tuorum successorum, — lui écrit Innocent IV le 26 octobre 1245 — nullus ibi, quâlibet surreptionis astutiâ sive violentiâ, preponatur, nisi quem fratres communi consensu, vel fratrum pars major, consilii sanioris, secundum Deum et Bti Benedicti regulam providerunt eligendum. » (1)

Après la mort de Nicolas, Dreux son successeur fut élu librement. Mais à la même époque, l'archevêque de Rouen, Pierre de Collemezzo ayant été fait cardinal, fut remplacé par Eudes Rigaud qui jouissait sur saint Louis d'une influence considérable.

Les séjours fréquents de Louis IX et de Marguerite de Provence à Pontoise y attirèrent le nouveau prélat, dont le premier soin fut de rétablir les anciens droits de son diocèse sur cette ville, devenue résidence royale, et grandissant à vue d'œil au sein d'une florissante prospérité.

Par l'entremise du prince, qui confirma cet accord dans un acte officiel, Rigaud obtint l'extinction de l'archidiaconé de Pontoise grâce au désistement du dernier titulaire Jehan Haimon. Il se hâta d'installer à sa place Guillaume de la Seyne comme *archidiacre du Vexin français dans l'Eglise de Rouen* (2).

Le premier soin de ce dignitaire fut de réclamer de l'Abbaye le droit juridictionnel de procuration (3) qu'elle exerçait elle-même sur ses prieurés.

---

(1) Arch. de S.-et-O. Fonds Saint-Martin. Cart. 1.

(2) Antérieurement à cette époque il n'y avait qu'un *archidiacre du Vexin* dans l'église de Rouen (*Cartulaire*, p. 138, 139). Eudes Rigaud dédoubla le titre, et il y eut dès lors un archidiacre du Vexin normand et un archidiacre du Vexin français. Mais celui-ci dut être bientôt suppléé conformément à la condition stipulée par saint Louis; il fut établi un Grand-Vicaire de Rouen ayant à Pontoise une résidence permanente, comme l'ancien archidiacre local.

(3) Equivalent des frais de déplacement imposés au supérieur par l'obligation de visiter au moins annuellement ses subordonnés.

L'abbé refusa, s'appuyant sur un autre passage des bulles d'Innocent IV qui paraissait viser précisément ce cas : « Ad hec *novas et indebitas exactiones* ab archiepiscopis et episcopis, *archidiaconis* seu decanis... a vobis omnium prohibemus. »

On recourut à l'arbitrage du cardinal Pierre de Collemezzo. C'était un grand ami de saint Martin qui lui était redevable d'importantes libéralités et des faveurs spirituelles. Cet amiable compositeur, par une sentence qui montre bien le caractère aléatoire des prétentions de son ancienne église, décida que les moines paieraient à l'Archidiacre, une seule fois par an, lors de son passage à Pontoise la somme de dix sous s'ils ne préféraient lui préparer une réception convenable (*honesto*), à lui et à cinq personnes de son escorte, tous à cheval ; mais il fut expressément stipulé que cette redevance serait absolument personnelle à Guillaume de la Seyne, et que les religieux n'étaient engagés à rien à l'égard de son successeur (1).

Cet arrangement n'eut point d'effet, pour temporaire qu'il fût. Avant même sa promulgation l'archevêque avait résolu d'user en personne de son droit de visite et de surveillance, et il l'exerça quinze fois du 5 juillet 1249 au 6 décembre 1269.

Par les énonciations contenues en son mémorial, on peut se rendre compte du peu d'influence qu'eurent ses instructions et ses ordres sur la bonne tenue du monastère. L'abbé Dreux qui s'intitulait dans les actes publics « frère Dryues par la grâce de Dieu abbés de Saint-Martin » (2) continua d'administrer à sa guise en dépit des appels de

---

(1) Nos autem arbitramur et dicimus quod Abbas et Conventus predicto Magistro [Guillelmo de Saana Rothomagensis ecclesie in Vulgassino Francie archidiacono] solvant, quolibet anno semel, cum ad locum venerit, X sol. par., vel si maluerint ipsum cum quinque equitaturis honesto procurent... non extendentes hoc ad successorem suum... sed salvum jus sit successori et Abbatie. (Original daté de Lyon, 17 août 1249. Arch. de S.-et-O. Fonds Saint-Martin, cart. 57).

(2) Voir annexe II.

ses religieux à Rome contre lui. Son successeur Gautier II se montra plus docile à suivre les conseils du prélat ; et le roi saint Louis, pour témoigner à la communauté combien il était satisfait de sa nouvelle direction, y vint passer deux jours avec Eudes Rigaud, les 10 et 11 septembre 1265.

La tâche essentiellement laborieuse et fatigante que s'imposait le consciencieux prélat, de visiter annuellement presque tout son immense diocèse, ne fut pas du goût de ceux qui le suivirent. Leur indifférence ou leur impuissance laissa péricliter leur autorité.

Ce fut sans doute dans le but de réagir contre le relâchement de la subordination que Gilles Aycelin, archevêque de Rouen, fit choix de Saint-Martin pour la tenue d'un concile provincial (1).

Mais l'effet de la présence du prélat fut éphémère, car on chercherait en vain jusqu'à la fin du xive siècle, dans le *Livre de raison* ou dans les archives de Saint-Martin durant cette période, la trace d'une intervention quelconque des archevêques de Rouen dans les affaires temporelles ou spirituelles du monastère.

Cet historique permet de s'expliquer comment, au milieu du xive siècle, l'abbé Jehan II, qui venait d'être élu par la résignation de son prédécesseur Etienne III, envoyait à Avignon quatre « discrètes personnes », maîtres Nicolas de Piennes, Aubert et Jehan de Guignicourt,

---

(1) Cette assemblée fut appelée à donner son avis sur l'affaire des Templiers et condamna ceux de Normandie. Il est donc très probable qu'elle n'eut lieu ni en 1310, comme l'admet le *Gallia* sur la foi d'une chronique rouennaise, ni le 17 novembre 1317, comme le même ouvrage le dit ailleurs sur la foi de la *Neustria pia*, dont les inexactitudes sont innombrables. (*Gallia christiana*, t. XI, col. 75, 76, 210 et 258. Dom Racine, *Hist. mss. de Saint-Martin* : Bibliothèque Mazarine).

Jehan d'Argenteuil, dit *Amiot*, ses procureurs, à l'effet d'y prêter serment au Souverain Pontife (1).

Dans cet acte, à l'instar de ses prédécesseurs, Jehan II s'intitule « frater Johannes humilis abbas » (2). En janvier 1360, c'était encore sa formule, mais au cours de l'année, il y ajoutait : « permissione divina » et enfin, dans des lettres du 24 octobre 1360, nous voyons s'étaler cette intitulation, conservée par les abbés du xiv° siècle : « frater Johannes, Dei et Apostolice Sedis gracia humilis abbas Monasterii Sti Martini juxta Pontisaram » (3).

A peine consacrée, l'indépendance de l'abbaye fut mise en échec par une entreprise offensive de l'archidiacre du Vexin français dans l'église métropolitaine de Rouen.

Le *Livre de raison* (fol. 118) contient un long factum intitulé : *Rationes contra archidiaconum Wlgassini Francie.* Il a pour auteur « frater Vincencius Potel commonachus monasterii St Martini, » qui forme appel devant l'archevêque contre : « venerabilem virum magistrum Ferricum Cassellini pro archidiacono Wlgassini Francie, dicte Roth. diocesis, se gerentem. »

---

1) Voici le texte de cette procuration renouvelée fréquemment depuis. Elle est datée du 28 octobre 1358.
Omnibus p. l. i. frater Johannes humilis abbas monasterii Sti Martini... notum facio quod nos, nostro et monasterii nostri predicti nomine, constituimus... discretos viros magistros Nicholaum de Pannis, Aubertum et Jehannem de Guignicurte, Jehennem de Argentolio, alias Amiot, exhibitores presencium, procuratores ad presentandum se pro nobis et monasterio nostro coram dno Camerario dni Pape, et ad visitandum limina Apostolorum Petri et Pauli et petendum super hiis litteras ad que tenemur ex debito prefati juris, singulis annis, Curia Romana existente citra Montes, et ad faciendum omnia et singula que circa hujusmodi visitationem fiunt, seu et oportuna, et que facere possemus si presentes essemus... anno Dni M° CCC° LVIII, indictione XII ª, mense octobris, die XXVIII ª.
(*Fol 159.*)

(2) C'est ainsi que se désigne Etienne III, le jeudi après la Saint-Clément 1355 : « Frater Stephanus humilis abbas » (*Livre de raison, fol. 160*).

(3) Cf. *Livre de raison, fol. 158, 159, 160, 161*; — acte du 1ᵉʳ mai 1378, *fol. 158.*

Après avoir rappelé les exemptions de l'abbaye, il proteste contre le fait : « quod dictus archidiaconus fieri fecit generalem convocationem subdecanorum suorum de decanatu de Mellento coram ipso, apud Villam Novam Sti Martini, ad diem veneris post festum Bti Remigii anno Dni Mo CCCo LX VIo, » et qu'il s'est permis d'y lancer contre les moines de Saint-Martin, indûment convoqués et défaillants, une sentence d'excommunication.

Ce factum n'est point autrement daté. Il faut croire qu'il n'eut point d'effet, car le 26 octobre 1366, l'abbé dut formuler un appel au St Siège par un acte dont l'original subsiste aux Archives (fonds St-Martin, cart. 57). Il est historié d'une curieuse marque de notaire ecclésiastique, représentant une pyramide au sommet de laquelle s'étale une rosace à huit pans.

Nous reproduisons ici la partie essentielle de ce document :

In N. D. amen. Per hoc presens publicum instrumentum pateat evidenter quod anno Dm Mo CCCo. Sexagesimo Sexto, indictione quinta, vicesima nova die mensis octobris, Pontificatus sanctissimi in Xro patris ac Dni nri Dni Urbani divina Providentia pape quinti, anno quinto, in mei notarii publici, testiumque subscriptorum presentia, personaliter constitutus religiosus et honestus vir frater Johannes Abbas monasterii S. Martini juxta Pontisaram, Roth. diocesis, ordinis Sti Benedicti, tam nomine suo quam monasterii sui predicti, quandam provocationem et appellationem a venerabili et discreto viro magistro Ferrico Casselin, se gerente Archidiacono Vulgassini Francie dicte Rothomagensis diocesis, et contra ipsum et ejus auditorem ad Revm Patrem Dnum Philippum de Alenconio Dei gratia Rothomagensem archiepiscopum, in scriptis interposuit, Apostolos petiit et protestatus fuit sub modo et forma contentis in quadam cedula papirea quam tenebat, cujus tenor dinoscitur esse talis :

Cum appellationis remedium in favorem oppressorum et gravatorum opprimi et gravari verisimiliter timentium, fuit et sit a juris conditoribus salubriter introductum, ut oppressi et gravati a minoribus judicibus ad majores judices appellationis beneficii recursum habeant... igitur cum nos Johannes abbas et predecessores nostri fuerimus in possessione pacifica libertatis, et a tanto tempore quod in contrarium memoria hominum non existit, de non prestando et faciendo alicui obedientiam et juramentum fidelitatis, excepto Summo Pontifici et Dno nostro Dno Rothomagensi archiepiscopo, nihilominus magister Ferricus Casselin... quadam die, sicut de novo ad nostram noticiam devenit, nos Abbatem contumacem reputavit et excommunicavit, pro eo quod ea die non comparuimus coram ipsi personaliter apud Villam Novam S. Martini ad prestandum sibi juramentum fidelitatis, obediencie et reverencie, et virtute seu pretextu cujusdam evocationis generalis ad quam diem et evocationem non tenebamur comparere, nec predicta facere, tam de usu communi quam de usu et consuetudine Vulgassini Francie ut est notorium... De quibus... appellamus.....

Acta fuerunt in domo habitationis mag. Roberti Celles in villa Pontisare... presentibus ven. et disc. viris magistris Matheo de Caltot, Roberto Stultipueri (Folenfant), Johanne Nigelli (Néel); dominis Johanne Cointin curato ecclesie de Bantelluto, Johanne Candelario, curato ecclesie Sancti Martini juxta Pontisaram.

Une note de Dom Estiennot nous apprend que toute cette procédure fut annulée, l'abbaye conservant ses positions (1).

---

(1) In Carthulario minori, pag. 132 et 133, rationes contra prædictum Archidiaconum afferuntur. — Anno 1367, facta omnia pro infectis habent. — (D. Estiennot, *Historia Sti Martini*, l. I, fol. 69).

Le texte de l'accord conclu devant le Grand-Vicaire de Pontoise a été publié par Hippolyte Feret (*Histoire de l'origine du Grand Vicariat de Pontoise*, p. 49).

Voici l'analyse de ce document :

« Sur ce que l'archidiacre du Vexin français eût fait citer à comparaître par devers lui à jour dit, longtemps y a, l'abbé de Saint-Martin avec tous autres prieurs, curés et chapelains non exempts du doyenné de Meulan, pour lui prêter serment d'obéissance et de respect, auquel jour l'abbé ne comparut soutenant n'y être tenu, et que l'archidiacre l'eût excommunié pour cause de non comparence et contumace; sur quoi ledit abbé se sentant indûment frappé et offensé par lesdites citations et sentences, en eût appelé à l'archevêque de Rouen; savoir faisons que ce jour, par devant nous, en présence de témoins dignes de foi, les parties désirant éviter procès et entretenir entre eux amitié, ont pour le bien de la paix voulu, consenti et accordé expressément que toutes citations et sentences, évocations, appels et autres actes quelconques soient tenus pour non avenus; sans que cela puisse en rien leur préjudicier plus tard

Un phénomène assez singulier, c'est l'accord de ces divers documents pour donner le nom de Ferry Casselin à un haut dignitaire ecclésiastique qui s'appelait en réalité Ferry Cassinel, et qui est loin d'être un inconnu pour l'histoire. D'origine italienne, issu d'une famille lucquoise qui faisait très probablement à ses débuts, le commerce des prêts comme les *Lombards* (1), arrière-petit-fils d'un Bettino Cassinelli établi à Lunel et qualifié « Chevalier du roi de France », Ferry Cassinel eut une existence courte, brillante et dramatique. D'abord clerc-notaire du roi (1370), puis membre du Conseil privé, il devint d'archidiacre du Vexin, évêque de Lodève en 1384, puis archevêque de Reims en 1389 et mourut empoisonné, après une année de cette haute prélature (2).

Le *Livre de raison* nous a conservé la formule du serment prêté au nom de l'abbé Jehan au Souverain Pontife :

COPIA BULLE PRO ABBATE, QUE VOCATUR FORMA JURAMENTI

Ego Johannes abbas monasterii Sti Martini... ab hac hora inantea fidelis et obediens ero Bto Petro Sancteque Apostolice

---

et ont promis par serment juré en notre main de ne contrevenir à cet accord en quelque façon que ce soit. Lequel arrangeuent en tant que le pouvons et le devons de par notre autorité ordinaire, nous avons approuvé et signé de notre main : signé Hallé. Furent présens maîtres Jehan du Pont, prêtre; Jehan Ingest prieur de Cormeilles; Guillaume, curé de Hédouville. »

(1) Les armes des Cassinel : *Vairé d'or et de gueules au bâton d'azur posé en bande*, sont d'un caractère assez significatif.

(2) Les Cassinel se rattachaient à l'Ile de France par bien des côtés Ferry était seigneur de Survilliers, Marcoussis et la Ronce. Son frère Guillaume II avait épousé Isabelle de Soisy dame de Pomponne, contre laquelle il plaidait en séparation en 1363; leur fils Guillaume III, chambellan de Charles VI, ne laissa que trois filles dont l'une, Catherine, fut dominicaine à Poissy. (Du Chesne, *Hist. de la maison de Chastillon*, p. 451 et suiv.)

Romane Ecclesie et Dno meo Dno Innocentio Pape VI, suisque successoribus canonice intrantibus. Non ero in consilio aut consensu vel facto, ut vitam perdant aut membrum, vel capiantur malacaptione; consilium quod michi credituri sunt per se aut nuncios sive litteras ad eorum dampnum me sciente, nemini pandam. Papatum Romanum et regalia Sti Petri adjutor eis ero ad retinendum et deffendendum, salvo meo ordine, contra omnem hominem Legatum Apostolice Sedis in eundo et redeundo honorifice trattabo et in suis necessitatibus adjuvabo. Vocatus ad synodum veniam, nisi prepeditus fuero canonica prepeditate. Apostolorum limina, Curia Romana existente citrà, singulis annis ultrà vero Montes singulis bienniis visitabo, aut per me aut per meum nuncium, nisi apostolica absolvar licencia. Possessiones vero ad meum monasterium pertinentes non vendam neque donabo, neque impignerabo, nec de novo infendabo, vel aliquo modo alienabo, inconsulto Romano Pontifice. Sic me Deus adjuvet et hec sancta Dei evangelia.

(*Fol. 117.*)

Nous ne pouvons résister au désir de transcrire, au sujet de ce serment, la verte semonce qu'il fit jaillir de la plume d'un honnête magistrat de Pontoise, Pihan de la Forest, auteur d'une histoire de Saint-Martin qui faillit être imprimée à la fin du règne de Louis XVI.

« Que de réflexions ne naissent pas d'un tel serment fait par un François à une puissance étrangère ! Nous ne nous y livrerons point parce que nous sortirions des bornes de l'histoire ; mais ces réflexions sont si sensibles qu'elles n'échapperont pas aux personnes éclairées. Contentons-nous de dire que, dans le siècle où nous sommes, un pareil serment exciterait la juste réclamation des tribunaux de France et exposerait à la risée publique celui qui l'aurait exigé et celui qui aurait eu la faiblesse ou l'ignorance de le faire... Les religieux à cette époque étaient pieux, simples, peut être ignorans, surtout de la politique romaine ; ainsi, s'ils ont fait alors des fautes, on doit les attribuer à la bonhomie de leur siècle plutôt qu'à la méchanceté et au désir de seconder les desseins ambitieux de la Cour de Rome. »

Est-il besoin d'ajouter que l'écrivain qui montrait une

si hautaine commisération pour l'ignorance monastique, *ignorait* absolument l'existence du *Livre de raison* qui nous occupe; et, bien qu'un de ses frères fût religieux à Saint-Martin, n'avait jamais songé à feuilleter les milliers de liasses d'archives contenues dans le chartrier de l'abbaye, dont sa situation lui eût aisément ouvert l'accès ?

Ce n'étaient point de sottes dupes, ces moines si jaloux d'obtenir de la Cour pontificale d'Avignon la sanction de leur indépendance et de se rattacher directement au Chef de l'Église. Si cette exemption présentait certains avantages moraux et financiers, elle fut cependant assez onéreuse pour n'avoir pas été réclamée et défendue par pure naïveté.

Voici, d'après un compte de messire Andrieu, receveur de Saint-Martin en 1390, ce que coûtait l'intronisation d'un nouvel abbé.

« Autres mises pour la beneçon de l'abbé à Paris... xvii lb. par. — Pour l'entrée de l'abbé, xxii l. p. qui valent en frans xxviii fr. iii sols.

» Autre mise en Avignon pour la poursuite et confirmation de l'abbé, ccclxxiii fr. ix s. vi d. » — C'est messire Andrieu lui-même qui fit le voyage.

L'abbé devait entretenir à la Cour d'Avignon un représentant, chargé de s'acquitter du « service » qui lui était imposé, et ce n'était pas peu de chose : 180 florins pour un seul terme, celui de Pâques 1362.

Nos Frater Johannes... Nomine conventus sumus obligati venerabili viro discreto magistro Oliverio dicto Le Chanu, grossario Dni Pape, in summa novem viginti floren. de Florencia, boni auri et legalis ponderis, et in XXXIX sol. monete currentis in Avinione... ad acquitandum et deliberandum nos et monasterium nrum erga cameram Dni Pape et familiares ejusdem pro ultimo termino servicii nostri, videl. pro **termino Paschē (1362)** (*fol. 137*).

Enfin le monastère avait à supporter les frais de voyage de délégués, au nombre de six, chargés d'aller réitérer, après chaque élection pontificale, le serment de fidélité entre les mains du nouveau Pape et à effectuer le pèlerinage convenu « humiliter et devotè, prout ex debito juramenti per nos prestiti... » (1).

En compensation, la Cour pontificale accorda souvent des faveurs toutes spéciales aux abbés de Saint-Martin. Mathieu Le Cordonnier fut convoqué au Concile de Pise en 1409 où il siégea comme abbé-mitré.

Plus tard Martin V lui confia les pouvoirs de juge apostolique. Dom Estiennot nous a conservé une formule de levée de suspense dont la salutation est à remarquer : « Matheus abbas... judex unicus a SSmo Dno nostro Papa datus... salutem in Domino, et mandatis nostris, imo verius apostolicis in hac parte, firmiter obedire » (2).

Après le règne de Charles VI, on ne voit plus de trace de serment prêté à Rome. En 1476, ce fut seulement envers l'archevêque de Rouen que l'abbé Pierre du Moustier remplit cette formalité. L'acte le constatant, conservé aux Archives de Rouen, énonce que l'abbé paya cent sous, pour droit de prestation, au délégué de l'Archevêque (3).

---

(1) Lettres du 1er mai 1378 données par « frater Johannes Dei et Apostolice Sedis gracia humilis abbas. » (Livre de raison, fol. 158.)

(2) D. Estiennot, Historia Sti Martini, t. III, cap. xxiii, n°° 4, 5). Par un de ces actes du 10 juillet 1430, Mathieu Commet frère Martin Nicole, abbé de Saint-Laurent d'Eu, pour le suppléer dans une affaire concernant le monastère de Saint-Michel du Tréport. (Livre de raison, fol. 225. — Voir aussi fol. 164.)

(3) Arch. de la Seine-Inférieure. G 2139. Cette pièce a été publiée par Denyaud, Cathedra Rothomagensis, p. 168.

L'État des charges de l'abbaye, dressé en 1633, porte : « Au Grand-Vicaire de Pontoise pour son droit de visite, 9 liv. 7 sol. 6 den. »

V

LES BATIMENTS ET L'ÉGLISE

ÉDIFICES MONASTIQUES

Le *Livre de raison* ne fournit aucune description générale de l'enclos du monastère et des bâtiments qu'il renfermait. Un dénombrement des biens, cens et rentes de l'abbaye, rendu en 1463 au bailli de Senlis, contient cette énonciation sommaire :

« Et premièrement, la situation d'icelle eglise de Saint Martin, ensemble le cloistre, dortouer et refectoire, court, granche et autres edifices appartenant a lad. eglise avec un clos de vignes, et peut (le) tout comprendre 22 arpens ou environ, tenant d'un bout a la riviere d'Oise et d'autre bout aux terres labourables, d'un costé au vignon derriere Saint Martin et d'autre au lieu où souloit estre la ville Saint Martin, laquelle eglise, ensemble ce que dit est dessus, est tout en un (1). »

Parmi ces dépendances se trouvait un lavoir qui fut en 1333 l'objet d'une réfection complète.

Mestre Phelipe Le Lampier demeurant à Paris en la rue Saint-Martin emprès la Fonteine Maubue, vers la rue de la Hucheite, qui a appareillié nostre lavouer et i a mis xvi clés nueves du sien, dont il a eu xxxvi s. p., en tele maniere que si les clés et le lavouer ont besoin d'amendement, et en li (si on

---

(1) Archives municipales de Pontoise, Fonds Pihan de la Forest. Dossier 1, pièce 4.

lui) mande que il les viegne amender, il a promis de venir les appareillier a ses coutz, presens a ceu Mons. l'abbé, dant Thibaut, dant Jehan le Chaucier, dant Climent... le mecredi devant la Saint-Gorge l'an xxxiii (Fol. 57.).

Dans les dernières années du xvie siècle, le cordelier Noël Taillepied décrivait ainsi les bâtiments monastiques :

Ces religieux de Saint-Martin qui n'estoient pas du commencement rentés suffisamment, receurent la plus grande partie de leurs possessions en rentes, dixmes et censive, de la donaison de la comtesse de Meulan, veuve de feu Galeran, comte de Meulan ; et leur fist faire l'église, quant à la nef et à le tour qui est au bas de l'église.

Ce qui est de merveilleux en cette église, c'est que tout l'édifice, tant élevé, est seulement soutenu de six petits piliers et colonnes de pierre qui sont à l'entour du chœur.

Au lieu que les moines chantent le divin service, il y a des chaires faites à l'antique ; et au milieu, pour le pulpitre, est dressé un aigle d'airain de grande pesanteur (1), comme aussi dans la place qui est entre le chœur des religieux et le grand autel, est dressé un chandelier à plusieurs rames (2), en façon de celui duquel fait mention Saint Jean en l'Apocalyse. Devant le crucifix il y a deux autels parés d'images comme sont aussi les autres qui sont tout à l'entour du chœur. Dedans le monastère il y a un beau cloistre et au milieu est le puits du couvent. Le réfectoire est très clair ; le chapitre obscur ; le dortoir est ancien ; la cuisine est bonne ; les salles sont assez bien estoffées d'ustensiles de ménage. Depuis quelque temps Monsieur l'Evesque de Paris, abbé du dit lieu, a fait redresser un beau corps de logis tout de neuf, où il fait sa résidence quand il lui plaist.

Hors le cloistre est la cour du fermier, le jardin, les vignes,

---

(1) Sur ce grand aigle on lisait : *Damp Pierre Dongne a faict faire cest aigle le vingt et deuxieme jour de septembre l'an mil cinq cens et sept.* (Pihan de la Forest, *Histoire de Saint-Martin*, mss. de la Bibl. municipale de Pontoise.)

(2) « L'abbé Jehan Harencq, — écrivait en 1777 M. Pihan de la Forest — fit encore présent au monastère d'un candélabre de cuivre fort élevé et colossal, autour duquel on avoit représenté la Passion de J.-C. Il le fit placer devant l'autel. On a retranché de ce chandelier, il y a quelques années, *cette Passion qui étoit un ornement sans goût*, et le prix de la vente a été employé à des *objets plus utiles.* »
— O Philistins !

le pressoir, les granges, estables, colombiers, caves et celiers. Tout à l'entrée de la porte est encore un grand logis qui est l'ancien hostel de l'abbé, devant lequel, par dehors l'enclos du monastère, il y a une grande place, rangée d'arbres moyens, et est le lieu ou l'on tient la foire et marché de Saint-Martin d'hiver, l'espace de huit jours (1).

ÉGLISE

La tradition dont Taillepied se fait l'écho et qui a donné lieu à diverses dissertations de D. Estiennot et du président Levrier ne paraît nullement fondée. L'église de Saint-Martin, telle que Taillepied put la connaître, ne fut dédiée que sous le pontificat d'Innocent IV. La preuve en résulte du bref d'indulgences accordé par ce pontife et dont nous reproduisons le texte.

Innocentius episcopus servus servorum Dei, dilectis filiis Abbati et Conventui Monasterii *Sti Martini Pontisarensis*.... Licet is de cujus munere venit, ut sibi a fidelibus suis digne ac laudabiliter servatur, de habundantia pietatis sue que merita supplicum excedit et vota beneservientibus multo majora retribuat quam valeant promereri, nichilominus tamen desiderantes reddere Domino populum acceptabilem, fideles Christi ad complacendum ei quasi quibusdam illectitiis, premiis, indulgentiis scilicet et remissionibus mutamus ut exinde reddantur divine gratie aptiores. Quum igitur sicut petitio vestra nobis exhibita continebat, ecclesiam monasterii vestri per venerabilem fratrem nostrum archepiscopum *Rothomagensem*, loci diocesanum, intendatis in brevi facere dedicari, nos omnibus vere penitentibus et confessis, qui ecclesiam ipsam in die dedicationis ejusdem et per octo dies sequentes venerabiliter visitarint unum annum et quadraginta dies. Illuc vero in anniversario dedicationis ipsius et infra octavum diem sequentem cum devotione accedentibus, quadraginta dies de Omnipotentis Dei misericordia, Beatorum Petri Pauli apostolorum ejus auctoritate confisi, de injunctis sibi penitentiis annis singulis misericorditer relaxamus.

---

(1) *Les Antiquitez et Singularitez de la Ville de Pontoise*, réédition par A. François et H. Le Charpentier, 1876, in-8º.

Datum *Anagnie* xv. Kal. Julii, Pontificatus nostri anno undecimo (1).

Cette date est confirmée par une autre charte d'indulgences, accordée par l'archevêque de Rouen à l'occasion de la dédicace de la chapelle de l'Abbé, à Saint-Martin, le 29 juillet 1240 :

Petrus miseratione divina Rothomagensis archiepiscopus. Universis Christi fidelibus presentes litteras inspecturis, salutem in Auctore salutis. Notum facimus quod nos apud Pontisaram in Capella Abbatis Beati Martini Pontisarensis anno Dni Millo ducentesimo quadragesimo, iiiio Kal. Augusti quoddam altare ibi constructum in honore Beati Benedicti necnon et memoria Beate Marie Virginis omniumque Sanctorum consecravimus, et ut fideles populi tantorum patronorum mereantur suffragiis adjuvari, Nos de Omnipotentis Dei misericordia necnon dictorum patronorum meritis confidentes, omnibus vere penitentibus et confessis qui in honore et reverencia dictorum sanctorum, dictum locum ab hac presenti die usque ad octabas Assumptionis Beate Virginis devote visitaverint, quadraginta dies de injunctis penitenciis misericorditer relaxamus ; necnon et hiis qui annis singulis die anniversario dicte consecrationis ibidem devote convenerint, de injuctis penis viginti dies similiter relaxamus. Datum Pontisare dominica ante festum Sancti Petri ad vincula. Anno Domini Millo ducentesimo quadragesimo (2).

De même qu'une chapelle lui était réservée, l'Abbé, au xive siècle, avait un chapelain spécial : en 1375-79, c'est un religieux appelé tantôt « frere Guillaume » et tantôt « dampt Guillaume Tarent » (fol. 112).

Cet usage paraît avoir disparu au xve siècle.

---

(1) Archives de Seine-et-Oise. Fonds St-Martin, cart. 1. Ce même texte est reproduit intégralement dans les lettres du légat Aubert, ainsi conçues : « Albertus Domini Pape Notarius, Apostolice Sedis Legatus, dilectis in Christo Abbati...... Relaxamus. Datum Parisiis, v kal. mai, Pontificatus Dni Innocentii quarti anno undecimo. » (Même carton.)

(2). Original sans sceau. Archives de Seine-et-Oise. Fonds Saint-Martin, cart. 1. — Dom Estiennot, t. II, c. XX, a attribué par erreur à cette pièce la date de 1244. — Copie certifiée. Archives de la Seine-Inférieure, G. 1847.

MARCHÉS AVEC LES ENTREPRENEURS

(Maçons, verriers, charpentiers.)

Comment, au temps du *Livre de raison*, procédait-on pour l'entretien des bâtiments et les constructions nouvelles ?

Le principe, d'après lequel la plupart des opérations sont faites par les abbés du xiv° siècle, est celui de *l'abonnement*. Il est appliqué un peu à tout, aussi bien pour les ouvrages domestiques et l'entretien des harnais et de la sellerie que pour les réparations à faire aux bâtiments.

Voici une mention d'un accord de ce genre, conclu au xv° siècle avec un entrepreneur de maçonnerie de Pontoise, Pasquier Petit :

Nous avons marchandé de Pasquier Petit masson, de soustenir, de son mestier de massonnerie, la couverture, de ricullées, de lermiers, de fester, de later, contrelater, de assaoer gouttieres et fenetres, et reffere troux de planchiers et toutes aultres repparacions appartenans à son mestier, excepté noviaux ediffices et massonnerie de pierre ou de quarrel, en toutes nos mesons, c'est assavoir de l'Abbaye, de l'Aumosne, de la meson où Pierre le Maistre demeure, à St-Martin, du cellier St-Martin à Pontoise, et de la meson devant la Croix de la Bretonnerie, où Honnoré demeure, de nre maison de la Barre, de la Chapelle, de Livillier, de Auvers, de la Ceaule de Quiquenpoit, de Jouy, de Gency et de la Ceaule de Puiseux, et doit fere toutes lesd. repparacions bien et suffisamment toutes fois que mestier en sera; et nous lui devons quérir toute la matere à ce fere, et les despens de lui et de ses aides ; et pour bien faire lad. besongne comme dit est, il aura de nous chascun an dix liv. par. (Fol. 180.)

Un marché du même genre fut consenti vers 1350 par « un couvreur de tieulle et plastrier de Grisy, pour couvrir toutes les maisons de nostre abbaye et de nostre aumone », pendant six ans, pour 60 sous parisis et un setier de blé par an.

Une convention analogue avait été conclue en 1345 avec un verrier de Senlis :

L'an mil CCCXLV la veille de l'Assumption Nre-Dame feismes marché a mestre Jehan le Verrier demeurant à Senlis, au chevès St-Franbout, de soustenir de verrerie tant les verrieres de l'abbaie et de la chapelle de Vallengoujart, et doit querre quant à ceu fare, verre, plont et estaintant seulement ; et se tempeste venoit, dont Diex nous gart, ou se les pierres chéoient ley y mettroit tel remede comme de reson seroit, et pour ceu fere doit avoir de nous tant que il nous servira, chaucun an XXIIII s. p. a paier chascun an a la feste de la Miaoust.

Les XXIIII s. habuit die veneris ante festum B. Laurentii anno XLVIII, pro termino Assumptionis B. M. V. proximo venturo, et cum hoc solutum est de omnibus terminis predictis. (suit le payement des autres termes jusqu'en 1355).

L'an mil CCCLXXI, le samedi XVII jour d'avrilg feismes marchié a Julian et Jehan freres verriers demeurant à Neaufle empres Gisors de soustenir de verriere..., etc., p. 32 s. par an.

(Fol. 81.) (1)

Le compte de 1334 (fol. 54), signale des acquisitions considérables de plomb et d'étain :

4114 liv. de plom achetées a l'Endit........	35 l. 8 s. 5 d.
128 liv. d'estein.....................	69 s. 2 d. ob.
Pour peser led. plom et l'estein............	3 s. 7 d.
Pour oster led. plom et l'estein de la balance et pour carchier (charger) en chareite........	3 s.
Pour despens de chartiers et de mesnie.....	5 s. 6 d.

Quand ce n'est pas sous forme d'abonnement, c'est sous forme de *forfait* qu'on traite avec les entrepreneurs. Voici

---

(1) Les grandes verrières de Saint-Martin que détruisit le terrible orage de grêle du 13 juillet 1788, étaient du XVIe siècle. L'une d'elles portait l'effigie du donateur, l'abbé Jehan IV Harencq, avec une inscription commémorative (Pihan de la Forest).

L'église elle-même fut tellement éprouvée par cet ouragan que l'autorité ecclésiastique dut se résoudre à la profaner et à transférer l'autel dans le réfectoire (Seré-Depoin, *Trois Catastrophes à Pontoise,* p. 36).

comment, en 1332, on s'entendit avec « mestre Guérin, charpentier de Nostre-Dame de Paris, » pour le pavage du réfectoire :

L'an de grace mil CCC trente-deux, lundy dev. feste St-Luce toutes choses contées entre nous et mestre Guérin, charpentier de Nre-Dame de Paris, tant pour tieulle que nous avons eu de li et de feu Adam le Tieullier de Villers-Adam, pour tout le temps passé jusques aujourd'huy deusmes aud. mestre Guérin XIIII s. VI d. de Paris, excepté le pavement du reffectoire duquel nous sommes tenu à li en la maniere qui sensieut, c'est ass qu'il doit paver nre reffectoir, quand il pavera led, reffectoir il doit avoir pour chaucune toise assise x s. tourn. Si comme il est contenu u petit papier rouge, et de ceu a led. mestre Guérin une cedule seellée de nostre petit sel. (Fol. 257.)

Après la guerre de Cent-Ans, l'église, dont la solidité avait été compromise par suite de longues années d'abandon, exigea des consolidations que le compte de 1476 nous fait connaître et qui se firent également à forfait :

Aultre mise faite pour les reparations et arczboutans de lad. eglise durant le temps du present compte, faits par Guillebert Lengloys, maistre des œuvres demourant à Ponthoise.

Au dit Guillebert Lengloys (1) pour avoir par lui fait venir et livrer sur l'eglise trois pieces de bois pour hourder sur le chœur de lad. eglise payé pour chacune piece XII s. p.

A Daviot de Sains demourant à Sandricourt, pour neuf queues et demie de chaux, chascune queue IX s. p., pour ce V l. VI s. x d. ob. ts.

Au dit Guillebert Lengloys, sur le marché qu'il a fait à mon dit Seigneur (l'abbé) pour refaire les arczboutans avecques l'osgive de dedens l'eglise et autres choses plus avant contenues audit marchié doit avoir la somme de VI XX liv. tz. sur ce lui a esté paié LXXXVII l. VIII s. II d.; à Martin Soubz St-Leu, Carréeur, VII l.

---

(1) Gilbert Langlois habitait en 1485 « une maison et appartenances seant à Pontoise en la rue de la Grant Tannerie (portion de la rue Basse actuelle, voisine de la place Notre Dame) où pend pour enseigne la Roze, tenant d'un costé les hoirs de Colinet de La Ruelle et d'autre aux hoirs Guillot du Quesnoy, d'un bout au pavement du Roy », chargée de 20 sous de rente envers St-Martin (Compte de 1485). Il était, à la même date, marguillier de Notre Dame de Pontoise.

VI

LE TRÉSOR ET LE MOBILIER INVENTAIRES

Le *Livre de raison* renferme nombre d'inventaires qui permettent de se rendre compte d'une façon très exacte — car ils sont rédigés avec la dernière minutie — non seulement de ce que possédait l'abbaye comme trésor, ornements et meubles religieux, mais de ce qui constituait le mobilier d'une chapelle de village, l'installation d'une hôtellerie, l'ameublement d'une maison en ville.

Nous reproduisons intégralement :

1° *L'Inventaire des Aournements du Monstier* fait en 1343 (n. st.);

2° Un second *Inventaire des Aournements* dressé en 1412, c'est-à-dire avant la période où la guerre de Cent-Ans prit un caractère désastreux dans le Vexin français et où Pontoise et l'abbaye furent pris et saccagés à diverses reprises;

3° L'inventaire des ornements de deux chapelles du Vexin en 1339;

Et par extrait :

4° Un inventaire du Trésor fait en 1373.

On trouvera dans la suite de cette étude :

5° L'inventaire de l'*aumône* de l'abbaye;

6° L'inventaire de la Ceaule (*cella*) de Quiquenpoist, ferme de l'abbaye située près de Pontoise.

TRÉSOR ET ORNEMENTS DU MONASTÈRE

C'est l'inventoire des aournemens qui sunt en la garde du tresorier de l'eglise Saint-Martin de les Pontoise, fait l'an mil CCCXLII le jiresdi apres feste Nostre Dame en [mars, rendu par dant Jehan de Han en la presence monsieur l'abbé et le prieur, dant Jehan du Coiz, dant Jacques, dant Thibaut et plusieurs autres.

Premierement soixante et treize aubes non parées, desquelles il y a L assés bones et XXIII non souffisans.

Item LIIII aubes parées communes et VI autres aubes parées precieuses.

Item L amis parez.

Item VI calices d'argent dorés dehors et dedens, et deux d'argent non dorez.

Item une belle grant crois d'argent dorée avec le pié qui est de coivre doré.

Item une autre crois d'argent qui n'est pas dorée.

Item IIII crossons desquiex il y a un d'argent, un d'ivuire et deux de Limoges.

Item un baton a potensse d'ivuire et a un nouel de cristal, pour le chantre.

Item deux batons de fust peint, dont l'un est ymagé et l'autre ne l'est pas.

Item VII estolles precieuses desquelles il y a une et un fanon à cliquettes d'argent, et i a XXXII cliquettes.

Item une estolle de soie non precieuse.

Item VIII fanons precieux, VIII orilliers de soie pleins et deux wis.

Item deux encensiers d'argent avec une coquillie et une cuillier d'argent; et deux encensiers et deux coquillies de Limoges.

Item trois pignes d'ivuire.

Item XV dras d'or a parer et un de bongueren blanc.

Item XXI chapes precieuses et une de cendal noir pour les mors.

Item VII chasubles desquiex il y a deux dorez, deux indes, deux rouges et un vert.

Item trois dalmatiques precieuses, et IIII tuniques precieuses, et une chasuble de soie non precieux.

Item deux chasubles noirs dont il y a un de cendal noir, que en vest le Vendredi aouré et l'autre est de telle noire avec tunique et dalmatique de mesmez.

Item deux tuniques et deux dalmatiques de petit pris.

Item deux chasubles blans pour l'avent et pour karesme, et tunique et dalmatique blanche de futaine.

Item onze petites chapes de soie de petit pris.

Item deux textes à lire les Evangeles l'un couvert d'argent et l'autre de Limoges.

Item deux bassins et deux buirettes tous d'argent et deux autres bassins et un pot de Limoges, pour servir à l'autel.

Item trois bassins de coivre et une paelle d'arain pour faire le Mandé.

Item VI chandeliers de coivre, desquiex il y a IIII pour mettre sur les fosses quant on fet des amiversaires, et deux que les enffans portent, affere le candelabre; et une pome de metal pour eschauffer les mains du prestre en yver.

Item IIII quarriaux de soie qui sunt es chaeres, de lès l'autel.

Item deux touaillies parees precieuses et IIII Custodes petites pour le grant autel.

Item deux touailliez non precieuses parees, et IIII petites custodes pour les cornez du grant autel.

Item IIII autres petites custodes pour couvrir les calices, et une de pourpre pour couvrir le grant calice.

Item XL touaillies benaites, tant pour le grant autel que pour les autres autex petis, et deux grans custodes de soie, et deux de telle blanche pour le grant autel.

Item un gobelet d'argent auquel les malades qui viennent aus reliques boivent.

Item un chasuble et tunique et dalmatique de cendal noir pour les mors et un chasuble de pourpre fourré de cendal noir.

Item une carpitre a escuz qui fu maistre Pierre de Herouville.

Item le menton saint Damian est hebergé en un ymage d'un angre (1) d'argent suroré, et voit-on les reliques parmi le cristal.

Item un autre reliquaire de plusieurs reliques, a IIII tournelles d'argent et de cristal.

Item un estuy a corporaux qui est de veluet ynde.

---

1) *Sic,* pour *ange.*

Item le chef monsieur saint Gautier, et madame sainte Felice sunt hebergés en coivre suroré.

Item la boueste qui est dedens la coupe qui est sus l'autel, en laquelle est miz le precieux corps Nre Sr Ihu Crist est d'argent suroré.

Item une autre grant boueste d'ivuire pour mestre pain à chantel.

Item une courtine de telle neuve pour mettre sur le grant autel, en laquelle n'a encore point de bordeure.

Item une custode de telle a une crois vermeillie pour couvrir le crucefiz en karesme.

Item un petit carpitre dont la chasne et (1) de linge, que l'on met quant on fet les anniversaires aus abbés.

Suit (fol. 101) un second inventaire « fait l'an mil CCC LXXIII le lundi devant l'Ascension, XXIIIe jour de may, rendu par dant Jacques de Reculé, presens monsieur l'abbé, dant Jehan Prevost prieur de Bourriz et dant Pierre le Plastrier, et messire Jehan le Chandelier; livré à dant Guillaume Menart. »

Cet inventaire présente fort peu de différences avec le précédent, quant aux vêtements sacerdotaux. Nous reproduisons la partie concernant le Trésor proprement dit :

Item un hanap de cor (2) qui fu saint Gautier.

Item un angelot d'argent où est le menton saint Damien en cristal.

Item le reliquaire saint Sebastien.

Item le chastel d'argent a IIII tournelles.

Item le bras saint Gautier, le menton saint Gautier.

Item le reliquaire saint Martin a pié d'argent.

Item un estuy de veluet pour mettre les corporaux.

Item le chief saint Gautier et le chief madame sainte Felice hebergez en cuivre suroré (*d'une encre postérieure* : en argent).

Item la bouete ez la couppe qui est surs le grant autel, *ubi requiescit Corpus Domini*.

---

(1) *Sic*, pour *est*.

(2) De bois de cormier. (Du Cange, *Glossarium gallicum*.)

Le reste ne présente plus de différences notables, à l'exception toutefois de la dernière ligne.

Item une courtine nouvelle surs le grant autel, qui fu donné d'une bourgeoisse de Pontoise l'an mil CCCLXXII.

A la chapelle de Vallengoujart les besoeins. C'est assavoir une chasuble, une aube parée, 1. ami paré, 1. phanon, 1. estolle, les corporaux avecques lestui, III touailles... une petite ✝ dargent ou il y a de la vraye ✝; un autre petit reliquaire ront, le breel saint Gautier (1). (Fol. 102.)

L'inventaire de 1412 mérite d'être reproduit en entier, car il a été l'objet, après les désastres de la guerre, d'un récolement fait en marge et qui constate nombre de disparitions d'objets précieux.

C'est l'inventaire des aournements du moustiés de St-Martin auprès Pontoise livrée par dampt Estienne le Bidault et bailliée à dampt Jehan de la Croix, de Cergy, le XXIIII° jour de novembre l'an mil CCCC et douze.

La belle croix d'argent doré avec le pié de cuivre suroré.

Une aultre croix de cuivre nouvellement achettée pour la procession au dimianche.

Une aultre petite croix de Lymoges.

VIII calices, c'est assavoir :

Un grant pour porter le Corpus Domini, le jour du Saint Sacrement;

Un en la chapelle monsieur l'Abbé; un en la chapelle de Vallengoujart, et V aultres ou on chante tous les jours.

La bouette d'argent, surorée et la couppe qui sont sur le grant autel où repose le Corpus Domini (2).

xxxvi perés de corporaulx bons et suffisans (3).

Trois estuys pour les corporaulx fais de bois par dedens couvers par dessus, *videlicet* l'un de pourpre noir à fleurs de liz d'or que messire Guerin de Lorris nous a donné; l'autre couvert de soye à escus, et l'autre de petite valeur.

Un estuy de velou vermeil, un de soye à rosettes d'or, un

---

(1) *Braiel*, ceinture placée au-dessus des braies. (Du Cange, *Glossarium gallicum*.)

(2) En marge : *Perdus*.

(3) En marge : xxxix perés suffisans et vi perés de petite valeur sans vii peres qui servent.

autre estuy en la chappelle Nostre-Dame, un devant Jessé de soye jaune, et un de blanc croisié de vermeil en la chapelle Saint-Jehan.

Deux tieuxtes d'evvangilles, l'un d'argent et l'autre de Lymoges.

Un petit livre couvert de cuir rouge que on met sur l'autel quand Monsieur chante la messe (1).

Un autre livre que on met sur l'autel, où on dit la prière chascun jour (2).

II bassins et II buyerettes d'argent (3).

II bassins et un pot de Lymoges.

Une petite croix d'argent où il y a de la vraye croix (4).

Le reliquaire St Martin à pié d'argent.

Un angelot tout d'argent suroré, avecques son estuy, qui tient le menton de monsieur St Damien en cristal.

Le reliquaire St Sebastien à un petis piés d'argent.

Le chastel d'argent à IIII tournelles avecq son estuy.

Le reliquaire monsieur St Didier tout d'argent avecques son estuy, que la Royne Blanche nous donna (5).

Le chief Ste Felice tout d'argent suroré, avecq. son estuy, que dampt Jehan Hurel, prevost de seans feist faire.

Le chief Saint Gautier en un estuy de Lymoges.

Le costé Saint Gautier.

Le bras Saint Gautier.

Un hanap de cor qui fu Saint Gautier (6).

Le brayel Saint Gautier.

Un petit reliquaire ront (7).

Une petite croix de cristal.

En l'armoire emprès le grant autel ou est la derraine onction, a II petis coffres où sont plusieurs ossemens de plusieurs sains.

III petis autieulx benéys, *videlicet* un de marbre blanc, un de marbre rousset, et deux autres de simple pierre.

XXIII chasubles, c'est assavoir :

Deux de velou vermeil a rondelles d'or, l'un doublé de

---

(1) En marge : *Perdu.*
(2) En marge : P. (perdu).
(3) En marge : *Les deux buiretes perdues.*
(4) En marge : *Perdue.*
(5) En marge : *St-Denis.*
(6) En marge : *Perdu.*
(7) En marge : *Perdu.*

cendal et l'autre doublé de toille Ynde que la Royne Blanche nous donna.

Item un vert de darp a lions d'or a II escus sur les espaulles, doublé de cendal vermeil.

Item un de velou noir à fleurettes d'or et un autre tout de velou tout noir, que messire Guerin de Lorriz nous a donnez.

Item II grand et un petit de soye vermeille.

Un grand de drap tout battu à or et un aultre tout blanc.

Item un vert, un jaune, un de soye noire pour le Vendredi aouré (1), un de boucassin blanc doublé de boucassin noir.

Item un a bestes sauvages, un en la chappelle Nre-Dame.

Un de bourde pour la grant messe chascun jour.

Un de toille ouvrée pour les petites messes.

II noirs de petite valleur.

II autres sans paremens, de petite valleur.

Item XXIII chappes precieuses. C'est assavoir III de velou vermeil a rondelles d'or doublées de cendal que la Royne Blanche nous donna.

Une de drap Ynde à rosettes d'or pour les festes solempnelles.

Une grande de drap de soye vermeille à rosettes d'or, VI de soye rouge, III jaunes, V de gros drap batu à or, figuré à lyons, une vert, une blanche, une de pourpre à yvoyeres, une de soye à oiseaux.

Item une de cendal noir et II autres noires pour les mors.

Item IIII autres chappes de petite valleur pour les *Venites*.

XXXVII aulbes parées, à chascune son amyt paré.

III aulbes de mors parées.

IX aulbes parées sans amyt.

Les paremens pour sept aulbes et pour sept amys.

XXXII aulbes non parées à chascune son amyt.

XI aulbes non parées sans amys bones et entieres.

XVI aulbes..., lesquelles ont bien mestié d'estre reffaites.

IIII surplis nuefs et un vieulx de petite valleur.

XI draps d'or et un de bougren blanc.

Une paille pour metre sur I corps.

II encensiers d'argent avecques une cocquille et une petite cuillier d'argent dont l'un encensier a III petis chastiaulx et I. cappiteau, et l'aultre non.

Une petite cuillier d'argent pour les calices.

---

(1) **Vendredi Saint.**

Un pingne d'ynvoyere ou Trésor ataché à une chaisne.

XXVI grans touailles pour le grant autel dont il y en a V parées et XXI non parées.

XXIII petites touailles pour les petis autieulx, sans celles qui sont dessoubs, sur chascun autel, non beneistes.

Une paire de fers a faire pain à chanter et IIII aultre paire de petits fers pour faire le petit pain.

II touailles non parées pour le dossel du grant autel, avecques une aultre grant pour couvrir led. grant autel.

IIII petites touailles precieuses pour mettre au cornet du grant autel.

Une petite touaille de pourpre pour couvrir le calice.

II autres petites touailles pour porter le texte de l'Evangile.

III petites touailles pour tenir la pattaine du calice.

VIII custodes c'est assavoir II de cendal rouge et jaune, II de toille noire et blanche de petite valleur, II bonnes de toille verte et rouge que le Prieur donna et II de toille blanche pour Karesme.

Item XXI petites touailles pour essuyer les mains.

La crosse et baston tout d'argent pour Monsieur l'Abbé.

Une crosse a baston de boys ou est figuré la Passion Nostre Seigneur.

Item un crosson d'yvuyre et un baston paint de vert.

II crossons de Lymoges.

Un baston a pottence d'yvuyere pour le chant.

VIII estolles precieuses avecques IX phanons precieux.

VIII autres estolles et XI phanons.

IIII estolles et IIII phanons de mors.

XIII orilliers de soye, c. ass. VI grans de soye pour parer l'autel ; IIII aultres mendres au Trésor, II pour porter le texte et un petit pour mettre le livre sur l'autel.

Tunique et damatique de soye vermeille.

Item tunique et damatique de velou vermeil, que la Royne Blanche nous donna, doublées de cendal.

t. et d. blant et noir par dedens.

t. et d. blans pour l'Advent.

t. et d. de cendal noir de petite valleur.

t. et d. de toille noire.

t. et d. de bourde.

IIII petites tuniques pour les enfans.

III colliers de soye a pierres de cristal.

IIII grans carreaus de soye pour les chaieses emprès le grant autel.

Une pomme de cuivre pour eschauffer les mains.

II chandelliers de Lymoges pour les candellabres, IIII de cuivre pour les anniversaires et IIII autres de cuivre plus petis.

Une bouette d'yvuyre pour mettre le pain à chanter.

Une custode de toille blanche de III lez a une croix vermeille, pour mettre devant le Crucifix en Karesme.

Une autre pareille pour la paroisse.

Un petit capitel ou drap de soye pour mettre quant on fait anniversaire.

Item le tapiz qui fu maistre Pierre de Herouville, a escuz.

Un aultre tapiz à escus, a fleurs de liz, a papegaux, que messire Guerin nous a donnés.

L'aumusse Monsieur l'Abbé, de cuissettes noires.

Une lanterne de cuivre ouvrée.

Une balance de cuivre pour peser la cire.

II bacins de cuivre pour faire le Mandé en Karesme.

Un autre bacin pour faire le pain de glaire.

Une chauffette pour laver les mains en la chappelle saint Sebastien.

Une chaière, ou Tresor, a IIII testes sauvages.

Une escuelle de laton pour mettre l'encens.

Un grant coffre ferré pour mettre les seaulx.

Un aultre coffre mendre, bien ferré, lequel est à Pontoise.

Une grande huche non ferrée.

II grandes huches en hault ferrées et II non ferrées.

Un petit mauvais coffre ferré.

Un estuy pour mettre les cierges.

Un bacin avecques les verges, pour pendre le cierge benoist à Pasques.

Un vieulx chasuble de soye noire, tunique et damatique dont on a osté les affraiz.

Et plusieurs aultres pieces de drap que on a despeciez, et aultres menus remenans pour reffaire les aultres.

Item en la chappelle Monsieur, III nappes beneistes sur l'autel, un corporal avecques son estuy, un chasuble blanc, une aulbe et amyt non parez, estolle et fanon, messel, grant orillier de soye vert, et aultres choses appartenant a ycelle chapelle.

En la chappelle de Vallengoujart III nappes beneistés, corporaulx, estuy de soye vermeille, aulbe et amit parez, estolle, anon, messel, bouerrettes et aultres choses appartenant à lad° chappelle. (Fol. 155 et suiv.)

On a pu remarquer, dans le document le plus récent, la mention d'une « crosse à baston de boys où est figuré la Passion Nostre Seigneur ».

En comparant à cet inventaire celui de 1343, il semble bien que ce bâton pastoral soit l'un des deux catalogués ensemble sous cette forme : « Item deux bastons de fust peint, *dont l'un est ymagé* et l'autre ne l'est pas. » Il avait cessé de servir aux abbés d'alors qui avaient adopté « une crosse et baston tout d'argent ».

Il ne nous semble pas douteux que cette crosse, où « la Passion de Nostre-Seigneur » était figurée, est bien l'intéressant objet d'art dont un collectionneur pontoisien, l'abbé Cordier se saisit un jour, du gré des marguilliers de St-Maclou de Pontoise. Il l'avait déterrée dans les combles de la sacristie, où elle gisait méprisée, futur tison de quelque feu de plombier. Ces faits sont constatés dans un jugement du tribunal de Pontoise, qui débouta le conseil de fabrique de ses revendications ultérieures sur cet objet d'art, devenu célèbre par l'étude qu'en avait faite l'archéologue briard Eugène Grésy. Ce même bâton fait partie du musée que la baronne Nathaniel de Rothschild a rassemblé aux Vaux-de-Sernay : il y est attribué à saint Thibaut, fondateur de cette abbaye.

Voici maintenant la description du modeste mobilier religieux d'une desserte de campagne :

INVENTAIRE DE CHAPELLES

L'inventaire des aournemens des chapelles de nre prieuré de Ronel et de Ruel bailliés et livrés par nre prevost a Messire Philipe de Grisi prestre fermier dudit prieuré le juesdi apres feste St-Aubin u mois de mars mil CCCXXXIX.

Premǀ de la chapelle de Ronel I calice, I messel, I greel, I breviaire, III chasubles, II aubes dont l'une est parée et l'autre ne l'est pas. Une chape, VII touailles a lautel et II petites touailles a mestre sur les cornes de lautel, I petit orillier a metre souz le livre, II estoles, II fennons et II émis, II crois de Limoges l'une grant et l'autre petite, III pere de corporaux, II buirettes à vin, une table pour porter la pès, I petit autel benoit.

Item de la chapelle de Ruel I calice, II pere de corporauz en II estuis, V touailles dont l'une est parée, III chasubles, II aubes et II émis (amitcs) touz parés, II estoles et II fennons bons et I estole et I fennon blanc, II petites custodes p. metre sur lautel, I petit messel et une buirete à vin et I petit autel benoit. Presens à ceu Jehan Dubois sergent en la prevosté de Pontoise, Anselet le Mere de Brecourt escuier, Jehan Lacouarde de Ronel, Jehan Bymont de Grisi et Messire Jehan le Champenois curé du Heaume. (Fol. 7.)

Nous trouvons dans le Livre de raison la mention de l'achat d'objets liturgiques :

Une confession pour Mons. l'abbé, 4 s.

Pour l'amendement de changer le calice de la Buhotière, 30 s.

Dans l'état des charges imposées au fermier des revenus de l'abbaye, en 1633, on lit : « Sera aussi tenu faire escurer deux fois l'an les grans et petits chandeliers, champ de larbre (*sic*), bénitiers, encensoirs et lampes de lad. eglise. »

CLOCHES

Le compte de 1476 nous a conservé des détails sur l'installation de la grosse cloche. A cette occasion se firent, en effet, certaines dépenses de bouche en dehors de l'ordinaire du couvent. D'ailleurs, l'abbé avait fait venir son père et son frère, et le couvent hébergeait en même temps « maistre Godard ».

Item le samedi 8ǀ jour de juing 1476) que on commença à lever la grosse cloche, en oefz, 3 s En molles (moules) et morue, 2 s.

Item le mercredi 13ᵉ, que lad. cloche fut levée, en œfz, en porée et morue, 5 s.

Item le vendredi 15ᵉ, pour demi cent de œfz, en pais (pois) nouveaux et morue — et est, tout ce temps durant, le pere de Monsieur et son frère, maistre Godard — 3 s. 4 d.

Cette grosse cloche fut remplacée peu après par une autre qui exista jusqu'en 1791.

Cette dernière, fondue par Jehan Huard, disait en effet : *Reverend Pere en Dieu Damp Pierre Dongne abbé de Ceens me fit faire le vingt-huit jour d'avant l'an 1504.*

La petite cloche de la tour fut donnée par Jehan IV, le second successeur de Pierre VI Dongne. Elle portait cette inscription :

En l'an mil cinq cens et seize
Frere Jehan Harencq abbé de ce lieu
Me fit refondre en l'honneur de Dieu
De voulenté france et courtaise.

Les armes de l'abbé Jehan figuraient aussi sur cette cloche.

Le fermier des revenus monastiques en 1633 « paiera l'entretenement des cordes des cloches et de celle du puits et les soins dudit puits (le curage). »

HORLOGE

Les inventaires ni le Livre de raison ne parlent pas de l'horloge de l'abbaye. Il en existait pourtant une dont l'obituaire fait mention ; et cette indication est de l'écriture contemporaine du roi Jean :

« Michael dictus Cousin armiger, qni legavit triginta libras par. de quibus emptum fuit horologium anno... » (1)

---

(1) La date a disparu par suite de la rognure du manuscrit *Cartulaire*, p. 230.

BIBLIOTHÈQUE

Voici, d'après un document que nous a conservé Dom Estiennot, le Catalogue des œuvres composant la « librairie » du monastère, dressé en 1241 (1).

Augustinus. — Tres partes psalterii. — *De Civitate Dei.* — *De Trinitate.* — *De verâ Religione.* — *De Doctrinâ Christianâ* Expositio super Epistolam S. Johannis. — *De retractationibus.* — *Contra Faustum.* — Super Genesim, ad litteram. — *De quantitate Animæ.* — De Sermone Domini in monte. — *De Confessionibus.* — Super Johannem. — *De Verbis Domini.* — *De lapsis mundi et Avaritiâ.*

Gregorius. — Tres partes Moralium Job. — Liber quadraginta homiliarum. — Super Ezechielem. — *Liber pastoralis,* in tribus voluminibus. — Dialogus, in tribus voluminibus.

Instituta Monachorum.
Diadema Monachorum.
Collationes Patrum.
Omeliæ Johannis Chrisostomi.
Origenes. — Super Leviticum. — Parabola Salomonis similiter.
Epistolæ S. Ieronimi.
Beda. Super Johannem. — De quadrifario opere.
Decreta Pontificum.
Ecclesiastica historia.
Tripartita Historia.
Historia Clementis.
Historia Pauli Orosii.
Isidorus Etymologiarum.
Vita S. Basilii at cæterorum.
Vita S. Martini et Miracula ejusdem.
Vita S. Nicolai.
Decreta S. Gregorii et Epistolæ S. Augustini in uno volumine.
Vita S. Theobaldi.
Liber Hildefunsi, *Gall.* (2).
Epistolæ Pauli glossatæ, in duobus voluminibus.

---

(1) Pihan de la Forest, *Histoire mss. de Saint-Martin de Pontoise,* p. 40. Bibl. municipale de Pontoise.

(2) *Gallicè.* La présence de livres en français dans une bibliothèque monastique à cette époque, est intéressante à relever.

Glossa Epistolarum Pauli ad Corinth. et glossa Psalterii similiter.
Apocalipsis Glossa.
Liber *Enchiridion*. g. (1).
Effrem.
Psalterium Magistri Petri Longobardi. — Sententia ejusdem.
Quinque Evangelista. ii Iohann. i Lucas. i Marc. i Math.
Item alia duo et quatuor Passionales de cætero.
Duo hymnarii glossati. Quatuor Passionales.
Sex Antiphonarii. Octo Tropalia. Gradualia sex.
Regula S. Benedicti in quatuor voluminibus.
Consuetudines Cluniacenses.
Liber Danielis prophetæ.
Duo Omeliarii et tres Lectionarii.
Duo Psalteria glossata. Item alia decem.
Musica Guidonis in duobus voluminibus.
Orationes de S. Mart*ino*.
Regula Juris et Boetius in uno volumine. — Item alius Boetius.
Gesta Francorum.
Liber Oratoris. Synonima.
Sermones Magistri Petri super Psalterium et Sententiæ similiter ejusdem.
Liber *Emoth* (2) et summa. Magistri Bernardi similiter.
Cantica Canticorum S. Gregorii et interpretationes.....
Decem Breviaria Duo Collectaria.
Item Breviaria D. Gerardi in duobus voluminibus.
Historia super Bibliot. g.
Liber Lanfranci et qui sequuntur.
Epistola Canonica glossata. g.
Liber Prophetarum.
Liber Sermonum.
Liber Decretalium. g.
Vita S. Godograngi (3).
Summa Magistri Præpositi.

---

(1) Cette initiale est expliquée plus haut et doit s'interpréter *gallicè*.
(2) Enoch.
(3) Saint Godegrand (ou Chrodegang) de Metz est le patron de l'Isle-Adam. Ses reliques y furent apportées par Adam I*er*.

Liber Cartarum (1).

Quatuor volumina Decretalium.

Vita S. Mariæ Magdalenæ. g.

Vita S. Anselmi.

Bibliotheca, id est, Biblia sacra quam dedit nobis RICHARDUS presbiter. Et alia in duabus partibus. Item alia in tribus partibus.

Liber Ecclesiastici glossatus.

Liber Duodecim Prophetarum glossatus.

Liber Super Canticum Canticorum. (Hos tres habemus ex delegatione GUILLELMI presbiteri) (2).

Summa Mag. Johanni Belet.

Claustrum animæ.

Liber JOHANNIS præpositi qui missa... et exposit...

Duo diurnalia. Item brevarium de Vallemundâ (Valmondois) nigrum.

Duo diurnalia alba.

Ce catalogue fait le plus grand honneur à la sollicitude de l'abbé Nicolas II de Margicourt mort le 12 mars 1248) à qui la rédaction est due.

Pour importante que fût une telle « librairie », Eudes Rigaud la jugeait pourtant incomplète : dans une de ses visites il signale comme une lacune à combler, l'absence des « statuts du pape Grégoire ».

L'obituaire mentionne un don à la bibliothèque fait au siècle suivant : « Petrus de Herouvilla legavit unum decretum (3) ».

---

(1) Le *Cartulaire* ancien aujourd'hui perdu et que nous avons essayé de reconstituer.
(2) Obiit Guillelmus presbiter Sancti Lupi, qui dedit nobis librum qui vocatur *Ecclesiasticus* et librum XII Prophetarum (Obituaire de St Martin, au 12 janvier. — *Cartulaire*, p. 221.).
(3) Obituaire, 30 mars. *Cartulaire*, p. 226.

VII

LE CULTE ET LES PÈLERINAGES

LITURGIE

C'est en 1239 que la Liturgie de l'église de Rouen fut introduite dans le culte public par les moines de Saint-Martin. Le document qui suit fait voir que des mesures furent prises alors en ce sens pour les cérémonies paroissiales.

Toutefois, dans une visite postérieure de vingt ans à cette date, Eudes Rigaud constate que le monastère ne possède pas de livres d'église à l'usage de son diocèse.

Introduction de la liturgie de Rouen à Pontoise.
(1239)

P. miseratione divina Rothomagensis archiepiscopus. Cum presbiter et parrochiani *S. Martini* et *Nove Capelle B. Marie Pontisarensis* peterent coram nobis ab abbate S. Martini P. libros competentes ad usum *Rothomagensis* et luminare competens ad opus predicte Capelle, tandem pro bono pacis ita ordinamus quod libri qui modo sunt in dicta capella qui scilicet non sunt ad usum antedictum, de consilio dilecti nostri decani de *Mellento* vendentur, et pretium inde habitum in emptione librorum competentium, videlicet missalis, breviarii, et antifonarii de consilio predicti decani emendorum ad usum ecclesie Rothom. convertetur; et si quid deficit ad predictos libros emendos, dictus abbas solvet duas partes, et presbiter terciam partem. Item dictus abbas singulis annis usque ad sex annos dicto presbitero vel ei qui faciet luminare dicte capelle reddet quatuor libras cere, ut nihil amplius post dictos sex annos possent peti a dicto abbate sive ab ecclesia S. Martini occasione luminaris. Actum apud *Pontisaram,* die martis post Quasimodo anno Dni millesimo ducentesimo tricesimo nono(1).

LUMINAIRE

La dépense de luminaire était peu considérable en raison du partage des offrandes de cire faites à Notre-Dame. Aussi en 1362, le marché avec le cirier comportait un forfait de 20 s. par an (*fol. 135*).

Au reste, l'abbaye avait aussi des redevances en cire, fournies par certains fermiers qui cultivaient des abeilles.

En 1599, on consommait en tout 32 livres de cire, dont 6 livres pour le cierge pascal.

L'état des charges en 1633 inscrit parmi les frais du culte :

Auxdits religieux pour le luminaire de l'église et cierge pascal 135 livres de cire en œuvre, dont on fournira 3 livres de blanche.

Auxd. religieux 40 pintes d'huile de navette pour le luminaire des lampes, y compris 12 livres d'augmentation.

CÉRÉMONIES

Au XVe siècle, la fête burlesque des Saints-Innocents est célébrée à St-Martin et donne lieu à une assez forte dépense dont l'abbé et le prieur font les frais :

« Le 2e jour de janvier (1476) — écrit maistre Jehan Compaignon — receus de Mons. l'abbé et aussi de Mons. le Prieur du couvent, pour la feste des Saints Ignoscens, 6 s. 10 d. ts. »

L'état de 1633 signale deux autres cérémonies qui ont pris la place de celle-là :

---

(1) Orig. sans sceaux. Fonds St-Martin, cart. 9.

Aux religieux pour l'O de Monseigneur qui se chante à Noel, 3 livres.

Auxd. religieux pour l'obit de Monsieur de Méry 30 sols en argent et deux chappons.

Dans l'inventaire de 1412, nous trouvons « II bacins de cuivre pour faire le Mandé en Karesme ». Ces bassins servaient au lavement des pieds à un groupe de pauvres représentant les Apôtres : cérémonie pratiquée de tout temps dans l'Église catholique en souvenir de la Cène, et dont le vieux nom fait allusion aux paroles évangéliques : *Mandatum dedi vobis*.

Voici, d'après un compte de 1601, comment se faisait la cérémonie du lavement des pieds le jeudi saint :

« Ledit jeudy absolut furent lavez les piedz a treize pauvres auxquels furent donnez treize lyarts, treize pains blancs de 10 deniers pièce, treize chopines de vin valant 3 sous la pinte, treize harentz de 6 deniers pièce, le tout revenant à la somme de 46 sous, 7 deniers. » (1)

Le compte de 1602 enregistre une « mise » d'un écu « pour une boettée de dragée et 12 eschaudez pour le jeudy absolut (jeudi-saint) ».

Ces dépenses sont portées toutes deux à l'état des charges de 1633.

PRIÈRES POUR LES MORTS

La prière pour les défunts constitue la principale occupation pieuse de la communauté.

---

(1) Le sou se divisant en 4 liards de 3 deniers :
13 liards ou 39 deniers font . . . . 3 s. 3 d.
13 pains à 10 den. font 130 den. ou . . . . 10 s. 10 d.
13 harengs à 6 den. font 78 den. ou . . . . 6 s. 6 d.
La chopine de vin est comptée 2 s. soit, pour 13 chopines 26 s. —
Total . . . . 46 s. 7 d.

Un règlement établi par décision capitulaire en 1233, sous l'abbé Nicolas II, prescrit de célébrer un office solennel des morts à chaque jour non férié.

Dans la seconde moitié du XIV⁰ siècle, une oraison générale pour les vivants et les morts, s'intercalait dans la liturgie conventuelle; l'un des manuscrits échappé au naufrage de la bibliothèque San martinienne nous en a conservé le texte. Nous le reproduisons à la suite du règlement de 1233.

Règlement sur l'office des morts (1233).

Ordinatum est in capitulo a Dno Nicolao abbate de communi consensu totius capituli, quod singulis diebus celebrabitur officium mortuorum (excepto die sabbathi et diebus festivis qui fiunt in cappis; in quibus scilicet diebus, nec vigiliâ ipsorum dierum nec ipsis diebus, exceptis etiam vigiliis dierum festivorum qui fiunt simpliciter in albis, aliis autem diebus celebrabitur, sed non dicentur nisi tres lectiones quæ scilicet dicentur in tono eo modo quo dicuntur horæ B. Virginis.

Verumptamen in solemnibus anniversariis dicantur solemniter novem lectiones sicut antiquitus solent dici, videlicet in anniversario bonæ memoriæ Theobaldi, Lecelini, Guillelmi Vizeliacensis, Bartholomei, Nicolai abbatum, et Dnæ Hildeburgis in crastino Trinitatis; pro his qui in cemeterio requiescunt, in die Mortuorum; pro fratribus nostræ congregationis, circa festum Purificationis; et si aliquid aliud solemne anniversarium futuro tempore contigerit statui celebrandum.

Ordinatum est etiam quod in vigiliis dierum duodecim lectionum, in quibus vigiliis officium mortuorum celebratur, scribetur in tabula et nominabitur in capitulo monachus ad missam pro defunctis, unusquisque in ordine suo, qui missam pro defunctis in secreto celebrabit, habitâ memoriâ eorum pro quibus officium præcedentis vigiliæ est celebratum (nisi forte die istâ duodecim lectionum, missa matutinalis pro defunctis possit celebrari)...

Hoc autem actum fuit publicè in capitulo anno Dni millesimo ducentesimo trigesimo tertio.

(D. Estiennot, t. II, fol. 75).

Oraison générale pour les vivants et les morts.

Venerabiles Fratres in Christo, sicut scitis, nos sumus fundati in redditibus benefactorum nostrorum et tenemur orare Dominum, et preces ad ipsum devotas fundere pro omnibus benefactoribus nostris vivis et defunctis.

Et ideo orabimus pro Sanctissimo Papa nostro, pro Romano Imperatore, pro venerabili collegio Cardinalium, ut Deus per suam pissimam misericordiam, velit ipsos taliter adjuvare in omnibus actionibus eorum, ut sit ad laudem et honorem Domini, salutem Christianorum, roburque et fortificationem totius Ecclesie. Amen.

Orabimus etiam pro Serenissimo ac Christianissimo Domino nostro Francorum Rege, pro Regina et filiis eorum, ut Deus dignetur ipsos taliter illuminare, ut possint suum regnum pacifice regere et gubernare, ad laudem Dei, salutem animarum suarum, et utilitatem populi.

Orabimus pro Nobilibus, Ducibus, Comitibus, Baronibus, Militibus et maxime pro fundatoribus istius ecclesie, ut Deus retribuat ipsis in vitam eternam. Amen.

Orabimus pro Patriarchis, Archiepiscopis, et specialiter pro Dno Archiepiscopo Rothomagensi, Episcopis, Abbatibus, Prioribus, Religiosis et Curatis quibuscumque, precise pro illis qui dependent ab isto monasterio, ut Deus ipsos velit et suas ecclesias ab omni scandalo et ruina protegere.

Et generaliter orabimus pro omnibus Decanis, Archidiaconis, Thesaurariis (1), Canonicis, Cappellanis et aliis ecclesiasticis, ut Deus velit ipsos taliter consulere in digno servicio, ut ipsa Ecclesia Dei in suo robore permaneat, Cultus perseveretur divinus, et expulsio Infidelium adveniat, qui Christianitatem subjugare volunt.

Orabimus etiam pro ecclesia nostra et monasterio nostro, pro ecclesia de *Verdelay* (2), de *Berthaucourt*, de *Froismont*, et de *Valle Nostre-Domine*, et de *Gaudiivalle*, ut Deus eas custodiat ab omni periculo et ruina, ut ad laudem sui nominis et gloriam vigeant usque in finem. Amen.

Orabimus etiam pro omnibus Christianis, agricolis et aliis laboratoribus, mercatoribus et aliis cujuscumque gradus, status aut conditionis extiterint, ut Deus suos labores, suas mercaturas et alios bonos actus, negotiationes agere permittat, ut

---

(1) C'est le titre que prenait alors le doyen de Saint Mellon, de Pontoise.

(2) *Sic*. On avait perdu de vue, à l'époque de cette copie, l'abbaye de *Vézelay*, à laquelle s'appliquait certainement ce souvenir.

sit ad laudem sui nominis, ad impletionem sui servitii et utilitatem totius Christianitatis. Amen.

Orabimus pro nobismet ipsis ut possimus esse lues (1) bonorum operum, et cum ipsis valeamus ad vitam eternam pervenire. Amen.

Orabimus etiam pro fructibus terre, ut Deus eos velit a fulgure et tempestate, cunctisque aliis periculis preservare. Amen.

Orabimus pro pace, ut Deus per suam benignitatem eam velit inter reges et principes ponere et conservare, ut et alii minores sub eis vivere valeant, et suum Creatorem cognoscere. Amen (2).

Orabimus pro pace conscientiarum nostrarum, ut Deus tantam gratiam nobis influat; odium, rancorem, invidiam et omne nephas a nobis remaneat, et nos sicut veros fratres invicem caritative, sancte et divine vivere faciat, et Creatorem nostrum et bona que ab Ipso nobis pervenerunt, recognoscere, et Eum laudare usque in finem; detque nobis laudabiliter finire dies nostros. Amen.

Orabimus etiam pro viduis et peregrinis, ac illis qui non sunt in statu gratie, et pro infirmis et illis qui sunt in tribulatione. Et etiam orabimus pro illis qui nobis miserunt rotulos et breves, in confidentia orationum nostrarum, ut Deus det illis vitam eternam. Amen.

Orabimus etiam pro deffunctis et specialiter pro fundatoribus et benefactoribus nostris, illis videlicet de GISORS, de CLERY, de BANTHELU, pro magistro PETRO DE NELLE, GUILLELMO DE PILLERONCE, STEPHANO D'ANERY, et Dno GUILLELMO HERVVILLE, qui dederunt et legaverunt nobis redditus et bona, de quibus sustentamur, et divinum servitium effectum est. Specialiter etiam orabimus pro omnibus Abbatibus, Prioribus ac Religiosis hujus ecclesie defunctis, ut anime eorum et anime omnium fidelium defunctorum per misericordiam Domini sine fine.

(Texte d'un feuillet du XIVe siècle intercalé dans le Martyrologe. B. N. Mss. lat 13889, fol. 173.)

---

(1) « Des sources de bonnes œuvres. » Le mot *lues* s'est pris plus tard en mauvaise part, dans le sens de *contagion*. Cet archaïsme élégant, qui prouve que la culture de la haute latinité était en honneur à St-Martin au XIVe siècle, n'était plus compris dès le siècle suivant, comme le prouve une correction maladroite tentée sous forme de glose sur le manuscrit.

(2) Cette touchante formule mérite d'être soulignée.

RELIQUES — PÈLERINAGES — INDULGENCES

Les inventaires qui précèdent mentionnent divers reliquaires de saint Gautier. Pierre VI Dongne, abbé démissionnaire de St-Martin, fit placer le chef du saint dans un reliquaire de vermeil qui portait cette inscription : *Damp Pierre Dongne abbé antique de ceens, a donné le chef monsieur saint Gautier le 8 septembre 1508.*

Nous avons reproduit, dans le *Cartulaire de St Martin*, le procès-verbal de la canonisation solennelle de saint Gautier et de la translation de ses reliques dans un tombeau sculpté actuellement conservé au milieu de la nef de l'église Notre-Dame de Pontoise. Cet acte est du 4 mai 1153. Dom Estiennot nous a conservé un résumé des indulgences accordées à l'occasion du pèlerinage de ce saint. C'est une pancarte de Pierre Roger, archevêque de Rouen, datée de 1333, rédigée en langue vulgaire :

Bonne gent qui ci estes assemblés pour hounourer li glorieus confessor monseigneur saint Gautier, il est bien droit et reson que l'on vous face entendant quel guerredon (gain) et quel loyer (profit) vous en attendés a avoir. Scachent touz que l'an de l'yncarnation de Nostre Seigneur Jhu Christ mil cent cinquante trois vindrent en l'eglise de ceens il a aujourd'hui IX vins ans l'arcevesque Hue de Rouen, l'Evesque Thybaut de Paris et l'Evesque Thybaut de Senlis, par le commandement Sanson l'arcevesque de Reins qui en ce temps estoit general legat en toute France de par nostre Pere le Pape, pour essaucier et lever de terre le corps Monseigneur saint Gautier. Quar il estoit bien reson et droit que cil que Diex essaucie es cieux fust essaucié en terre quar les miracles que nostre Sire fesoit par li estoient si apertes à touttes gent, ainçois (avant) que il fust levé de terre, que tous les malades qui venoient ou estoient amené a sa sépulture estoient guéris et sauvés par le mérite de li, de quele que maladie il fussent entechié. Et pour ce que les prudes hommes qui sont cy dessus nommés virent si apertement les miracles que nostre Sire fesoit par le merite de li, Il (l'archevêque Hugues), du commandement de totray (tous) et de l'assentiment du dit Sanson qui avoit le plein pouair nostre

Pere le Pape en tout le royaume de France, establirent, donnerent et octroyerent tel pardon comme nous diron. Premierement a tous ceux et à touttes celles qui sont vray confès et vray repentans qui au jour de hyer, puis nonne, et de huy et de demein, ont visité, visitent ou visiteront l'église de ceens en l'onneur Monseigneur saint Gautier, il est à savoir que ceux qui ont sept ans de pénitance, un an leur en est pardonné et la tierce partie du remenant (de ce qui reste). Ceux qui ont quatorze ans, deux ans leur en sont pardonnés et la tierce partie du remenant. Ceux qui ont vingt ans de pénitance, trois ans leur en sont pardonnés et la tierce partie du remenant. Ceux qui ont quarante ans de pénitance ou plus, la moitié leur en est pardonné et la tierce partie du remenant. Les petits enfants baptiziés ou non baptiziés qui meurent dedans (avant) sept ans par la negligence des peres et meres, le péchié (aux parents) leur en est pardonné. Nemès (à condition) que le preudhomme ou la preude femme vingnent (viennent) au vendredy de la semene en leur eglise et preingnent (acceptent) telle charité comme leur prestre leur donnera. Et par aventure se li preudon estoit malade ou la preude fame enceinte ou feble que elle ne puisse jeuner, die (qu'elle dise) sept fois en son hostel *pater noster* et face tout le bien que elle pourra, et li péchié ly en est pardonné. Les menus péchiés, tous pardonnés. Les péchiés oubliés, tous pardonnés. Après tout ce, nostre Pere le Pape Innocent le Quart (1) ottroye et donne à tous ceux et à touttes celles qui au jour de hyer, de huy et de demein ont visité, visitent et visiteront l'eglise de ceens en l'onneur Monsr saint Gautier XL jours de pardon. Idem l'Arcevesque Guillaume de Rouen ottroye et donne à tous ceux qui au jour de huy visitent l'Eglise de ceens XL jours de pardon. Item l'Arcevesque

---

(1) Nous n'avons pas rencontré cette pièce dans le chartrier de l'Abbaye. Il contient un bref d'Innocent IV, mais visant la solennité de la fête de Saint-Martin :

« Cum igitur sicut intimantibus vobis accepimus, ecclesia monasterii vestri ob loci devotionem et vestræ religionis affectum congruis honoribus frequentetur, ut venientes ad eam dono celestis gratiæ gaudeant se refectos, illis vere penitentibus et confessis qui ecclesiam ipsam in festo sancti Martini de mense novembris, cujus vocabulo insignita est dicta ecclesia, venerabiliter visitarint, de Omnipotentis Dei misericordia et beatorum Petri et Pauli, apostolorum ejus, auctoritate confisi, quadraginta dies de injunctis sibi penitentiis annis singulis misericorditer relaxamus. Datum *Lugdun*. III kal. octobr. Pontificatus nostri anno septimo. »

(Orig. avec sceau en plomb. Fonds St-Martin, cart. 1.)

Guillaume (1) derrenièrement mort xl jours de pardon. Item l'Arcevesque Pierres qui pour le temps de maintenant est à présent, xl jours de pardon. En sur que tout, li abbés et li couvent de ceens accueillent et acuelront tout ceux et touttes celles qui au jour de huy viëgnent en l'onneur de St Gautier visiter l'église de céens en tous les biens espirituex qui ont esté, et sont et seront fez jusques à la fin du monde. C'est assavoir en messes, en matines, en jeunes, en vigiles et en aumosnes, en oraisons et en deceplines et tous autres biens fez en quelle que maniere que il soient fez. Que tel guerredon et tel loyer comme nous méesmes en attendon avoir, leur en ottroit li Pere, li Fil et li Saint Esprit *qui regnat Deus per omnia secula seculorum. Amen* (2).

Nous avons retrouvé l'original d'une autre charte d'indulgences accordée par l'archevêque Philippe d'Alençon pour les deux fêtes de Saint Martin et de Saint Gautier. Elle est du 13 janvier 1367.

Philipus de Alencon permissione divina Rothomagensis Archiepiscopus Dilectis filiis Abbati et conventui S. Martini juxta Pontisaram... Ut ecclesia vestra in qua S. Galteri corpus sub veneranda custodia conservatur, congruis honoribus frequentatur, universos Christi fideles tenore presentium rogamus, monemus ac eciam exhortamur ut ad predictam ecclesiam cum festivitatem dicti Sancti in eadem contigit celebrari tam in vigilia ipsius festi quam in ipso festo et die subsequenti, ac eciam in hyemali festo S. Martini accedent devote, orationes Domino impensuri. Nos vero de autoritate qua possemus et debemus, omnibus vere penitentibus et confessis qui ecclesiam istam in festivitatibus dictorum Sanctorum venerabiliter visitaverunt ut prefertur, annuatim quadraginta dies de injunctis sib penitenciis relaxamus. Datum Pontisare anno Dni Mo trescentesimo sexagesimo sexto, die xiiia mensis januarii (3).

---

(1) Guillaume de Flavacourt, qui avait fait en 1294 la reconnaissance des reliques et constaté l'authenticité de la charte de 1153.
(2) Texte d'après une copie de D. Ligot, dans D. Estiennot, l. II, fol. 107. — Publié par M. l'abbé Marchand dans le *Bulletin religieux du diocèse de Versailles*, n° du 31 mai 1868.
(3) Orig. Archives de Seine-et-Oise. Fonds Saint-Martin, carton Demay.

Le pèlerinage de saint Gautier comportait l'absorption de l'eau d'une source à laquelle le nom du saint est resté attaché. Le *puits de saint Gautier* existe encore au milieu de l'allée d'arbres qui conduit à la grille du château actuel. On trouve dans l'inventaire de 1343 : « Item un gobelet d'argent auquel les malades qui viennent aux reliques boivent. »

L'abbaye possédait aussi les reliques de saint Flaive, transférées d'Ermont à St-Martin en 1105, pendant le siège de Montmorency (1).

Durant la période où fut utilisé le *Livre de raison*, ces reliques furent l'objet de deux translations : l'une en 1323 par Jacques, évêque de Séez *(frater Jacobus, episcopus Sigiacensis)*, en présence de l'abbé Jehan de Labbeville ; la seconde en 1523 (2).

Cependant les inventaires de 1342 et de 1412 ne mentionnent pas de reliquaire spécial à saint Flaive. Il est possible, toutefois qu'il n'y soit désigné que par une simple description sans attribution exprimée.

FONDATIONS PIEUSES

Le *Livre de raison* contient d'assez longs détails sur divers legs et fondations pieuses faites à Saint-Martin.

Nous citerons : 1° les donations d'Étienne Le Chien, fourrier du roi et de sa sœur Péronnelle: parmi les biens légués par ces bienfaiteurs figurait l'*île de La Chienne*, sur l'Oise, appelée depuis l'*île Saint-Martin* ;

2° Le règlement relatif aux dettes de Jehan Luillier ;

3° La liquidation de la succession de Pierre d'Hérouville ;

4° Les donations d'une veuve, d'une béguine et d'un curé ;

5° Une fondation royale en 1397.

---

(1) *Cartulaire*, p. 45.
(2) Note de l'abbé Louis Havard, chapelain de St-Jacques, datée du 1ᵉʳ septembre 1795. Cf. Pihan de la Forest, *Histoire de Saint-Martin*, p. 13.

Donation d'Etienne Le Chien.

Sachent tous que nous abbé de Saint-Martin avons eu et receu de Pierre Boivin bourgeois de Pontoise vint lb. par. que feu Estienne Le Chien fourrier et sergent a masse, que Diex absoile, du Roy, nous avoit lessié et à nre eglise en son testament qui fu fait lan mil CCC vint et huit... L'an de grace mil CCC XLVI le mardi apres feste Sainte Croix en Septembre.

(Fol. 112.)

Don d'une île de l'Oise à Étienne le Chien par Philippe VI.

Philippe, etc. Savoir faisons que pour consideracion des bons services que nre ainé fourrier Estienne le Chien a fait longuement et loialment a nos devanciers Rois et a nous encore continuelment de jour en jour, nous lui avons donné et octroyé l'*ille* que nous avons *en la riviere d'Oise* dessoux Pontoise, devant l'*ourmeteau Saint Oyn*, ainsi comme elle se comporte en lonc et en lé, à tenir..... de lui de ses hoirs et de ceus qui auront cause de lui a toujours mais à héritage..... et voulons que led. Estienne et ses successeurs puissent faire toute leur volonté de lad. ille comme de leur propre heritage, retenues a nous la justice et la souveraineté de lad. ille et de ceux qui mefferont en icelle.

Donné à *Maubuisson de lez Pontoise* l'an de grace mil CCC trente et cinq, au mois de juillet.

(Vidimus de 1375. Cart. 9).

L'acort du les de la suer Estienne Le Chein.

Le vendredi veille de la Decollacion Saint Jehan Baptiste l'an mil CCC XLIX fu presente en l'eglise de Saint-Martin Perronelle suer jadiz Estienne, fourrier du Roy N. S. au temps qu'il vivoit; laquelle de pure volonté et devocion, donna a Dieu et a lad. eglise... toute tele part come elle avoit... au manoir et ou clos de vigne jadiz dud. Estienne Le Chein, assiz en la Barre de Pontoise... mouvant du fief et de la seigneurie desd. religieux à chef cens, retenu en tout ce pardevers lad. Perronelle l'euffruit tant come elle vivra tant seulement; et s'en dessaizi... en tele condicion que apres la mort ou trespassement d'icelle, elle ara en lad. eglise une messe de Requiem chascune sepmaine, et sera fait chascun an une fois son anniversaire solennelment : et est des mentenant lad. Perronelle accueillie et faitte parconiere a tousjours mès de tous les biens espiritueuls qui seront faiz en lad. eglise et en tous les biens appartenant a icelle. — Presens ad cen, dant Jehan de Brecourt, dant Robert de Pontoise, moines de lad. eglise; maistre Mathieu de Caltot, Guillot son clerc, maistre Jehan Neel et Nicholas A la Taille (1). (Fol. 78.)

Fondation par le curé Jehan Le Chandelier.

Le samedi 3 septembre 1379, devant Pierre le Maire, garde du scel pour Madame Blanche, « messire Jehan le Chandelier prestre, curé de Saint Martin lès Pontoise », reconnaît que « meu de devotion a l'église des religieus dud. Saint-Martin, pour estre participant et accueilli au divin service prieres et oroisons des dis religieus, regardant estre expédiente chose et raisonnable, une lampe a wile estre mise et assise en la chapelle de St-Thomas Martir et des Innocens, instituée et fondée en lad. eglise, pour acquerir l'amour de Nre Sr. Jhu-Christ », et pour le salut de son ame, il aurait aumonié 10 s. p. de rente sur une maison que tient Guillot Autelier, boulanger, assise en la rue de la Coustellerie, joignant à la maison de la Chapelle Malet, mouvant du sire de Pois.

(Arch. de Seine-et-Oise. Cart. 4.)

Donation par une Béguine.

A tous..... Simon Pavie garde de par Madame la Royne Blanche du scel de la Chastellenie de *Pontoise*..... Par devant nous..... Marguerite Luilliere veufve, dame de soy, demourant au Beguinage de Pontoise, meue de bonne devotion à leglise et abbaye de *Saint Martin les Pontoise* pour le beau, bon et divin service que font à Dieu chacun jour les religieux..... recongnut avoir donné.....: ausdis religieux..... la somme de quatre livres parisis de cens coutaige..... sur une maison assise à Pontoise en la rue de Foullerie appartenant à Jehan le Charpentier..... moiennant que lesdis religieux soient tenuz et chargez en leurs consciences de [a]ccueillir ladite Marguerite es prieres bienfais et oroisons que ilz font et feront desormais chacun jour de l'an, et avecques ce de chanter par chacun an une messe de requem a note avecques vigilles de mors pour le salut et remede de lame de la dite Mar-

---

(1) L'île de l'Oise fut donnée en 1357, pour fonder son anniversaire, par « Petronilla la Bovyne, dicta la Chienne, » veuve d'Etienne. (D. Estiennot, I, xxvi.)

gueritte..... a tel jour comme ycelle yra de vie a tres passement..... L'an de grace mil trois cens quatre vins et dix sept le vendredi sept jours ou mois de decembre.

(Orig. sans sceau. Cart. 1.)

L'argent que Mons. l'Abbé a baillié pour l'execucion mestre Jehan Luillier et ce qu'il doit.

L'an de grace mil CCC XXXVIII le lundi apres la miaoust baillasmes nous, Abbé de Saint-Martin de Pontoise, a Jehan de Favarches et a Noel Le Simple xiii lb. p. que les executeurs de feu maistre Jehan Luillier devoient aud. Noel Le Simple pour coultiveures de terre et facons dont il n'avoit pas eu les despuelles, quar les seigneurs dont lesd. terres mouvoient emporterent tout, pour ce que lesd. executeurs ne porent garandir les despuelles aud. Noel; et des xiii lb. dessusd. sont tenus lesd. executeurs a nous Abbé dessusdit; et pour mestre Mahieu de Caltot advocat lx s. aussi et x s. despendus le jour dessusd. pour fres et despens et pour porter la semonce à Meullent et alieurs, dont ils furent semons le jour dessusd. devant le Vicaire de Pontoise. — Item x lb. sont deus aud. Abbé pour sa peine et labour de l'execucion. — Item led. Abbé doit à l'execution un couvertoir fourré de gros ver du pris de viii lb. p. — Item il doit de un tonel de vin pris à Pontoise, qui se porta mausement et devint egre, lx s. — Item il doit de un cheval qui mourut et ne fu pas un an en l'abbaie, ce que les executeurs voudront. (Fol. 35.)

Legs de Pierre d'Hérouville.

Pierre d'Hérouville avait légué tous ses biens à l'abbaye. Celle-ci eut à régler toutes ses dettes et à payer les frais d'une procédure devant la Chambre des comptes « pour pourchacier l'execution qui estoit empeschiée », procédure extrêmement coûteuse, à en juger par les fortes sommes versées au *seeleur (sigillifer)*.

Pierre d'Hérouville fut enterré à Saint-Martin le vendredi après *Oculi* 1328.

« *Pro funeralibus et expensis in die funeris sui* cx *lb.* xix *s.* iiii *d. Eodem die pro erogatione generali facta pauperibus, cuilibet pauperi* ii *d.,* xxx *lb.* iii *s.* »

Ces chiffres sont particulièrement intéressants. Ils montrent l'importance des frais funéraires, dont la *cire* et les *présences* d'ecclésiastiques formaient la plus grande partie. La distribution des secours aux pauvres, à « bureau ouvert », prouve que sur la population de Pontoise, évaluée à cette époque à 12,000 personnes, il n'y avait pas moins de 3,618 pauvres. On doit admettre, il est vrai, que les pauvres vinrent de beaucoup d'autres points de la contrée.

L'année suivante, à l'anniversaire, une distribution faite « en menue monnoie pour doner pour Dieu aux povres » absorba 11 liv. 12 s. 15 den.

⚜

Le défunt avait fait de nombreux legs à Poissy; ils furent immédiatement acquittés.

Solverunt executores apud Pissiacum die veneris post *Letare* iiii^c lb. tur. pro operibus monasterii de Pissiaco. Item, xxx lb. pro pitancia dicti conventus. Item xl. sol. canonicis et vicariis ecclesie de Pissiaco. Summa, v^c lb. lxx s. vii d. par.

Jehan de Brécourt, neveu de l'abbé de Saint-Martin, paraît avoir pris la plus grande part aux démarches qu'exigea cette liquidation. En 1329, il alla notamment à Paris avec le prévôt de l'abbaye et vendit, de l'argenterie du défunt, « xii mars et demi en hanas d'argent, cuillers et piez d'argent viez valant lvi lb. v s., rabatu sus cen xx s. pour la male façon des emaus et autres choses » (1).

---

(1) Pierre d'Hérouville avait dès 1319 donné à l'abbaye un neuvième de péage du pont de Pontoise pour fonder des messes de requiem pour le repos de son âme et de celles de ses père et mère Jehan de Brécourt et Hodierne.
Après la mort de Pierre, ses exécuteurs, considérant qu'il avait laissé trop peu de chose à la communauté pour les charges qu'il lui imposait, offrirent de plus au couvent vingt grandes coupes d'argent et sept petites, ainsi que deux tasses sans pied pour servir à l'usage des religieux. (Pihan de la Forest, p. 40.)

Pierre d'Hérouville ayant fondé une chapelle à Saint-Martin, on paye « iiii pennes aux iiii chapelleins » qui y chantent, soit 4 livres. La peinture de la chapelle coûte 40 s.

Parmi les vieilles dettes qu'on solde, signalons-en deux assez originales : « A Jehan, le barbier du Pont, qui estoit barbier dud. maistre Pierre à l'année, xxii s. vi d. »

« A la Chandelerote du Martray (la petite marchande de chandelles du Martroi de Pontoise) pour clou, pour gomme, pour oigture à brebis, pour le temps dud. maistre Pierre, xxxvi s. » Le défunt possédait en effet un troupeau considérable, et l'on voit qu'il se préoccupait des soins médicaux à lui donner.

A sa mort, il devait encore à deux paysans 55 sous et 4 liv. pour deux vaches qu'il avait achetées ; et pour une truie et cinq ragots, 26 sous.

⚜

On remarque parmi les paiements faits par suite de legs ou en souvenir de Pierre d'Hérouville :

A Enguerran de Brecourt, x lb. t.

A Marguerite suer Jehan de Brecourt, escuier, xx lb.

Au fiex Jehan de Favarches, filieulg dud. mestre Pierre, xl s.

Item pour le diner pour le fiex Enguerran de Brecourt quant il fu vestu nouviau moine en l'abbaie de Saint-Martin, iiii lib. xiii s. ix d.

Item le lundi apres le jour du premier an (1330) xxiiii s. pour entes achetées et données à messire Thomas de la Ruelle, et viii s. pour porter.

A Gerart Le Sage qui fu vallet de feu mestre Pierre, une cote de xviii s. pour sallaire ou loyer.

« Le palefroy dud. mestre Pierre » fut vendu à l'Endit 8 liv. « rabatu sus cen vii s. p. aux courratiers ».

L'abbaye vendit une partie des terres provenant de la succession :

A messire Guillaume de Brecourt pour iii arpens derriere sa

meson, xxxvi lb. flebe monnoie; item iii arp. et demi en Mollieu, à cens de St Denis, xxx lb. fort monnoie.

Jehan de Vallengoujart, ii arp.........	xx lb. fleb. m.
Jehan de Livillier, i arp..............	ix lb. fl. m.
Jehan de Brecourt, escuier, i arp......	ix lb. fl. m.
Adenet de Brecourt, xii arp..........	ciiii lb. bone m.
Jehan Gales, vii arp.................	lviii lb. fl. m.
Philipot Julien, i arp................	ix lb. fl. m.

(Fol. 34.)

Donation par une veuve en 1338.

Lan XXXVIII le mercredi après la Saint-Remi vint Crestienne, feme feu Jehan de St-Martin, à Monsieur labbé, et requist que en la receust es prieres de leglise, et dit que desorendroit elle donoit et dona toutes les mesons, les courtil et la vigne qu'elle avoit en la ville de St-Martin a leglise de ciens, en retenant luffruit tant que elle vivra tant seulement, pour prier pour li et pour feu Jehan de St-Martin son mari, et s'en dessezi en la mein Monsieur labbé. Presens a cen Monsieur labbé, dant Tibaut, dant Jehan le Chantrier, Pierres Le Conte de St-Martin et Guillot Loche de Riart. (Fol. 19.)

Fondation de la reine Blanche d'Evreux (1er août 1397).

Blanche par la grace de Dieu Reyne *de France*. Savoir faisons que nous, desirant de tout nostre cuer augmenter et accroistre le service divin et estre accompagnée dores en avant es messes prieres et oroisons qui jour et nuit sont et seront faiz en l'eglise de *Saint-Martin emprès Pontoise* ou nous avons affection d'avoir en cuer une messe solempnelle de Nostre Dame a diacre et sous-diacre chacun au durant nostre vie le second jour davril que nous fusmes née, pour nostre tres cher seigneur et espoux le roy Philippe que Dieu absoille, pour nous et Jehanne de France nostre fille, en laquelle une collette de requiem pour nostre dit seigneur et fille sera ditte. Et apres nostre trespassement au lieu d'icelle faire un anniversaire, vegille, et lendemain messe solempnelle de mors en cuer a diacre et a sous diacre, pour les ames de nostre dit seigneur, de nous et de nostre fille chacun an perpetuellement a tel jour que nous trespasserons de ce siècle. Nous pour la vie et sustentation de nos bien amés les religieux abbé et couvent de lad. église, leur avons donné et donnons par ces presentes lettres en pure aumosne la somme de quatre livres parisis de cens cotagé anuel et perpetuel aux quatre termes acoustumés en la ville de *Ponthoise*, que nous avons naguères acheté desdits abbé et couvent sur une maison qui est en leur censive, laquelle ils ont de nouveau fait faire toute neufve, assise en la *Boucherie* de lad. ville, tenant d'une part à la rue *Tripière*, etc. si comme il apert plus plainement par les lettres dudit achat desquelles la teneur s'ensuit :

« Frère Pierre humble abbé... le 1er jour de juillet l'an 1397. »

Et seront escripts au marteloge de lad. eglise et ou messel ou l'en dit la grant messe les noms de nostred. seigneur, de nous et de nostre fille et aussy led. anniversaire perpetuel...

Donné en nostre chastel de Neaufle les Gisors le 1er jour d'aoust l'an de grace mil trois cens quatre vingt dix sept.

(D. Estiennot, lib. III, xii, 1.)

VIII

LE PERSONNEL DE L'ABBAYE

RELIGIEUX. — ROULEAUX MORTUAIRES. — L'AUMONE. — HOTES ET DOMESTIQUES. — ÉCRIVAINS. — ÉCOLIERS.

Nous n'avons aucune donnée sur le nombre des frères qui composaient la communauté de Saint-Martin au temps de sa première ferveur.

Sous Eudes Rigaud, ce nombre oscille entre 42 (dont 24 à Saint-Martin et 18 dans les prieurés) en 1249, — et 43 (25 au monastère et 16 dans les prieurés) en 1262. Parfois le chiffre s'abaisse, mais pour des causes occasionnelles qui nous échappent, comme pourraient être des épidémies : ainsi en 1256, il ne restait que neuf moines au couvent. En 1259, trois religieux sont à Rome pour porter un appel contre leur abbé, et pourtant il en reste encore vingt au monastère sans compter ceux disséminés dans les fondations rurales. En 1258, sur 22 moines, il y a 3 novices. On compte, en outre, en 1263, 2 convers et 4 converses.

Le registre d'Eudes Rigaud indique la proportion des moines revêtus des ordres majeurs. Presque tous sont parvenus au sacerdoce. En 1254, sur 23 moines, il y a 19 prêtres, 1 diacre, 1 sous-diacre, 2 novices. En 1258, le prélat note que les non-prêtres se confessent et communient tous les mois (1).

---

(1) Le *Livre de raison* contient à la date du 25 mai 1423, une formule de présentation d'un religieux diacre à la prêtrise; elle est adressée par l'abbé Mathieu au chapitre de Rouen, *sede vacante*. (*Fol.* 218.)

Pour nombreux qu'ils soient, les détails donnés par le *Livre de raison* sur le personnel monastique ne permettent pas d'en établir la statistique précise.

Nous nous bornerons à relever les noms des religieux qui y sont cités, en ajoutant à cette liste ceux que d'autres documents complémentaires nous font connaître ; ceux-ci sont accompagnés d'astérisques.

1329, dant Robert de Pontoise, *prévôt* (moine en 1333).
1334, dant Robert de Gouzangrez, *prieur claustral.*
1334, dant Guillaume de Troussures, *sous-prieur.*
1334, dant Jehan Le Chaussier.
1334, dant Climent (cité comme mort au rouleau de 1340).
1334-42, dant Thibaut.
1338-41, dant Thibaut de Chielle.
1337-*, fr. Macy du Val-de-Jouy, prieur de Taverny.
1337-42, dant Jacques (des Ormes, depuis *abbé*).
1340, dant Robert, *prévôt* (Robert de Pontoise ?).
1341, Phelipe de Courdemanche (depuis prieur de Tour).
1342, dant Jehan de Han, *trésorier* en 1334.
1342-48, dant Jehan du Coiz.
1347, dant Jehan Le Boucher.
1348-49, dant Jehan de La Villeneufve, *prévôt* en 1352-55, depuis *abbé.*
1349, Jehan Ragot.
1352-80, dant Jehan Hurel, *prévôt* et prieur de Chambly en 1369.
1353-89, dant Jehan de Théméricourt.
1355, fr. Henri Le Noir.
1355, fr. Richard de Liès.
1360, fr. Guillaume Lemire, prieur de Belléglise.
1360, fr. Jehan Mallet, prieur de Taverny.
1360-69, dant Vincent Potel, prieur de Marquemont.
1369, Jehan de L'Aitre, prieur de Valmondois et de Rosnel.
1373, dant Jehan Prevost, prieur de Boury.
1373, dant Jacques de Reculé, depuis *prévôt*, mort en 1400 (1).

---

(1) Ad introitum Capituli [Sti Martini] visitur lapis muro inhærens et junctus, in quo extat effigies monachi orantis flexis genibus in infimâ parte, in superiori B. M. V. et S. Martini ; legunturque in circulo :

Hic jacet frater Jacobus de Reculeyo, quondam præpositus istius

1373-80, dant Pierre Le Plastrier.
1375, Philippe Eustache, prieur de Tour.
1375, dant Robert Le Cellerier.
1376, dant Jehan Megret.
.... Jehan de Busseuilles, *prieur claustral*, mort av. 1391.
1388, damt Pierre Le Sauvage.
1388-89, damt Jehan Le Boucher.
1394, * Jehan Regnault, Henri de Hues.
1393, dant Guillaume de La Croix.
1403, damt Guillaume Menard, *prieur claustral*.
1412, dampt Estienne Le Bidault.
1412, dampt Jehan de La Croix, de Cergy.
Vers 1420, Robert Roussin, prieur de Boury.

Au moment de l'élection simultanée de Pierre IV du Moustier et de Guillaume Le Groing, la communauté de Saint-Martin ne se composait que de huit têtes. Les comptes de la fin du xve siècle indiquent un très petit nombre de moines résidents.

En 1485, le chapitre: « Vestiaire des religieux » n'en mentionne que deux: « damp Etienne David, damp Jehan Sergent »; plus un novice, Louyset de Tanquete, et « Pierre Le Voyer, filleu de Monsieur l'Abbé ».

En 1490 on trouve: damp Denis Le Queu, damp Estienne, damp Louys (le novice Louyset de 1485), damp Artus de Fer, et « le petit Pierre, novice », sans doute le filleul de Pierre du Moustier.

En 1599, il n'y avait à Saint-Martin que six religieux et un novice(1).

---

ecclesiæ et prior Sti Albini de Chambliaco, qui obiit anno millesim quadringentesimo. Anima ejus requiescat in pace. Amen.
In toto lapide scribitur antiphona *Salve regina*.
(D. Estiennot, t. II, fol. 71.)

(1) Estienne Perret, Eutrope Boutroie, Charles Robecquin, Robert Guériteau, Andry Terrier, Pierre Fredin, moines; Pierre Massieu, novice. (Reg. de comptes. Arch. de S.-et-O. Fonds Saint-Martin, cart. 59.) La réduction de la communauté à six membres et à un *unique* novice rend bien peu vraisemblable les « relations » des écrivains jansénistes, désireux de charger l'abbesse Angélique d'Estrées, d'après lesquelles les religieuses de Maubuisson, sous Henri IV, allaient dans les prés de l'Oise, « danser avec les moines de Saint-Martin qui n'étaient pas plus réguliers qu'elles ». (Pihan de la Forest.)

En 1633, le nombre des religieux était de 13, y compris le prieur — tant profès que novices.

A l'époque de la suppression des ordres religieux, l'abbaye existait encore de nom, mais la communauté envahie par le jansénisme avait été, dès 1781, transférée au prieuré de St-Nicaise de Meulan.

ROULEAUX MORTUAIRES

L'abbaye avait suivi, jusqu'à la fin du XIVe siècle, le vieil usage bénédictin de l'envoi de *rouleaux funéraires* recommandant aux prières des autres communautés de l'ordre les abbés et religieux défunts. Le registre contient la transcription de deux *rouleaux des morts* envoyés par Saint-Martin en 1349 et 1391.

Copia rotuli abbatis pro monachis.

Universis Ste matris Ecclesie fidelibus et maxime cunctis religiosam vitam proffitentibus ad quos presentes littere perveniant, Frater Jacobus permissione divina, humilis abbas monasterii Sti Martini juxta Pontisaram, ordinis Sti Benedicti Rothom. dyocesis, salutem et sic, cum orationum suffragiis, per temporalis vite stadium currere quod mereamur consequi premium sempiterne. Ad majorem salvationem animarum sanctitatem instituit pia mater Ecclesia saluti filiorum suorum pie et salubriter consulendo ut in egressu cujuscumque fidelis anime de proprii corporis habitaculo orationes fidelium expectentur. Inde est quod nos universitati vestre fratrum nostrorum venerabilis patris Johannis quondam abbatis, Mathei, Jacobi, Rodolphi, Guillelmi, Nicholai, Lanfredi, Petri, Nicholai, Petri, Johannis, Johannis, Guillelmi, Johannis, Clementis, Johannis, Johannis, Roberti, Petri, Guillelmi, Egidii Parisei, monachorum sacerdotum et professorum ; item Johannis et Johannis, Petri et Petri, Guillelmi, Mathei, non professorum ; item magistri Petri Clerici et aliarum familiarium nostrorum, obitum denunciantes, devotionem et caritatem religionis vestre humiliter imploramus et devote, quatenus dicte pietatis intuitu pro animabus ipsorum et aliorum familiarium nostrorum apud Deum intercedere digneamini, ut sic que sunt eis digne cruciatibus, ipse delere et abstergere dignetur, inoblita bonitate. Caritatem vestram insuper rogamus et requirimus in Domino ut Droconi Pesemie latori nostri rotuli, cum ad vos venitur, in vite necessitates caritatis subsidia velitis elargiri, scituri quod quidquid de bonis vestris, amore Dei et nostri, eidem impenderitis, vobis et vestris, cum ad nos accesserint, parati fuerimus grata vicissitudine respondere. Valete in Domino. Presentibus autem litteris post tale festum minime valituris. Datum in anno Dni M. CCC XL (1).

Alia Copia littere Rotularii.

Universis Christi fidelibus Eterni Regis sub jugo monastico in approbati ordinis disciplina militantibus, frater N. Dei et Apostolice sedis gratia, monasterii Sti Martini... abbas humilis totusque ejusdem loci conventus, in Dno salutem et Deum Deorum in superna Jherusalem perhenniter intueri. Tria sunt humano generi certissime inherentia. Primum grave : mors scilicet nulli parcens, nec auro nec argento molliri valens perstringens equa lance; secundum gravius, videlicet incertitudo quam nullus sapientûm perscire poterit, nec de ejus adventu sophistice nec philostice allegare ; tertium gravissimum : ignorantia scilicet de receptione hospitii supreme nottis. Vigilandum ergo nobis est, dum lucem habemus, ne nos tenebre comprehendant, quia quemlibet ejus opera subsequantur, verum cum humani generis persecutor homini invidens sedem quem superbiendo perdiderat possessurum, ne quicquam boni faciat, inquietat. Non est sapiens, nec sibi suis meritis confidere qui presumat, quam ope indigeat aliena. Quare vestris confidentes meritis, vestra duximus suffragia imploranda, nostre diffectum supplentia pravitatis.

Ideo quoque universitati vestri preces affettuosas porgimus cum omni humilitate, quatenus dilectum et fidelem N. clienculum nostrum presentis scilicet rotuli nostri portitorem, ad vos divertentem, quando ad pronuntiandum vobis obiter vene-

---

(1) Cette date est incomplète: Jehan de Brécourt était encore abbé en 1342. Il est qualifié *quondam abbas*, formule indiquànt nettement qu'au moment de sa mort, il ne tenait plus la crosse. Le *Livre de raison* mentionne, en 1348, une dépense de 12 sous « pro cuculla antiqui abbatis ». D'autre part, l'inventaire de l'hôtellerie, publié ci-après et daté du mercredi après la Saint-Nicolas d'hiver (6 décembre) 1349, énumère les couvertures du lit « qui fu Monsieur l'Ancien ». Comme Jehan de Brécourt mourut le 10 novembre, il faut placer sa mort à ce jour en 1348 ou 1349, et corriger en conséquence la date du rouleau, ainsi que le texte du chapitre II ci-dessus (page 8).

rit bone memorie viri domini N. ecclesie nostre seu monasterii nostri quondam abbatis necnon fratrum nostrorum deffunctorum, Johannis de Bussoliis prioris claustralis, Johannis, Petri, Gaufredi, etc. ac ad orationum vestrarum implorandum suffragia destinamus, pro prenominatis deffunctis et aliis familiaribus nostris benigne recipiatis, eidem vittui necessaria misericorditer impendentes, sic vestro nuncio in tali articulo a nobis fieri velletis. Hec, omnia taliter adimplentes, ut ab omnium bonorum Largitore premium mereamini beatitudinis eterne, quam vobis concedat Filius Unigenitus gloriosè. Amen.

Datum in monasterio nostro predicto sub sigillis nostris xxiii die mensis februarii anno Dni millo ccc nonagesimo primo. *(Fol. 114.)*

Cette formule ne figure pas dans le grand recueil de *Rouleaux des Morts* édité par M. L. Delisle; mais les moines de Saint-Martin y sont cités comme ayant reçu des communications analogues de 1122 à 1441.

Une troisième formule nous a été conservée par Dom Estiennot d'après un manuscrit de l'abbaye, dont la date n'est pas fixée.

Universis Sanctæ matris Ecclesiæ filiis, episcopis, abbatibus, capitulis, monachis, sacerdotibus, clericis, cunctisque religiosam vitam profitentibus præsentem paginam inspecturis, frater N. divinâ permissione Abbas S^{ti} Martini juxta Pontisaram Rotomagensis diœcesis, ordinis S. Benedicti, totis viribus terræ viventium inhiare et pro posse, divinâ gratiâ, vitam promereri sempiternam. Vitæ præsentis infirmitas tot ærumnis est obsessa, ut solius Dei sit ejus miseriis obviare, cum enim blanditur prosperitas, occurrit nobis ejusdem contrarium adversâ fronte repugnans, serenumque nostræ sortis vertat in obscura. Igitur quoniam ante tribunal summi et justi Judicis in illo districti examinis die, secundum Apostoli sententiam, omnes inevitabiliter astabimus, secundum diversorum operum merita recepturi, sive ad gratiam, sive ad painam sine fine permansuram. Ante omnia et super omnia animarum nostrarum saluti competit, ut nos qui mundanæ conversationis habitum super induto colore religionis videmur injecisse, ex iterum sicut canis reversus ad vomitum, occupationibus negotiorum secularium illicitè nosmetipsos immergentes et ultra quam deceat implicantes, exertitio bonorum operum et omnium fidelium suffragiis extremum diem curemus prævenire. Et quia in hac mortali vita aut peregrinatione constitutus, ignorat utrum odio dignum sit an amore, nec de meritis sui fiduciam securè potest in sua conscientiâ collocare sed in solius Redemptoris ineffabili misericordia spem suam inviolabiliter debeat radicare, ad majorem salvationis animarum securitatem instituit pia mater Ecclesia saluti filiorum suorum piè et salubriter consuetudo idem, ut in agressu cujuscumque fidelis anima de proprii corporis habitaculo orationes fidelium expectantur. Inde est quod nos universitati vestræ fratrum nostrorum Petri, etc. obitum denunciantes, religionem vestram et charitatem et devotionem humiliter imploramus et devote, quatinus divino pietatis et religionis intuitu, orationum vestrarum suffragiis et aliorum bonorum operum vestrorum participationem, eisdem et aliis fratribus nostris defunctis, ut si quæ maculæ de terrenis contagiis adhæserunt, remissionis misericordiâ deleantur, velitis misericorditer impertiri, illud beneficium quod eis volueritis impendentes et diem in qua præsens rotulus directus seu delatus fuerit, titulorum suscriptionibus annotantes. Datum anno Domini (*en blanc*).

(D. Estiennot, t. II, fol. 82.)

Les trois formules ci-dessus appartiennent à la catégorie des rouleaux collectifs. Nous ne voyons pas de traces dans l'histoire de l'abbaye, du rouleau individuel consacré à quelque personnalité éminente, comme on eût pu le faire pour saint Gautier ou pour son successeur Thibaut I.

Les archives du monastère n'ont pas conservé les originaux de ces encycliques du XIIe siècle qui furent certainement envoyées aux abbayes du Parisis, du Vexin, du Beauvoisis et de la Normandie.

Voici comment fonctionnait cette institution destinée à entretenir d'affectueux rapports entre les monastères. On confiait à un moine appelé *rotularius* ou *rolliger*, un cylindre de bois autour duquel s'enroulait l'encyclique, composée d'un texte analogue à ceux que nous venons de reproduire et de nombreuses feuilles de parchemin blanc cousues les unes au bout des autres.

Le messager portant le cylindre au cou, entreprenait alors un voyage circulaire qui durait souvent de longs mois.

A son arrivée dans un monastère, on sonnait la cloche pour réunir les religieux à l'église : l'abbé déroulait le funèbre parchemin ; et le semainier, après avoir donné lecture de « l'encyclique », récitait les prières rituelles pour le mort.

Cette cérémonie achevée, le porte-rouleau, conduit au réfectoire, obtenait la faveur d'un honnête repas et recevait quelques deniers pour pouvoir continuer sa route. Pendant ce temps, un des moines inscrivait la réponse ou le *titre*, selon l'expression consacrée, sur une des bandes du parchemin. Ce « titre » englobait bien des choses. Le *scriptor* consignait le nom du patron de l'abbaye et de la localité, mentionnait les prières acquittées pour le défunt, et réclamait, en retour, l'assistance spirituelle de ses frères pour les membres défunts de sa propre communauté. Parmi les moines se rencontrait-il un poète ou un calligraphe ? Une pièce de vers, un dessin, une enluminure décoraient le manuscrit.

Suivant une juste remarque de M. Oscar Havard, cette pieuse coutume qui dura jusqu'au xvii° siècle pour certains monastères, est l'origine des *lettres de faire-part*. Un usage récent la rappelle mieux encore : c'est le *souvenir mortuaire* contenant souvent à la suite de la photographie d'une personne décédée, une courte notice nécrologique et un appel aux prières de ses amis.

L'AUMONE.

L'un des rôles principaux des établissements monastiques au moyen âge consistait dans l'aumône et dans l'hospitalité.

Du haut des collines où les Bénédictins s'installaient de préférence, le clocher du monastère indiquait une table à l'affamé, un gîte au pèlerin, un asile au fugitif.

Un bâtiment spécial devait être réservé à l'exercice de ces devoirs charitables. Dans les monastères importants, comme l'était Saint-Martin au temps de Charles V, il y avait deux constructions distinctes : l'*aumône* et l'*hôtellerie*.

L'*aumône* était le bâtiment hospitalier où on donnait à manger aux pauvres et où on hébergeait les passants. Elle comprenait, en dehors d'une salle, une chambre appelée *bouche* (bouge) où logeait la *chamberière* de l'abbaye, chargée d'entretenir les vêtements des moines et de soigner les volailles. Ce même bâtiment comprenait aussi la vacherie au-dessus de laquelle se trouvait le solier (*sollier sus les vaches*) où on renfermait le linge du monastère.

Nous donnerons une courte analyse des très nombreux inventaires qui ont été dressés du mobilier de l'*Aumône* de 1358 à 1388 (fol. 165-166).

En 1358 elle renferme seulement :
VI coustes et VII coissins.
XXIIII dras lingez suffisans et VI petis dras lingez mauvez.
II bachins et II poz d'arein.
Item I chauderon et I pot de cuivre.
Item II petites huches.
Item I trepié et I serens chauderon et I fer à chanvre.
Item II cuviez pour lecive et une chaudière es four.
En 1375, on voit apparaître un matériel spécial :
I grant seel ferré, une fromagiere (sic), une chasiere, un grant coffre ferre fermant à clef, une table a III piez et III fourmes, et I poz de terre a let.
En 1376, on retrouve la fourmagiere (sic) avec II chasieres de fil et II de oziers qui disparaissent plus tard.

En 1375, on trouve aussi une exploitation de volailles : VI gelines, II chapons, V poulles, II oüees.

En 1376, il y a encore VI poulles, VI poulles jeunes et I ouë, mais on voit de plus VI vaches, II buefz, I torel et III veaulx.

En 1377, le mobilier s'est fortement accru :

« Premierement XXX draps linges, de lé et demi, des quelx il y a XII bons et les autres retournés et moins suffisants. Item VII coustes et VII coissins, II en l'aumosne, II aux charretiers, une au queu et une à Jehan le Maçon. Item II couvertouers de drap en l'aumosne, l'un de rouge mauvez, l'autre de cler qui est un pou meilleur ; trois pennes, c'est assavoir une de dos de connins, une de gouppiex (1) et une de chas. Item II poz d'arein, l'un contenant IIII pintes et l'autre VI pintes. Item II grans chaudieres bieses, l'une a une ance et l'autre a II... Item I serens a dens de fer. Item I coffre ferré sans clef... Item III nappes, I grant seel ferré à yaue (2), II charriers a lessive... II tersouers à mains (3) pour le couvent. Item I grant viez sac. »

De 1376 à 1388, on inventorie tout un trousseau de clefs :
— Une clef à l'uis devant.
Une clef à l'uis du bouche (bouge) où la chamberiere gist.
I clet (sic) ou on met la bueste.
I clef a la porte et I au saulier où on met le linge.
I clef a la chambrette de la halle.

La *chambre a la chamberiere*, qui paraît être la pièce principale de l'*aumosne*, et l'objet d'un *inventoire* spécial en 1360. Elle renferme notamment VIII taies a coissin, VI taies à coute, une benne, I semouer, II mauvezes napes, II granz sacs, III poitouers, I batouer pour la lecive, I orillier, une hote neuve, I paille a II agnuaux et I a queue, VII poz de cuivre et I martinet (sorte de vase de cuivre), XXIIIII escuelles d'estain, desquels y a XVI viez et VIII neuves, IIII petites saucieres neuves.

La vacherie a prospéré :

Item XVI bestes d'aumaille dont il y a V vaches, III buefs, I torel.

Item il y avoit XXIIII poucins dont il y avoit IX bons.

---

(1) Renard.
(2) Eau.
(3) Essuie-mains.

En 1386 apparaissent dans le mobilier plusieurs pailles (aliàs paelles) d'arein, I greil et des corbeillons.

En 1388 on voit I grilg, I soufflet, I corbellon bon et II mauvez et I pannier d'ozier malvez (sic).

Il n'y a plus que deux coultes et deux coissins, à savoir une pour la chamberiere et l'autre pour le vacher, « desquelles Monsieur l'Abbé en fit baller une et un coissin pour une aultre que le vacher avoit arse ».

Les XIII pieces d'aumalle se divisent en XI vaches a let, II genices et I torel, plus II veaulx petis.

En ce qui concerne les *aumônes* proprement dites, on les distribuait à tout venant trois fois par semaine au temps de Rigaud : « *Ter datur in ebdomada eleemosina omnibus venientibus ad eam* », écrit-il lors de sa visite en 1263.

Dans l'état de charges de 1633, on lit : « Aumône aux Pères Capucins du couvent de Pontoise, 36 livres.

» Aux religieux pour les aumônes qui se donnent à la porte de l'abbaye, deux muids de mestail (méteil). » Et c'est tout.

On voit combien la mesure de la charité avait été rognée sous l'administration des abbés commendataires.

Dans l'état de charges de 1781, on évalue les aumônes à 300 livres, mais les indications de cet état sont en général assez vagues.

L'HOTELLERIE.

La maison des hôtes était située près de l'abbaye. On l'appelle également l'*hôtellerie*. C'est là que la communauté hébergeait les pèlerins et les visiteurs de marque, amis de la Congrégation et ne faisant qu'un séjour temporaire.

Une chambre spéciale était réservée à l'archevêque de Rouen quand il venait inspecter le monastère.

En 1256, soit par suite d'une épidémie qui expliquerait la dissémination du couvent, soit en raison des dettes croissantes du monastère, Eudes Rigaud interdit aux moines de recevoir aucun hôte sans sa permission, « *nisi sit de familiá Regis, vel talis cui non possit hospitium prohiberi sine dampno hospitii* ».

Voici comment la maison des hôtes était meublée :

L'inventaire de l'ostellerie de l'abbaye.

L'an XLIX le merquedy apres feste St Nicholas d'iver fu faitte l'inventaire de l'ostellerie par devant Jehan de la Villeneuve et Jehan Ragot.

— Prem^t. xxiiii coutes et xxiiii coissins, viii courtespointes et une tres mauviez.

Item en la chambre l'Arcevesque ii couvertoires, l'un de drap moisi fourré de gris, et l'autre de brunette fourré de faeinnes (fouines).

Item pour le lit qui fu Monsieur l'Ancien (1) ii couvertoirs de brunette l'un fourré de dos de connins et l'autre de ver ; un couvertoire de pers senglé ; une sarge noire de Caen, une courtepointe de cendal rouge ; une mauveze sarge pour la cheminée pour le temps d'esté ; une compointe de bougren blanche sur le lit au chapellain ; un couvertoir d'eschequeté sur le lit Monpincon.

Item en la chambre neuve ii mauviez couvertoirs de brunette pour les ii petis lis, ii pennes de goupiex pour les ii petis lis.

Item ou grant lit une grant penne de cuisses de goupiex et une courtepointe ci dessus nommée. Item iii couvertoirs sans penne c'est ass. ii de brunette et i de gros drap gris de nulle value.

Item iiii pennes de goupiex mauveses.

Item xvi orilliers.

Item ii cuevrechief.

Item xl draps lingés communs.

Item iiii grans draps lingés.

Item pour la grant table iiii napes ; pour la seconde table ii napes ; pour le buffet iiii petites napes et pour la table ronde ii napes.

Item longues touailles, iiii.

Item i bacin et une chauffette pour la chambre neuve ; ii chauffettes pour la salle à l'abbé.

(Suivent divers ustensiles de cuisine.) (Fol. 106.)

---

(1) L'ancien abbé, Jehan I de Brécourt.

PENSIONNAIRES.

En dehors de ses hôtes monastiques l'abbaye hébergait certainement au xiv° siècle des pensionnaires, logés sans doute dans quelqu'un des nombreux logis lui appartenant, dans son voisinage. En 1362, l'abbé Jehan II fait une concession de ce genre à Enguerran Hasart, d'une famille bourgeoise de Pontoise (1).

Dom Estiennot cite une convention passé par le même abbé avec un vigneron qui abandonnait tous ses biens au Monastère :

Anno 1366, rusticum quemdam vinitorem, in habitu laico permanentem, in fratrem recipit [abbas Johannes]. Is legat monasterio sua bona omnia, tam mobilia quam immobilia ; monasterium vero tenetur deinceps, quandiu vixerit, ei ad victum et vestitum necessaria ministrare. Habitabit in monasterio, mitti tamen poterit ad rura ; ejusque ibidem domicilium figi, si ita visum fuerit utile monasterio (2).

L'acte suivant, transcrit au *Livre de raison*, donne avec les plus grands détails les motifs et les clauses d'une constitution de pension alimentaire viagère accordée par l'Abbaye :

A tous... nous Pierre par la permission divine humble abbé de l'église Saint-Martin... pour le prouffit et utilité de nred. eglise et aussi eu advis, conseil et meure deliberacion sur ce, ensemble et d'un commun adcord, avons receu, retenu, recevons et retenons en nos frere et seur, honnorables personnes Jehan David dit Joyeulx, marchant bouchier, et Druyne Quijoue, sa femme, demt a Chambly, ausquels et à chacun d'eux avons octroyé et octroyons que nous et nos successeurs presens et advenir serons tenus de querir, bailler, delivrer en nre dite abbaye aus dessusdits vivans ensemble et au sourvivant toutes necessités corporelles et humaines, tant de chambre, logis, feu, lict, luminaire, chaussures, vesteures, vivres et

---

(1) Frater Johannes..... delecto nostro Engerranno Hazart de Pontisara....: concessimus victui suo necessaria exceptis vestibus et calceamentis..... (1362). — (Fol. 137.)

(2) Ex cartul. minori, pag. 317. — D. Estiennot, t. I, fol. 71.

toutes autres choses à eulx necessaires selon leur estat, tant en maladie come en santé, tant et si longuement qu'ilz auront vie naturelle respirant en leurs corps et en chacun d'iceulx. Et sy les accuillons et associons et accompaignons es bienfaiz, messes, prières, suffraiges et biens espiritueulx qui ce font chacun jour en nred.' eglise. Pour lesquelles choses faire et entretenir, — lesd. Jehan David et Droyne Quijjoue considerans leur ancien aage, vieillesse et febleté et impotences de leurs corps et de leurs membres, par doresnavant ilz ne pourroient au moins à grant difficulté, faire valoir leurs héritages, vivre et entretenir leur estat, considerant mesmes que il ne aucun d'iceux n'ont aucuns enffans legitimes nez de leurs corps en leurs mariages, ne paravant icelluy : Pour ces causes et autres justes secretes et legitimes qui as ce les ont meu et meuvent en leurs consciences ; acertenés aussi que lad. abbaye est un lieu de grant auctorité et de bon regime et gouvernement et de grant devotion; et singulierement pour la vraye et entière devotion qu'ilz ont a Dieu et au grant et glorieux confesseur et amy de Dieu monsieur Saint Martin... se sont lesd. mariez desmis, desvestus et despoullés de tous leurs biens... pour nous, abbé et couvent, en disposer...

Fait passé et accordé en nre chapitre le dix huitieme jour de decembre mil IIII^c LXXVIII. {(Fol. 189.)

CONVERS.

L'acte qu'on vient de lire est d'autant plus intéressant, qu'il indique une étape importante dans l'évolution des idées sur la liberté humaine. En effet, les donateurs devenus pensionnaires, conservent entièrement leur indépendance. Il n'en était pas de même, au moins quant à la formule, peu d'années auparavant. D'après un acte cité par Pihan de la Forest, le 10 août 1423, deux habitants de Valhermé, près Pontoise, Richard Barat et Pétronille sa femme, se donnèrent à l'abbaye avec tous leurs biens; l'abbaye de son côté s'engagea à les nourrir, sains ou malades, à les vêtir et à les loger. Ce contrat fut passé par devant notaires (1).

---

(1) D. Estiennot, t. I, fol. 76. — A cette famille appartenait Massiotte la Barate, prieure de l'Hôtel-Dieu de Pontoise, de 1509 à 1521.

On était alors en pleine invasion anglaise; le Valhermé, situé hors des remparts, devenait inhabitable, et l'abbaye se trouva être le refuge naturel des pauvres laboureurs que la guerre arrachait à leurs sillons.

Ce genre d'actes constitue évidemment une exception dans les usages du commencement du xve siècle. Mais, deux ou trois siècles plus tôt, il n'a rien que de fort naturel.

Le Cartulaire de Notre-Dame-la-Royale, abbaye fondée en 1239, contient plusieurs contrats de servitude volontaire.

On appelait *oblati* ou *monachi ad succurrendum* (1) cette catégorie d'affiliés, qu'on peut englober d'ailleurs dans l'appellation générale de *convers*.

En 1263, Saint-Martin comptait deux convers et quatre converses.

Ceux-ci résidaient, bien entendu, hors du cloître. C'était un peu des domestiques, ou du moins ils étaient chargés de travaux extérieurs que les moines ne pouvaient faire. Tels étaient le boulanger, le charretier, les chambrières.

En 1633, l'abbaye comptait un « moine lay » dont la pension était de 100 livres.

DOMESTIQUES.

En principe, la substitution des salariés aux convers s'était opérée dès la fin du xve siècle.

Voici quels étaient les gages des serviteurs de l'abbaye en 1490 :

Loyer des serviteurs. — Robert Pignon, en blé pour 60 s. p.; et en souliés 22 s. p.

— A Pierre de Monchaulx, clerc de mondit seigneur (l'abbé), 2 escus d'or qui valent 3 liv. 10 s.

---

(1) L'Obituaire en fait mention au 17 janvier. (*Cartulaire*, p. 221.)

— A Guillaume Lemoine, escripvain, pour avoir servi un an en lad. eglise, 8 l. 8. s.

— A Mariette, chamberière, pour avoir servi un an en lad. eglise, 6 l. 15 s.

— A Jehan Bourbetel, calevernier, lequel a servi depuis la semaine peneuse jusqu'au 23 juillet, 33 s. 4 den.

— A Gillet Dujardin, grant charretier, pour un terme de la St Jehan Baptiste (24 juin) à la St Martin (11 novembre), 7 liv.

— A Loren, petit charretier, pour un terme de mesme, 6 liv. 5 s. ; pour un autre terme de la St Martin à la St Jehan Baptiste suivant 5 l. 10 s.

— A Lorens François, grant charretier, de la St Martin à la St Jehan Baptiste, 7 l. 5 s.

— A Colin Le Sage, petit vigneron, pour un terme de la St Jehan à la St Martin d'hiver, 60 s.

— A Jehan Lemoine, bergier, pour avoir gardé les bestes un terme de la St Jehan à la St Martin, 4 l. 7 s. 6 den.

— A Jehan Goddon, bergier, lequel avoit esté loué un terme de la St Martin à la St Jehan, et n'y a esté que jusqu'au jour de la Ste Croix (4 mai), où s'en est parti de nuit, sans faire compte finable avec lui de nulle chose, sur quoi a reçu en argent, en blé, en servoise et en souliés pour la somme de 6 liv. 2 s. 3 den.

Dans l'état des charges de 1633, on impute 42 livres « aux religieux pour les gages de trois serviteurs de l'abbaye, y compris 10 livres d'augmentation à eux ci-dessus accordées et 12 livres que Monseigneur (l'évêque de Paris, abbé de Saint-Martin), leur a accordées encore par cet estat ».

On y lit aussi, parmi les « gages d'officiers » :

« Au sieur Jehan Crabot, concierge du logis abbatial de Monseigneur, 50 livres. »

MÉDECIN, CHIRURGIEN, BARBIER.

Le *Livre de raison* est muet sur ces trois catégories d'auxiliaires extérieurs.

Dans l'état de 1633 figurent les mentions suivantes :

« Au médecin ordinaire de lad. abbaye 75 liv. par chacun an, pour ses gaiges et salaires d'assister et visiter les religieux. »

« Au barbier qui fait les couronnes, razures et signées desd. religieux, 30 liv. y compris 10 liv. d'augmentation à lui accordées et 10 liv. que Monseigneur lui augmente par cet état (1). »

En 1781, on comptait 700 livres pour « médecin, chirurgien, apothicaire et domestiques ».

CHAMBRIÈRES.

La chambrière était chargée de l'entretien du linge. Elle logeait dans un *bouge* (c'est ainsi que s'exprime le *Livre de raison*), dépendant de l'*Aumône*.

L'inventaire de sa chambre n'a rien de luxueux, comme on a pu le voir au chapitre consacré à ce bâtiment. Elle parait en outre avoir eu la haute main sur la basse-cour monastique.

Le *Livre de raison* nous a conservé les noms de trois chambrières du xive siècle: Belote (Isabelle) La Chantepie, Evette La Tourelle, Guillemette La Pelletière. (Fol. 165.)

On les appelle aussi *costurières* et on fait des marchés avec elles.

En 1367, Belote doit « servir de son mestier » l'abbaye pour 26 s. par an. En 1384, on paye Guillemette à raison de 8 sols par jour. (Fol. 3.)

En 1476, une femme de service continue à être attachée au couvent. « A Iehanne nostre chamberiere pour acheter de la fillace, 3 s. »

On vient de voir que Mariette recevait 6 livres 15 sous de gages en 1490.

---

(1) Arch. de S.-et-O. Fonds Saint-Martin. Cart. 53.

ÉCRIVAINS.

En 1333 l'abbaye fit venir un écrivain de Paris, « mestre Germain ». Il vint s'y installer à demeure pour y confectionner un cartulaire que nous ne possédons plus, mais auquel Dom Estiennot a fait des emprunts dans son *Historia monasterii Sti Martini* manuscrite en 3 vol. in-folio, conservée à la Bibliothèque municipale de Pontoise.

Il y resta du 29 avril 1333 jusqu'à Noël 1334. Il fut évidemment hébergé et nourri pendant ce séjour. Ses honoraires s'élevant, pour la première année, à six livres, il reçut, pour les huit autres mois, dix sous, plus quatre setiers et une mine de blé.

On profita de son séjour à St-Martin pour lui faire copier un *livre de chroniques* dont l'écriture était « toute sale et noire », sur la demande de Jehan de Sempy, bailli de Senlis.

Mestre Germein escrivein de Paris, vint ciens et commenca a escrire le lundi dev. S.-George lan XXXIII. Habuit xx^s sabbatto post Vinclas Petri anno XXXIII. It. habuit xxx^s ad hyemale festum S. Martini anno XXXIII. It xl^s die Lune ante estum S.-Georgii an. XXXIII. It. xx s. de censibus de Capella, quos recepit anno XXXIII. It. habuit de bennagio de Capella x s. in festo Nativitatis Domini an. XXXIII et sic est totus solutus pro annat suaa: et debemus ei, prout dicit, de post (*depuis*) festum Nativitatis B. Johanni Baptiste usque ad dictam Nativitatem qua die ipse recessit à nobis; super hoc x s. die veneris post dictam Nativitatem. It. habuit die veneris post Candelas anno XXXIIII, IIII sext. et unam minam bladi et sic est totus pagatus, excepto opere scripture quod fecit per mandatum Johannis de Han thesaurarii. (Fol. 76.)

Lan de grace mil CCCXXXIII le vendredi apres l'Ascension Nre S., l'assize séant à Pontoise, baillerent les exécuteurs de feu mestre Jehan Luillier pour copier ou transcrire, à Jehan de Sempy, bailli de Senlis, unes croniques en francois liees entre deus ez, qui furent dud. feu mestre Jehan Luillier, et y a I poi de cnir rouge endroit les lieures, et lescriture toute sale et noire. Presens à ceu Jehan de Favarches, dant Robert de Pontoise, moine de *St-Martin*, et Anselet de Brecourt, escuier. (Fol. 60.)

En 1490, l'abbaye avait encore recours à un écrivain payé à l'année, mais mieux rétribué :

« A Guillaume Lemoine, escripvain, pour avoir servi un an à lad. église, 8 liv. ts.

A la même époque, on se préoccupe de renouveler les livres de chœur :

« Mise pour un antiphonier neuf que on fait [faire] à Paris par un religieux de Marmoutier, 15 liv. 12 s. — A maistre R. Bezot prestre, pour avoir par lui relié et recollé un psautier et un breviaire, 40 s. »

Un compte d'achats de 1333 indique le prix des deux espèces de parchemin :

Res empte apud Lendit anno XXXIII°. Premierement pour II XII^{nes} de parchemin de veelin XIII s. Item pour II douzeines d'autre parchemin commun, v s. (Fol. 55.)

ÉCOLES — ÉTUDIANTS.

Les religieux avaient créé, pour l'instruction des enfants, des écoles qui se tenaient au rez-de-chaussée d'une maison leur appartenant, située en face de l'église Notre-Dame.

Dans un censier, transcrit vers 1370 au *Livre de raison* (fol. 168), on lit : « *Beata Maria*. Premier, l'estaige de meson où sont les escolles devant l'église Nostre-Dame est toute aux religieux de St-Martin, et l'estaige est paié aux IIII termes de la ville. »

Voici le texte d'une convention relative à l'accomplissement d'une fondation religieuse faite en 1330 entre l'abbé de St-Martin et « messire Andrieu, prestre et mestre de l'école Nostre-Dame de Pontoise ». C'est, croyons-nous, le plus ancien nom d'instituteur connu jusqu'à ce jour dans les fastes de l'instruction publique à Pontoise.

Lan XXXVIII le lundy après la feste St-Remi baillasme nous abbé de St-Martin a messire Andrieu, prestre et mestre de lecole Nre Dame de Pontoise en ce tems, un annel a fere, tel et en la fourme que il est contenu en une cedule que nous li baillasmes, pour le prix de xii lib., lesquiex xii lib. nous baillames à messire Guillaume de Monpinson prestre du jour dessusdit, pour bailler aud. messire Andrieu par parties si come il verra qu'il sera a fere, lequel messire Andrieu nous promist *in verbo sacerdotis* de fere led. annel bien et deuement.

Item au jour dessusdit ou environ baillasmes à messire Guillaume, chapellain du curé de St-Martin, xxv s. pour dire ou fere dire L Sautiers en la fourme que il est contenu en une cedule que nous li baillasmes. (Fol. 37.)

Dom Estiennot nous a conservé les lettres de nomination d'un instituteur, par l'abbé Jehan III Le Charon. Elles sont du 13 mai 1468.

JOANNES permissione divinâ humilis abbas *S. Martini supra Viosnam*... dilecto et familiari nostro JOANNI FREMIN presbytero, in artibus magistro... Ut regere et tenere *Scholas Beatæ Mariæ Pontisaræ*, ad collationem et provisionem nostram ab antiquo, ratione dicti monasterii spectantem, necnon et docere et instruere pueros ad easdem tam de villa *Pontisaræ* quam locis ex circumvicinis convenientes et accedentes, in libris grammaticæ et aliis majoribus et minoribus possis et valeas, a datâ procuratione usque ad sex annos proximo sequentes, tibi tanquam sufficienti et idoneo, tenore præsentium licentiam impertimur.

Datum sub sigillo nostro anno Dni mo ccccº sexagesimo octavo, die xiiiᵃ mensis maii (1).

---

(1) (D. Estiennot, l. III, xxv., 1.) — Jehan Fremin était âgé de cinquante ans lors d'une enquête faite en 1490. (Fonds Saint-Martin, cart. 57). Il avait donc vingt-huit ans quand il fut établi maître des écoles.

En dehors de ces écoles, l'abbaye envoyait à Paris des étudiants dont elle payait la pension, témoin cette mention de 1344 :

« Lan XLIIII au mois dottobre le vendredi devant feste St-Simon et St-Jude fu mis a lescolle a Paris et aloué a mestre Herbert de Liviller, Phelipe de Courdemenche jusques a un an pour le pris de xvi lb. parisis bone monoie, et recevra nos cens de Paris pour soy chaucier et vestir.

Et fu led. frere Phelipe vestu moine lan MCCCXLI, xxv° jour du mois d'avril, feste de St-Marc le Evangeliste (fol. 34). » Ces cens de Paris montaient en tout à 59 sous 6 den. suivant une énumération contenue dans des lettres d'amortissement de Philippe VI, d'avril 1328. (Fol. 46.)

Philippe de Courdimanche devint plus tard prieur de Tour.

L'anniversaire de son frère Eustache, *moine noir* d'Ivry (le Temple), est porté au nécrologe de Saint Martin de Pontoise au 12 mars, et le sien au 21 mai (1).

---

(1) *Cartulaire*, p. 224 et 230.

IX

DISCIPLINE MONASTIQUE

VIE INTÉRIEURE ET CONDUITE MORALE. — VESTIAIRE. — ALIMENTATION. — CHAUFFAGE. — BAINS.

Dès le xiiie siècle, la discipline s'était passablement relâchée. Ainsi, le dimanche, les laïques, hommes et femmes, pénétraient dans le cloître pour y faire la procession. Rigaud l'interdit en 1249. Mais cela se passait fort bien le reste du temps car en 1251, cet archevêque ordonna de boucher une des portes du cloître par où entraient les séculiers et de mettre à l'autre un vigilant cerbère : « et ad aliud appronatur custos qui eos arceat bono modo. »

Chacun dans le monastère en prenait un peu à son aise. Ainsi ni l'abbé ni le prévôt ne couchaient au dortoir ; le prévôt ne mangeait pas au réfectoire, mais il venait au chapitre plus souvent que l'abbé. Les moines allaient parfois boire au cellier. L'archevêque essaya d'interdire la consommation de boissons et d'aliments hors du réfectoire, de l'infirmerie ou de la chambre de l'abbé (1251).

On parut lui obéir, mais l'abus ne fit que se déplacer. On prit l'habitude de passer dans le réfectoire un temps beaucoup plus long que celui des repas. En 1266, le prélat enjoint de le fermer à clé sitôt la collation finie, et de faire jeûner, le lendemain, au pain et l'eau, quiconque l'ouvrira.

Entre temps, les cellules étaient utilisées pour un usage

auquel la règle ne les avait nullement destinées : « Propinatur in cameris per conventicula. »

Dès 1257, Rigaud en avait appris de belles sur cet abus : « In camerâ Bernardi bibitur ferè tantum quantum in refectorio. — Sub gravi pœna inhibitum est. » En 1266 le fâcheux procédé, loin de rester l'exception, s'était généralisé.

Dans les prieurés, où les moines habitaient deux par deux, selon le vœu de leur institut, on n'observait plus alors ni jeûnes, ni abstinences. L'usage de la chair s'était introduit dans ces fondations foraines aussi bien qu'au sein du monastère même.

Il est bon de dire que les fautes d'une nature plus délicate, et que l'archevêque eût *a fortiori* relevées et réprimées, sont rares, infiniment plus que dans le clergé paroissial.

Sur une période de plus de vingt années (1249-1269) deux cas seulement sont signalés, encore est-il permis d'y voir de simples imprudences. Ainsi, en 1261, ordre est donné de rappeler au couvent le prieur de St-Prix-de-Tour, frère Jehan Haubert, « ut arctiori disciplinâ cohercetur ». En 1261, un reproche plus explicite est formulé, mais là encore l'absence de toute censure grave implique la crainte des bruits publics plutôt qu'un scandale réel :

Item quia aliqua audieramus de incontinentiâ prepositi Sti Martini, monuimus eum... ut a frequentatione domûs Agnetis de Maudestor et cujusdam de Bellomonte quæ moratur apud Vallem Girodi (1) in Pontisarâ, et cujusdam que manet ad Capellam... abstineret.

On sait que par son rôle d'administrateur temporel le

---

(1) Le Vau Geroud (dans le quartier de l'Hermitage), près le Val Hermer. Il prit son nom de Geroud le Rouge, fils d'Hermer de Pontoise, qui vivait au xiie siècle.

prévôt devait sortir sans cesse du cloître pour aller traiter des affaires avec les séculiers.

Les efforts de l'archevêque de Rouen pour le rétablissement de la stricte observance avaient d'autant moins de chances de succès, que l'abbé Dreux, contre lequel il luttait depuis sa première visite à Pontoise, s'était prémuni en Cour de Rome contre ses censures éventuelles. Il avait obtenu d'Innocent III une bulle du 13 janvier 1252, l'autorisant à accorder toutes les dispenses et exemptions à la règle qui pourraient lui paraître opportunes, et à délier ses moines de toute excommunication encourue du chef de manquements graves à la discipline. Le Souverain Pontife a soin de révoquer expressément les lettres en sens contraire que l'archevêque Rigaud avait obtenues préalablement pour la réforme de Saint Martin.

Voici le texte de ce document pontifical, conservé dans le fonds de l'abbaye :

Innocentius episcopus servus servorum Dei. Dilecto filio abbati monasterii Sancti Martini Pontisarensis ordinis Sancti Benedicti Rothomagensis diocesis, salutem et apostolicam benedictionem. Ex parte tua fuit nobis humiliter supplicatum ut cum observantia tui ordinis ab ipsa sui institutione multum sit rigida et difficilis ad ferendum, fuerint que postmodum per felicis recordationis Gregorium Papam predecessorem nostrum supradicta statuta gravia diversarum penarum adjectione vallata, ne contingat sub tantis oneribus deficere oneratos, providere super hoc paterna sollicitudine curaremus.

Attendentes igitur quod expedit calamum quassatum non conteri, et in erasione eruginis vas non frangi, Devotionis tue precibus inclinati, presentium tibi auctoritate Concedimus ut super observatione statutorum ipsorum que de tue substantia regule non existunt, tu ac successores tui cum monasterii tui ejusque membrorum monachis presentibus et futuris, libere dispensere possitis, hiis casibus dumtaxat exceptis super quibus in eadem regula est dispensatio interdicta, in quibus casibus dispensandi super penis adjectis et irregularitatibus quas tui subditi hactenus incurrerunt vel incurrent de cetero eosque absolvendi ab excommunicationis vinculo quo ipsos ob transgressionem predictorum statutorum involvi contigit vel continget, injuncta sic absolutis penitentia salutari, libera sit tibi et eisdem successoribus de nostra permissione facultas.

Priori nichilominus monasterii tui ac ipsius successoribus concedendi tibi tuisque successoribus hujus modi dispensationis et absolutionis beneficium si fuerit oportunum indulgentes auctoritate presentium potestatem. Non obstantibus aliquibus litteris ad venerabilem fratrem nostrum Rothomagensem archepiscopum vel quemcumque alium ab Apostolica Sede sub quocumque tenore directis et processibus habitis per easdem, de quibus forsitan oporteat fieri mentionem, et etiam obtinendis. Nulli ergo omnino hominem liceat hanc paginam nostre concessionis infringere vel et ausu temerario contraire. Si quis autem hoc attemptare presumpserit, indignationem Omnipotentis Dei et beatorum Petri et Pauli Apostolorum ejus se noverit incursurum. Datum *Perusii* Idibus Januarii, Pontificatus nostri anno decimo.

(Orig. sans sceau. Archiv. de Seine-et-Oise, Fonds Saint-Martin, cart. 1.)

Au XIVe siècle, l'étude de notre Livre de raison donne l'impression d'un état moral très satisfaisant.

Les mentions relatives à la discipline sont rares. Celles que nous avons relevées montrent cependant que l'autorité se préoccupait de la réputation des religieux qu'elle envoyait diriger les prieurés de campagne.

Nous en citerons deux exemples : une réparation faite à un moine calomnié par un paysan (1355), et la sentence rendue contre un prieur, qui avait profité de la cherté des grains et de la détresse des cultivateurs pour spéculer sur les denrées alimentaires (début du XVe siècle).

RÉPARATION A UN MOINE CALOMNIÉ.

Guiot le Monnier congnoissant ce que, de felon courage et sanz cause, que il avoit dit et mis sus à Dampt Vincent Potel, moine de Saint-Martin, prieur de Marquemont, que ledit prieur avoit recelée et tuée, en sa maison et par son vallet, sa truie; et, avec ce, que il fut en la maison dud. prieur pour demander sad. truie, en disant : « Ma truie est céans » à la chamberière dud. prieur, présent le curé; et tout ce a amendé aud. prieur et à l'abbé à Théméricourt (1) pour le couvent — Ce fut fait l'an de grace 1355 le mercredi penultième jour de mars.

SPÉCULATIONS D'UN PRIEUR.

Noverint universi quod nos frater Matheus humilis abbas monasterii Sti Martini, fratrem Robertum Roussin commonachum nrum et priorem prioratus nri de Bourricio, apud nos ex relatione fide dignorum vel aliter confessione sua delatum, eo quod dicitur commississe aliquos contractus quodammodo ad inhonestationem et deturpationem regule seu ordinis monachalis, tendentes utpote quod dicitur emisse plures vachas precio certo, quas postea venditorum earum conduxit, certo pretio annuatim recipiendo; item quia dicitur emisse aliquam quantitatem granorum adhuc crescentium, sibi tamen solvendorum post augustum sequentem. Item dicitur concessisse certam quantitatem granorum circa Natale Dni vel ante festum Pasche tali modo quod debebat recipere predictam granorum quantitatem ante festum sancti Johannis Baptiste vel peccunias quas dicta grana tempore illo vallerent; quod dicitur etiam emisse aliquos redditus, dando tamen terminum infra quem venditores, traditis peccuniis emptori, possent illos redditus rehabere; tempori omni medio emptor perciperet illos redditus : Pugnivimus et secundum scienciam modicam nobis a Deo datam, penam injunximus sibi et imposuimus salutarem. In cujus rei testimonium signum nostrum, etc.

(*Fol. 164*).

En 1375, l'abbé Jehan de Villeneuve fut sur le point de poursuivre judiciairement frère Philippe Eustache, prieur

---

(1) Jehan de Théméricourt, moine de Saint-Martin au milieu du xive siècle.

de Tour (Saint-Prix), qui se montrait rebelle. Enfin il fit sa soumission le 24 juin 1375 :

« Considerato quod abbatem cum suo monacho et monachum cum suo abbate malum est litigare et indecens...

Voluit dictus prior quod in casu ubi poterit constare sufficienter dicto abbati ipsum priorem de Turno, mulierem de qua idem abbas ipsum habet suspectum, tenere in concubinatu, et dictum prioratum frequentare taliter quod de hoc posset oriri scandalum, (poterit) ipsum priorem corrigere et pugnire secundum (regulam), etc. » *(Fol. 304.)*

A propos de discipline, le registre (Fol. 304.) renferme une mention assez curieuse :

Anno Dni M° quadrag. quarto in festum B. Mart. hyemalis fuit in civitate Parisiensis Archiepiscopus Spolletensis nepos Dni nostri Pape Benedicti XIII. habens potestatem super casibus subsequentibus, videlicet :

Facultas dispensandi pro L. bastardis et ipsos promovendi ad sacros ordines.
Item dispensandi etiam eis de unico beneficio.
Item absolvendi in articulo mortis.
Item absolvendi in minoribus casibus.
Item conferendi beneficia, etiam reservata.
Item de commutationibus.
Item dispensandi in quarto gradu consanguinitatis.
Item procreandi notarios apostolicos.
Item benedicere altare portabile.
Item reconciliandi ecclesias et cimiterias.
Item relaxandi interdictum.

L'un des plus récents actes d'autorité disciplinaire que nous ayons rencontré de la part des abbés de St-Martin appartient à l'administration de Jehan III Le Chéron. Cet abbé, écrit Pihan de la Forest, montra le plus louable zèle pour la restauration de la discipline dans sa communauté. Il sévit avec vigueur contre Nicaise Le Bel, prieur de Taverny, qui s'était montré rebelle à ses admonitions, et le destitua de sa charge (1). Pierre IV du Moustier essaya pour la dernière fois d'appliquer les censures de la règle à un religieux indiscipliné. Mais à la veille de la Réforme l'esprit d'insoumission se faisait jour même au sein des cloîtres. L'abbé Pierre en fit la dure expérience par les résistances qu'il rencontra dans l'exécution d'un acte de justice, rendu trop sévèrement peut-être.

Étienne Duplexis, convaincu de plusieurs fautes graves, avait été mis en pénitence. C'était un remède impuissant : à peine le temps du châtiment était-il écoulé que ce religieux retournait à sa première vie. Il en vint à un tel excès qu'il quitta l'habit religieux et mena une vie vagabonde. L'abbé Pierre usa d'abord des plus grands ménagements pour le faire rentrer dans son devoir, et ensuite fit des informations juridiques sur sa conduite. Sa sentence le déclara apostat, incorrigible et, comme tel, le chassa du monastère. Ce religieux, condamné à une peine qu'il s'était imposée à lui-même, ne se pourvut pas directement contre elle, mais prit une autre route.

Il alla trouver Nicolas de La Quesnaye, grand-vicaire de Pontoise, feignit d'être repentant de ses fautes passées et dans la résolution d'en faire une sincère pénitence. Le grand-vicaire, trompé par les apparences, rendit une ordonnance qui permettait à cet apostat de rentrer dans le monastère de St-Martin, et enjoignait à l'abbé de le recevoir. Pierre du Moustier forma opposition à cette ordonnance, ce qui piqua tellement le vicaire qu'il rendit plainte à l'Officialité et y cita l'abbé, qui ne jugea pas à propos d'y comparaître. Guillaume d'Estouteville, archevêque de Rouen, vint au secours de son grand-vicaire, cita à son tour Pierre du Moustier à son officialité; sur son refus d'obéir, il le déclara d'abord contumace, ensuite suspens, et enfin prononça contre lui l'excommunication. L'abbé Pierre appela

---

1) Dom Estiennot, t. I, fol. 81.

de cette sentence et fit ajourner l'archevêque de Rouen et son grand-vicaire devant l'abbé de Sainte-Geneviève de Paris, délégué du Pape. Celui-ci, après avoir pris une mesure provisoire *ad cautelam* en faveur de Pierre du Moustier, transmit l'affaire à Jehan Le Picard, chanoine de St-Martin de Tours, autre délégué du Saint-Siège, qui prit à son tour connaissance des pièces. Finalement, le procès fut évoqué au Parlement de Paris et assoupi par un arrêt du 31 juillet 1482 (1).

VESTIAIRE

M. Frédéric Passy a dit un jour que l'homme civilisé et stabilisé possède trois enveloppes : sa peau, son habit et sa maison. Le régime de l'abonnement, que nous avons vu employer pour la couverture des édifices, fonctionne aussi quand il s'agit de couvrir des individus.

« L'an de grace mil CCC XLV veille de Penthecouste feismes marché de la costurière demeurant à Pontoise, en celle maniere que elle nous doit servir de son mestier jusques à un an pour xxx sols parisis. » (Fol. 3.)

En 1367, on obtient un rabais ; peut-être la communauté est-elle devenue moins nombreuse par suite des malheurs du temps. « Belote la costurière » ne demande que 26 sols par an. Mais en 1384, il faut renoncer au régime de l'abonnement ; on fait venir « Guillemette, demeurant en la grant rue », pour travailler à la journée, moyennant un salaire quotidien de huit sols.

La couturière ne faisait pas les vêtements proprement dits. On s'adressait à un tailleur appelé déjà *couturier*.

« L'an XXXVI feismes marchié a Guillaume le Cousturier en tele maniere que il doit fere pour le couvent, fros, coulles, estamines, chausses, chaussons, et fere les cotes au moines en

---

(1) Pihan de la Forest, *Histoire de Saint-Martin*, p. 68.

l'année que il aront cotes... il doit avoir de nous chaucun an XL s. p. et un sextier de blé a Noel... et enssi tant longuement que il nous plera. » (Fol. 41.)

Ce marché fut renouvelé à plusieurs reprises, 1351, 1369, etc., avec augmentation de salaire : « III francs et I prouvendier de blé. »

La toile et le drap pour confectionner les divers effets s'achètent à la foire de *l'Indict* ou *Lendit*.

1329. *Res empte apud Lendit anno XXIX°.* (Fol. 6.)
— 19 aunes et demie de burnete *pro conventu*, 10 liv. 12 s. 6 d.
— 6 aunes et 1 quart de burnete *pro Dno Abbate*, 7 liv. 10 s.
— 1 drap de brouelle pour fere coulles, *et debet, continere* 69 aunes quelz alna 4 s. 6 d. *valet* 15 liv. 10 s. 6 d.
— 3 aunes de drap raié, 28 s.
— *Et pro expensis*, 20 s. 6 d.
1334. (Fol. 54.) 40 aunes de telle *pro conventu*, 46 s.
1339. 49 aunes de telle pour fere famulaires pour le couvent, à 16 d. l'aune.
1340. (Fol. 4.) Une sarge noire pour l'abbé, 32 s.
— 8 aulnes et demie de blanchet, 29 s. 6 d.
— 1 drap de brouelle contenant 57 aulnes, qu'il alna 2 s. 6 d. pris à Jehan Lalement.
— 1 drap blanc pris a Jehan Lalement, contenant 36 aulnes.

La brouelle noire vaut 3 sous l'aune, et le drap blanc, 40 deniers.

La literie et la garde-robe de l'abbé sont, en 1348, l'objet d'un inventaire assez court :

L'an XLVIII le juedi devant la Chandeleur fut fest l'invenloire de la Chanbre a l'Abbé, cest a savoir III peres de dras de II les. — III peres de petis dras. — IIII peres de dras de deux tes et 1 pere de lé et demi venuz de Jaquet Filelin. — II cuevrechiefs nues et 1 viés. — II peres de botes nueves. — 1 chandelier de cuivre. — 1 bouquet de fer. — II sarges nues et une grant courtepoueinte et une petite. — une couverture de drap pour le lit a l'Abbé. — 1 petite pere de goupieus (1).

Les comptes signalent quelques autres effets de toilette achetés au Lendit :

1335. 6 pere de gans de mouton, 20 d.
— 2 hunes, 16 d.
— Un brael pour mons. l'Abbé, 5 d.
— Uns esperons pour li, 18 d.
1340. Une penne de ventres de connins noire pour mons. l'Abbé, 20 s.
— Une sarge de Caen noire pour le lit monsr l'abbé, 50 sr
1342. 6 pennes d'agniaux pour les enfans, chaucune 20 s.
— Une penne de ventres de connins pour mons. l'Abbé, 48 s. (Fol. 29.)
1348. Pour un chapel *pro abbate*, 6 sol. (Fol. 6.)

Les *soulliés* des moines coûtent, en 1490, de 10 s. à 30 s. 6 d.; les *chaussés courtes*, de 7 s. 6 d. à 15 s.; les *chausses*, 16 s. 3 d.

Dès le XIIIe siècle, l'usage s'était établi chez les jeunes moines de porter des chemises de toile. Le sévère archevêque Rigaud voulut en vain les ramener à l'antique discipline en leur commandant de revenir à l'étamine (1262).

La toile dont se servaient les moines du XIVe siècle était assez grossière, puisqu'en comparant les acquisitions de la même année 1334, on voit que la toile pour le couvent coûtait 14 deniers l'aune, alors que la toile pour les couvertures de chevaux valait 10 deniers.

Des abus avaient dû se glisser au sujet du costume, trop fréquemment renouvelé: on ne s'expliquerait pas autrement la consigne imposée par Rigaud en 1251 de faire représenter et remettre les vieux vêtements quand on en distribue de neufs aux moines.

En 1633, les religieux reçoivent pour leur vestiaire, savoir :

---

(1) Pantoufles en peau de renard.

Les prêtres non bénéficiers, 30 liv.

Les prêtres bénéficiers, 15 liv.

Les religieux non prêtres, profés et novices, 15 liv.

Le prieur, tant pour le vestiaire que pour les messes et autres services qu'il fait à la décharge de Monseigneur (l'abbé), 50 liv.

Le religieux précepteur des novices touche « 50 livres pour ses gaiges ».

ALIMENTATION — BOULANGERIE

L'abbaye, par les nombreuses rentes en nature qu'elle percevait sur ses tenanciers, pourvoyait à sa propre alimentation, en ce qui concernait la partie essentielle — le blé qu'elle transformait en farine dans ses propres moulins.

Quant à la panification, elle avait été de tout temps, confiée à des domestiques. On trouve des *boulangers* parmi les serviteurs du monastère dès le début du XIe siècle (1).

Au XIVe siècle, l'abbaye procédait à cet égard suivant ses habitudes, en employant le système de l'**abonnement** :

« Lan mil CCCLXII fu fait marché entre nous et Guillemin Gobin boullenger... de sasser bluter cuire et permeter tout le pain qu'il convendra pour nostre couvent pour les gens de lad. abbaie et de ceux estans es mesons appartenant à icelle pour le pris et la somme de XIIII liv. par. et une mine de blé.

Jehannin L'Apostre a fait marché des mentenant à 1 an, de sacer bluter tant de pain comme il nous convendra et fere de pasticerie ce qu'il nous convendra, et pour ce... doit avoir de nous VI livres par an.... l'an LXIII. (Fol. 136.)

En 1490, voici quelle était la consommation, en farine, du couvent.

A esté mis au moulin tant pour Monsieur l'Abbé que pour

---

(1) Audientibus... Haymerico famulo Abbatis, Teulfo pistore (*Cartul de St-Martin*) n° XLVI an 1104). — Testes : Drogo famulus Teulfus pistor. (Id. n° XLVIII).

les autres religieux et serviteurs de l'abbaye, le nombre de 17 muids 3 minots de blé.

POISSONS

Dès la translation de l'Abbaye sur le plateau de Saint-Martin, le jeune comte de Vexin Louis, fils de Philippe Ier (depuis Louis VI le Gros), avait donné aux moines un gourd (ou *gord*), dans l'Oise, c'est-à-dire le droit d'établir pour la capture du poisson nécessaire aux besoins du monastère, une sorte de vivier en pleine eau, établi au moyen de filets et de barrages. Plus tard, un comte d'Eu, Jehan I, donna à l'abbaye le droit de se faire délivrer cinq mille harengs sur sa pêcherie du Tréport (1).

Ces provisions ne suffisaient pas toujours à l'alimentation du couvent.

Compte fait entre nous abbé de St-Martin de Pontoise et Richart Abatbos bourgeois de Pontoise, pour v milliers de harens à lui pris l'an L, chacun millier en monnoie courante audit temps valant xxv livres, qui sont avaluez par nous et par led. Abatbos a xviii livre x s. par., monnoie courante à présent. Ce fut fait l'an de grace mil trois cent cinquante-cinq le mardi après *Letare*. (Fol. 255.)

VOLAILLES

La basse-cour des religieux annexée à l'aumône était bien garnie. Elle comportait, en 1375, 6 gélines, 2 chapons, 5 poules, et 2 oies. Il est fréquemment question dans les comptes de chapons donnés ou vendus.

Il est probable qu'on élevait aussi d'autres oiseaux de

---

(1) Le *Livre de raison* contient (*fol. 159*) une procuration de l'abbé Etienne III à deux religieux, Henri Le Noir et Richard de Liès, pour se faire délivrer cette redevance (jeudi après saint Clément 1355).

basse-cour. Les mentions d'achat de volailles sont tout à fait exceptionnelles. Le compte de 1490 en fournit une qui se rapporte apparemment au menu de quelque grand repas.

« Une ouë (oie) et deux petits cerfs, 12 s. 6 d. ts. »

On entretenait des pigeons dont les uns logeaient à leur gré, dans les toits de l'église, et les autres étaient hospitalisés dans le colombier de la maison de refuge.

Au xiv° siècle, l'abbaye avait aussi, dans sa ferme de la Chapelle, près Vallangoujard, un colombier dont le produit devait être considérable, puisqu'en 1339, il produisait « quatre charretées de fiens » (Fol. 21).

Pendant l'hiver de 1490-1491, ces volailles consommèrent une quantité de blé importante.

Baillé aux pijons de l'eglise pour partie du temps d'hiver, 3 setiers 2 boisseaux et demi de blé.

« Pour les pijons du coulombier de l'hostel de Ponthoise, 3 minots 2 boisseaux de blé. »

La vente de ces pigeons rapporta 72 liv. 13 s. la même année, à raison de 4 sous la douzaine, ce qui justifie la forte dépense consacrée à leur alimentation.

Il existait, dans l'enclos monastique, d'autres volatiles, sans doute des oiseaux d'agrément. Le compte de 1475 porte une dépense de « chenevis pour les oiseaux ».

ŒUFS

Les poulaillers du monastère fournissaient habituellement les œufs consommés en temps ordinaire, et surtout les jours maigres où leur usage était exceptionnellement toléré.

La mention du travail de pâtisserie, compris dans le marché avec le boulanger, prouve qu'au xvi° siècle on s'en servait aussi autrement que comme aliment direct.

L'abbaye avait à Pontoise, un certain nombre de redevances, en œufs, qui se réglaient le dernier dimanche de mai, date du paiement des cens dans la contrée.

L'usage était d'offrir une collation frugale aux tenanciers qui s'acquittaient ainsi :

Le dimanche dernier jour de may (1476) feismes recepvoir les œufz crus au cellier St-Martin. En pain et vin pour faire boire les soubzvenans, 12 den.

FRUITS

C'est seulement dans les comptes du xve siècle que quelques mentions concernant les fruits apparaissent.

Juillet 1476. En serizes pour les faneurs, 8 den.
Sept. — Un demy quarteron de pesches, 2 s. 3 d.

BOUCHERIE

Au temps de saint Gautier, la règle était observée avec une austérité parfaite. Le pieux abbé donnait l'exemple d'une extrême abstinence et de jeûnes prolongés : il se refusait à manger d'aucune substance ayant eu vie. Lorsqu'il était au réfectoire avec ses moines, pour ne pas faire montre de sa réserve, il déchiquetait le poisson qu'on lui servait, si adroitement qu'il semblait en avoir mangé. Retiré dans sa cellule, il vivait de fèves bouillies et d'eau, donnant aux pauvres sa provision de pain. Pendant la Semaine sainte, il ne prenait aucun aliment.

A son instar, la communauté témoignait un mépris absolu de tout raffinement culinaire. Le Cartulaire signale, dans une de ses notices, la stupéfaction des seigneurs vexinois réunis un jour à St-Martin : ayant eu la curiosité de goûter le brouet des moines, ils s'émerveillèrent comment des hommes pouvaient absorber quelque chose de si mauvais (1).

---

(1) Cartulaire, p. 5.

Cette ferveur diminua plus tard de beaucoup, et la sévérité de la règle fut mitigée.

En dehors des temps plus spécialement consacrés par l'Eglise à la pénitence, les Bénédictins de St-Martin mangeaient de la chair, au temps de Rigaud, non seulement dans les prieurés forains, mais au réfectoire.

On ne saurait douter que cet usage ne se soit maintenu au xive siècle. Un marché passé par l'abbé Jacques I en 1345, ne donne prise à aucune ambiguïté.

L'an de grace mil CCC XLV, die martis post Pascha, feismes marché a Guillaume Marescot bouchié... qu'il nous doit servir par an pour xiiii s. p. et 1 sextier... pour faire tout cen qui appartient à son mestier de bouchié ; et doit avoir les cuirs des pourciaux qui seront fendus, quant le cas s'i offrira. (Fol. 104.)

On est amené à reconnaître que l'hippophagie était pratiquée à Pontoise sous le règne de Philippe de Valois, par l'examen d'un texte, dont la lecture n'est absolument pas douteuse. Le relevé des dépenses de la taverne que les moines faisaient tenir à Pontoise en 1334, porte :

« *Primo* III s. pour apparelier un cheval qui fu cuit.

« *Item, pro carbone*, XXXII den. » (*Fol. 93.*)

BOISSON

L'abbaye avait un puits très profond auquel la tradition a attaché le nom de Saint-Gautier. Mais il était insuffisant pour l'alimentation du monastère, au moins en été.

L'an XXXIX ou mois de juing feismes marchié a Jehan Legourde de Riart nostre hoste, en tele maniere que il nous doit querir auz pour nostre abbaie jusques a iii ans chaucun an pour xxiiii s. et li baillasmes au jour dessusdit, avant la main, xxiii s. en iiii chartées de fiens de coulon (pigeons) que il avoit eus de nous de nostre coulunbier de La Chapelle que il nous devoit.   (Fol. 21.)

Il était aisé de se procurer la quantité de vin nécessaire, grâce aux libéralités qui avaient fait entrer de nombreux vignobles dans le domaine monastique. Nous verrons, dans un chapitre spécial, quel était le développement de la production viticole. La trop grande affluence de reginglet dans les caves du monastère avait même occasionné, dès le XIIIe siècle, les abus dont s'indignait l'archevêque Rigaud.

CERVOISE

Outre le vin, les moines buvaient beaucoup de bière au XVe siècle.

1490. Pour la cervoise, 4 caques à 12 s. p.
Six caques de bière, de chacune 12 s. p.
Un demi caque de verjus, 12 s. p.

On donnait de la cervoise aux gens de service du monastère au XIVe siècle. Pontoise était un centre de production ; l'une des rues de la ville était alors dénommée *rue de la Cervoise*.

HUILE

L'an XXXIII environ la S. Andrieu, achetasmes a 1 home uillier de Meullent XIIII sextiers d'uille *videlicet* chaucun sextier VIII s. VI d.

Item nous devons avoir pour II sextiers et une mine de nois bailliées a Hubert Luillier, pour chaucun sextier de nois IX pintes d'uille, *videl*. II sextiers et demi et une quarte d'uille.

(Fol. 54.)

En 1336 on achète au même prix 16 setiers d'huile à Jehan Boifumée de Meulan.

SEL

La part d'un neuvième dont l'abbaye disposait dans le péage de Pontoise s'appliquait également au sel. Mais le passage de bateaux chargés de sel était fort rare sur l'Oise. Les comptes du travers indiquent, de ce chef, des recettes très espacées. En voici des exemples :

Anno 1375 habuimus unam minam salis per manum Petri Barret gabelier du sel.

Le 22 juin 1391, reçu « de honorable home et saige Gaultier Petit, guernetier pour le Roy à Pontoise, 3 mines de sel pour notre droit revenu que nous avons chacun an sur le travers et péage de l'eau à Pontoise ». (Fol. 162.)

En 1490, le comptable de St-Martin inscrit en recettes : « Pour le droit du neufvieme de sel que la d. eglise a droit de prendre sur les bateaux arrivant et passant par dessous le pont de la rivière de Aise, receu de Estienne Gybert grenetier aud. Pontoise pour le Roy, 1 minot et demy de sel. »

Cette recette aléatoire ne pouvait suffire. On allait au grenier du roi :

L'an de grace MCCCXXXIII achetasmes a Meullant a la mesure de Meullent v sext. de sel blanc delié et xiii sext. de sel gros, c'est assavoir chacun sextier l'un pour l'autre v s. et iiii d. pris a Meullent en l'ostel qui fu mestre Jehan Luillier; qui cousta iiii lb. xvi s. et vi s. ix d. pour despens. (Fol. 26.)

Il n'y avait pas alors de grenier à sel à Pontoise. Le titre de grenetier ne paraît dans les documents pontoisiens que vers le début du règne de Charles VI.

EPICES

Le *Livre de raison* contient une intéressante énumération d'épices et denrées rares achetées à Paris en 1339.

Res empte apud Parisius die veneris post ottavas Candelarum anno XXXIX.

Primo L lbs d'amandes xx s.
Item une lb. de gingembre vi s. vi d.
Item une lb. de quennele v s. vi d.
Item ii onces de saffren iiii s.
Item vi lb. et 1 quarteron de pinguolat xvii s. ix d.
Item demie lb. de sucre xxxiii d.
Item ii lb. de craspois iiii s.
Item ii lb. de figues et ii lb. de resins ii s.
Item ii lb. de scoriande confite x s.
Item 1 quarteron de papié xiiii d.

D'autres acquisitions d'épices se faisaient habituellement au Lendit :

1334. Une lb. (livre) de cucre (sucre) rosat 2 s. 6 d.
— Une lb. moitié gingembre et moitié queunele (cannelle), 5 s.
1335. Une lb. de sucre rosat et une lb. de grosse dragiée, 8 s.

(Fol. 54.)

CUISINE

L'inventoire de la Cuisine fut dressé en 1347. Il comporte une batterie de cuivre déjà fort respectable.

Prem^t les trois grans poz de cuivre bendez.
Item sept poz de cuivre moiens.
— six petis poz de cuivre desquiels il en y a un à queue.
— trois grans paelles chaucune à deux hausses.
— une grant paelle à queue et à ennel, à fondre sein.
— une grant chaudiere à fondre sein.
— deux moiennes paelles à deux hausses.
— trois paelles à queue, une profonde et deux plates.
— une petite paelle à queue.
— deux poz d'arein.
— un chaudron.
— une leschefrite.
— une paelle de fer.
— un poz d'arein viez, à sein.
— trois grilz.
— un mouvouer de fer à pois.
— un havet.
— une pallette percée à fruire les œfz.
— un bouquet.
— un trepié.

(Fol. 112.)

En 1389 le nombre des ustensiles s'est beaucoup accru ; nous relevons :

II paelles a fere friture.
II couvelleques a pos.
II broches de fer et le pié.
II ceaulx ferrez et le guerart.
Un coupperest.
II coutiaux à hachier porée.

Un missouer.
iiii besaces.
ii essuiouers viez.
ii estanniez.
ii devantiaux viez.
Un ratissouer.
iii essuiouers nuefz.
i devantel nuef.   (Fol. 113.)

La batterie de cuisine exige un entretien qui était assuré par voie d'abonnement, comme pour tout le reste.

Des marchés sont passés avec Jehan le Maignen, demeurant en la Coustellerie, puis avec Climent le Meignan, demeurant en la Cheronnerie, à Pontoise, pour 24 sous par an, en 1343 et 1346, « de soustenir touz les pos, pailles, chauderons, pos de cuivre, pos d'arein, culliers de fer, dressouers de fer ou de cuivre » des moines « en l'abbaie et en toutes leurs autres mesons, c'est assavouair à Quiquenpoit, à La Chapelle, à la Ceaulle de Puiseux, à Livillier ». En 1350, on revient à Jehan le Maignen qui exige 6 livres par an; en 1354, Climent offre un rabais et accepte l'abonnement à 66 s. 8 den. et 1 setier de blé.

VAISSELLE D'ÉTAIN

Au *Livre de raison* (fol. 52) est transcrite tout au long, l'ordonnance donnée à Orléans, le 25 mars 1332, interdisant « de fere vessele ne grans vaissiaus d'argent ne hennas d'or si ce n'est pour calices ou vessiaux a sainctuaires pour servir Dieu, et hennas dorés à couvecle du pois de trois mars et demi ou de quatre au plus, et blanche vaissele du pois de six onces et au dessous tant seulement ».

Faut-il rattacher à l'application de cette ordonnance les acquisitions que nous allons signaler? Faut-il admettre, au contraire, que précisément à cette époque, les moines substituèrent la poterie d'étain à celle de terre? Toujours est-il qu'il se fit en 1333 un achat considérable de vaisselle neuve :

L'an de grace mil CCC XXXIII le jeudi apres la Miquaresme achetasmes à Paris v douzeines d'escuelles d'estein, c'est assavoir III douzeines de grans et II de petites, desquelles l'en bailla et mist en la cuisine pour le couvent II douzeines de grans escuelles et une de petites, et si en mit l'en devers la chambre l'abbé une douzeine de grans. et une de petites, fors que tant quar l'en a donné a l'enfermière nonein de Maubuisson v escuelles grans de celles qui estoient devers la chambre l'abbé. Item... XII pos d'estein : si en furent mis devers le cellerier pour le couvent VIII, et en demoura IIII en la chambre l'abbé.

En 1338, achat à « Robert Morel, dem^t devant la porte du Palais de Paris », de 16 grandes écuelles d'étain, 12 petites saucières, 2 grands pots chacun de 3 chopines « tout pour la salle Monsieur l'Abbé », plus 2 chopines carrées et 2 pots de pinte « reons » (ronds); pour le couvent, 4 pots, 24 écuelles, 12 saucières pour la cuisine, 3 grands « placiaux » plats ; pour l'inceine firmerie, 12 écuelles. Les pots carrés et les écuelles coûtent 6 den. et les pots ronds seulement 4 den. le marc.

Le dimanche après la mi aoust XLI a la foire Nostre Dame séans (à Pontoise), à une marchande de Paris, III douzaines de grandes escuelles et xxx petites pesant VII^{xx} III mars desquelles nous avons mis par devers le couvent xxx grans et XVIII petites signées a l'erre, pesans III^{xx} et XI mars, et avons retenu par devers nostre salle XVIII grans et XII petites signées à la croce; et cousta le marc XI den. l'un pour l'autre. (Fol. 67.)

Un nouvel et très important achat de vaisselle d'étain, tant pour le couvent que pour l'abbatiale, est fait en 1346, à la foire N.-D. ; « et fu tout ce dessus devisé par convent », écrit l'abbé (*Fol. 5*). D'autres suivent, fréquents, souvent rédigés en latin — un latin tout à fait de circonstance : « Emimus VI chopinas quarratas, tres potos rotundos, duos flaconos et IIII^{or} denas magnarum scutellarum stagni. »

VAISSELLE DE LUXE ET LITERIE

Nous n'avons vu jusqu'ici que des ustensiles communs. Le document suivant présente un intérêt sensiblement plus grand. C'étaient les objets, tant de vaisselle que de literie, qu'on tenait sous clé dans une pièce réservée :

C'est l'inventaire de la salle, livrée à Jehan Dampmartin le vi^e jour de juillet l'an IIII^c et six.

Sept tasses d'argent sans pié et sans doreure.

Item trois tasses d'argent a pié et dorés par le bort et par le pié. et sont emaillez au fons, par dedens.

— Six gobellès d'argent dorés par le millieu et par les bors par dehors.

— Un gobellet d'argent à couvercle tout doré.

— xviii cuillers d'argent pesans chascune environ une once.

— Deux sallieres et une aiguiere d'argent.

— Une pere de coustiaux à virolles d'argent avecques la gueinne.

— Un dragouer et une cullier d'argent avecques la tonaille ouvrée.

— Vingt et cinq hanaps de madre et le grant hanap oger avec le petit oger et iii cuilliers.

— Une couppe de madre a pié d'argent avecques son estui.

— xxxii draps de lin et de chanvre de deux lées.

— xxxii draps de chanvre de lé et demi.

— xxxii cuevrechefs tous de lin.

— xiiii doubliers ouvrés et iii grans napes sans ovrenge pour la grant table.

— xiiii touailles pour la grant table.

— iiii touailles bones et iii aultres de mendre valeur pour la corne.

— xii serviettes.

— viii petites napes pour la petite table.

— xxv coustes et autant de coissins.

— xii orilliers bons et suffisans.

— iiii grans sarges yndes et une greignieure sarge rouge.

— un couvertouer et une courtepointe qui furent au prevost.

— deux couvertouers de gris et de deux lées.

— iiii couvertouers rayés tous neufs achettées en ceste an present au Lendit.

— iiii pennes de regnars et deux pennes de chas.

— iii justes grandes rondes d'estaing et deux aultres mendres.

— Huit pintes toutes rondes de potin et xiiii choppines d'estaing et de potin, deux demi stiers.
— Douze sallières d'estaing.
— xvi candeliers à broche (1).
— viii candeliers à tuel (2).
— iiii douzeines d'escuelles.
Et une douzeine de plas d'estaing, sans la vecelle qui sert tous les jours.
— Six bassins et quatre chauffettes avecques le lavouer a deux tuyaulx. (Fol. 208.)

Un inventaire de 1415 ajoute à l'argenterie :

« Une grant tasse d'argent dorée par le bort, martellée au fons, de la nouvelle fasson. »

Cette dernière mention n'est pas sans intérêt pour l'histoire des progrès dans la fabrication de l'orfèvrerie en France.

RÉCEPTIONS

Ce terme a, dans notre langue, deux valeurs : celle *d'admission* et celle de *fête ouverte*. La profession monastique donnait lieu aussi à l'application de ce terme dans sa double acception.

En 1329, un compte avec Jehan de Brécourt, écuyer neveu de l'abbé) « pour le disner pour le fiex Enguerran de Brécourt quant il fu vestu nouviau moine en l'abbaye » se monte à 4 livres 13 sous (fol. 37).

En 1405. « Messire Liénart Le Maistre prestre chapelain de la chapelle St Martial fondée en l'hostel de Monsieur l'Archevesque de Rouen à Pontoise amenda en nostre main ce qu'il n'avoit pas payé le chef cens qu'il nous doit chacun an le jour St-Remy. Et le lundi VII jour de fevrier lan mil IIIIc et six vint ledit Messire Liénart en nre Abbaye et disna avecques

---

(1) L'inventaire de 1415 indique qu'ils étaient de cuivre.
(2) A tuyau rentrant.

Mons. l'Abbé et tout le couvent et en la présence de Messire Richart de Bray, Messire Jehan Meinfrey et Messire Pierre Dampmartin prestres, Messire Denis de Neufville et autres et paya led. chef cens pour l'an présent; et l'amenda comme de chef cens non payé à jour qu'il est deu. » (Fol. 305).

Les comptes de la fin du xve siècle contiennent des détails minutieux sur le menu des repas offerts, soit dans l'intérieur du Couvent, soit dans les hôtelleries pontoisiennes :

8 mars 1476. — « Pour un brochet et deux gardons, tant pour Monsieur que pour le couvent, et eschaudez 3 s.

Le dimanche 10e jour, pour un brochet, deux perches, trois merlans, et en eschaudez, pour huit varres, et disna avec Monsieur, le seigneur de Rosnel et ses gens, 5 s. 4 den. »

« Le mardi 12^e jour, disna, avec Monsieur, le procureur du Roy et autres officiers de Pontoise; en eschaudez, pour une pinte de uille, 3 s. 4 d.

» Le vendredi 15^e, en poisson, tant pour la mere de mond. sieur que pour dant Jaques son frere, 18 den.

» Le dimanche 17^e, disna avec Monsieur, Jehan Deslions et le prieur de Serans; en poisson, 3 s.

» Le dimanche 24^e, disna avec Monsieur, le promoteur de Beauvoys; en poisson 8 s. 10 d. — 3 pintes de vin aigre, 2 s. — 4 carrelets, 2 s. »

Avril. — « Le jeudi 4^e, disna avec Monsieur, messire Martin Deslyons et le prieur du couvent; pour 2 rayes et pour le disner et souper, 3 s. 6 d.

» Le mardi 9e, disna avec Monsieur, le commandeur d'Ivry (le-Temple) et ses gens; pour 2 pintes de vin blanc, et pour pain blanc et en eschaudez, 3 s. 2 d.

« Le samedi 22e pour un chevreau, pour vin, fourmaige, pour 7 poz de terre, en œfz, en burre frais et en varres, en porée, pour la feste de la première messe de Benoist (des Granges, moine), 12 sols 8 den.

« Le samedi 25e may Monsieur (l'abbé) disna à Pontoise et ne paya rien, mais à souper il fut aud. lieu, avec lui Pernot Thude et sa femme, Le Mareschal et sa femme, Gilet Bourgeois et sa femme et le prieur de Serans; en poisson, pain, vin et pouldre fine, 6 s. 10 d. ts; en vin aigre 3 s. ts.

» Le samedi 15e, Monsieur disna à Pontoise, avec lui les prieurs de céans et de Saint-Prix, Jehan Le Tailleur et plusieurs autres ; en maquereau, pouldre fine, burre frais, en pain et vin, 7 s. 10 den.

» Le vendredi 28ᵉ jour, disna avec le pere de mondit sieur, Tyson, Le Mareschal, et autres plusieurs, comme Gillet Bourgeois, et leurs femmes ; en poisson, febves et serizes, 3 s. »

Juillet 1475. — « Le 14 bailla (l'abbé) la disme de Grisy à Christofle De La Laye et fut le disner chez Dandeville (grand restaurateur pontoisien); présens Thibaut Thude, Vollant, Pierre Maistre et le prieur de céans; et plusieurs autres. Pour le disner 14 s. ; et debvoit payer led. Christofle, dont il fut refusant.

» Le samedi 24ᵉ, disna le prieur de Gisors. En poissons, tant pour lui que pour le couvent, pour un brochet, un barbillon, deux perches, une anguille, pour demy-cent d'œfz, en napvets et en poires 12 s. 10 d. — Item en herent nouvellet et en fin fourmaige.

» Le dimanche 19ᵉ jour d'aoust 1476, Monsieur se mit à la Confrairie aux Clercs ; là disna et après disner alla chez Thibaut Thudes avec plusieurs gens de la Confrairie. En vin, 16 den.

» Le samedi 8ᵉ jour de septembre, disna Monsieur avec les commissaires du Roi pour le fait des religieux de céans, pour dant Guillaume Carrellier et pour Benoist des Granches, tous prisonniers à Pontoise ; et disnasmes, le prieur et moi, chez Gillet Bourgeois. En pain, en vin et pitance, 3 s. 10 den.

» Le mardi 11ᵉ, Monsieur disna, avec lui le promoteur, pour le fait des d. religieux; pour 2 pintes de vin et demi-quarteron de pesches, 2 s. 3 d.

» Le samedi 14º septembre, Monsieur disna chez Dandeville et là partie desd. religieus avec lui, Jean Descouys et plusieurs autres qui vindrent: pour 2 brochets et un barbeau 8 s. 6 d. Item pour vin, cuisson dud. poisson, en pesches, et pour une douzaine d'esguillettes, 16 s. 10 d. »

5 janvier 1477. — « Monsieur le Vicaire (le Grand-Vicaire de Pontoise), le promoteur, le Lieutenant (du bailli de Senlis), messire Andreu (Poupart, maire de la ville) et les marguilliers de Nostre-Dame dignerent ceans avec Monsieur (l'Abbé). Pour un lievre, deux perdrix, et pour la façon de deux gruyeres, 12 s. »

Ce dernier détail prouve qu'on fabriquait à Pontoise des imitations de gruyères qui étaient assez recherchées, car il s'agit ici d'un repas fin.

16 avril 1486. « Quand Glaude du Mont (procureur) souppa avec Monsieur l'Abbé à Pontoise, en 3 poussins, 2 s. p. — En pain blanc, eschaudez, craquelins et vin payé par M. l'Abbé à Pontoise, 10 s. 6 den. »

17 mai. — « En poisson, beurre, sucre, œufz, pain et autres choses à Pontoise, quand M. l'abbé donna a digner à Monsieur de Valengoujart, 22, s. 6 d. »

27 juin. — « Pour Monsieur l'abbé du Val Nostre Dame et Madame (l'abbesse) de Malbuisson, en despence quand ils vindrent à St-Martin, tant en vin que guynes (guignes ou cerises) et autres choses, 4 s. 4 den. » — On voit que l'Abbé recevait fort convenablement ses voisins (1).

« A Monsieur l'Abbé, 2 demi-escus d'or, l'un pour aller aux nopces de la fille Haulins, et l'autre pour aller aux nopces de Cossart, qui valent 35 s.
Somme, 9 l. 19 den. »

Les mentions relatives aux repas seraient mal interprétées si on les envisageait comme constituant la totalité du menu. Ce n'est en général qu'une part, l'écot de l'abbé pour lui et pour les siens.

Une imputation de recette du compte de 1476 éclaircit nettement ce point.

« Le 3e jour de janvier Monsieur (l'abbé) disna chez Pernot Thude ; avec lui Thibaut Thude, maistre Guillaume Renier, maistre du Moustier, Jehan Le Tailleur et des veuves de Marquemont, lesquels passèrent en la main dudit maistre Regnier procuration pour eulx defendre à l'encontre de damp Françoys. Receu, sur et en moins de l'escot du dit disner, des dits bourgeois, XII s. »

Ainsi l'abbé avait payé le dîner, et les autres convives lui en remboursaient collectivement une part importante.

Le compte de 1603 nous révèle que l'usage s'était établi d'offrir « un banquet à Messieurs de la Justice le jour St-Martin d'hiver » et inscrit de ce chef une dépense de 20 livres.

---

(1) Fol. 60. Les *guignes* étaient un fruit estimé qu'on servait aux collations d'été ; d'où le proverbe : *Je vous paierai des guignes.*

Lors de l'affermage des revenus de l'abbaye en 1633, les frais de ce repas furent inscrits parmi les charges en nature stipulées au contrat et imposées au fermier.

FRAIS ALIMENTAIRES

Voici quelques renseignements sur la nourriture du monastère et la table de l'abbé au temps de Charles VIII.

1485. Dépense de bouche en cher (chair), pour l'année. 39 liv. 22 den. (Environ 4 liv. par mois en temps ordinaire, 13 s. et 21 s. dans les mois de carême).

« Pour œf, burre, fromaige, poissons de mer, poissons d'eau douce, pois, porrées, cerises et oignons, et pour l'amenaige d'une caque de harenc, 31 liv. 13 s. 9 d. »

« Pour sel pris au grenier de Pontoise, 17 s. 4 d. »

13 octobre. — « Pour la façon de deux pastez fais à Pontoise pour Monsieur l'Abbé, 20 den. »

25 janvier 1485. — « Une paire de congnins (lapins de garenne) pour Monsieur l'Abbé, 3 s. p. » — Cette mention prouve que les moines ne se livraient plus au plaisir de la chasse comme au siècle précédent.

Sous le régime des abbés commendataires les religieux étaient, au point de vue de l'alimentation (comme pour les autres détails d'entretien pour lesquels il était traité également à forfait), soumis au régime de la *pitance*. On leur allouait une pension de 50 sols par jour (900 livres par an) payable par trimestre, pour leur nourriture, en dehors du pain et du vin qu'on leur fournissait en nature : 7 muids de méteil (le froment pur ne sert que pour le *pain de messe*), une mine de pois secs pour le carême, 31 muids de vin clairet du crû des vignes du monastère ou des faubourgs de Pontoise.

On ajoute à ces diverses fournitures « 3 livres pour la boette de dragées du jeudi absolut » et « pour l'obit de Monsieur de Méry, 30 sols en argent et deux chappons ».

ÉCLAIRAGE

Le Couvent s'éclaire avec des « chandelles de sieuf pour ardoir »; en 1485, 62 livres de chandelle prises à Paris coûtent 4 liv. par.

En 1633, les treize moines consomment en chandelles de suif, une valeur de 234 livres.

CHAUFFAGE

L'abbaye avait des bois et se chauffait avec leur produit. En 1490 on inscrit : « Pour 70 cordes de bois faites au bois de la Ceaule (de Puiseux), pour chacune 2 sols tournois. »

L'état de 1633 inscrit le chauffage parmi les charges en nature imposées au fermier général des revenus de l'abbaye : « Aux dits religieux (alors au nombre de 13) 3 milliers de buches et 4 milliers de fagots pour leur chauffage. »

ÉTUVES

Il y avait à Pontoise des *étuves* — c'est-à-dire des bains chauds — au XIVe siècle, car on trouve une reconnaissance du 6 oct. 1375 par Jehan Dufour, *estuveur*, et Peronnelle sa femme, pour une rente due à St-Martin sur leur maison rue de la Flache (sur la Viosne). Mais cet établissement fut certainement détruit pendant la guerre de Cent ans, et en 1477, il fallait aller à Paris.

« Le mercredi 16 juillet, Monsieur [l'abbé] fut aux estuves à Paris, avec lui le prieur de St-Prix, le prieur de céans, maistre Jacques Maulmonier, Dampt Jacques et moi (écrit le receveur); pour le vin des serviteurs II s. III den. Le jeudi Monsieur, accompaigné des dessusdits, fut à Bouloigne et de là à Chaliot, boire : en pain et vin, III s. VI den. »   (Fol. 58.)

LE BUDGET DE L'ABBAYE

DROITS ECCLÉSIASTIQUES ET PAROISSIAUX. — DIMAGES. — DROITS SEIGNEURIAUX ET CHARGES FÉODALES. — DROITS DE CHASSE. — JUSTICE. — CONTENTIEUX, PROCÈS.

Le budget de St-Martin nous échappe, même quant à des données approximatives, pendant les deux premiers siècles de son existence.

Sous Eudes Rigaud, on voit ce prélat, à chacune de ses visites au Couvent, s'efforcer de se renseigner exactement sur les ressources de la communauté. On lui donne d'abord des chiffres incomplets, car en 1249 il évalue les revenus à 1,000 livres. En 1251 il porte le chiffre à 1,200 liv.; en 1253 à 1,500 liv. C'est celui qu'il maintient ensuite comme réel. A trois reprises en 1251, 1254, 1257, il ordonne en vain de tenir registre des recettes et des dépenses et, constate l'absence de toute espèce de comptabilité.

L'administration molle et népotique de Dreux, abbé contemporain de ces visites, aurait amené la ruine rapide du monastère, si le prélat n'avait usé de tout son pouvoir de coercition pour y mettre ordre.

L'insouciance de cet abbé était telle que, dans ses premières visites, Rigaud n'avait trouvé dans le cloître, aucun coffre fermant à clé.

Les pensions en blés, vins et deniers dont le budget était grevé, de 16 livres par an en 1249, étaient montées en 1266 jusqu'à 140 livres — un dixième du revenu. Les dettes avaient subi la même progression; de 1,200 livres, elles avaient grossi jusqu'à 2,100 livres; dont une grande partie à usure.

En 1258, l'archevêque, après une enquête confiée à son frère Adam et au chanoine Richard de Sap, destitua de sa propre autorité le grenetier, le sergent et l'intendant de la *Ceaule* de Puiseux; imposa à l'abbé un conseiller dans la gestion du temporel, Haudoin, curé de Frémécourt; lui ordonna d'établir un bilan mensuel en présence du vicaire archiépiscopal à Pontoise, et lui enjoignit d'assister en personne à tous mesurages ou ventes de denrées.

Il paraît par les notes subséquentes que ces prescriptions ne furent nullement observées, tant que gouverna Dreux, dont les parents, écrit Rigaud, grugeaient le bien de l'abbaye.

❦

Sur la période qui suivit, les renseignements font défaut. La comptabilité tenue sur le *Livre de raison* n'est que partielle. Il est certain qu'à cette époque, on devait avoir adopté un autre système pour les comptes, qui, sans doute parce qu'ils étaient portés sur des cahiers détachés, ne nous sont pas parvenus.

Les mentions de dépenses concernent uniquement les achats faits aux foires, spécialement à la célèbre foire de l'Indict, sur laquelle M. Jules Lair a présenté à la Société de l'Histoire de Paris une si intéressante monographie.

De recettes, il n'en est pour ainsi dire jamais question. Il serait pourtant invraisemblable qu'elles n'aient été inscrites nulle part, et ce point nous paraît surtout confirmer l'existence d'une autre comptabilité plus générale.

Il y a cependant quelques exceptions à cette absence habituelle d'imputation de recettes. Mais elles ont trait à des catégories spéciales d'encaissements provenant par exemple du produit des péages, ou des versements opérés par les tenanciers des tavernes. C'est dans un but absolument distinct du point de vue budgétaire proprement dit, que ces inscriptions sont faites. Elles sont consécutives sur le même objet, et forment des chapitres ouverts à divers endroits du livre, permettant de suivre les résultats successifs d'une opération prolongée ou les variations d'un produit mobile.

Il y a enfin un chapitre d'avances en nature ou en espèces, mais le texte, reproduit intégralement par nous, montre aisément au lecteur qu'il n'y avait pas davantage à ce propos de comptabilité proprement dite. C'était plutôt une sorte de *brouillard* destiné à retrouver la trace des créances de l'abbaye sur la maison du Roi ou des Princes.

A partir de 1366, une réforme évidemment due à l'abbé Jehan de Villeneuve rend plus intéressantes les indications du *Livre de raison*... On y transcrit une véritable suite d'opérations de caisse effectuées par un receveur spécial, prêtre ou moine, qui règle toutes les dépenses de ménage et d'entretien, souvent aussi des frais de procès ou de voyage, au moyen de versements à lui faits par l'abbé ou de certaines ressources qu'on lui donne mandat de recouvrer.

Les comptes transcrits au *Livre de raison* (fol. 169 et suiv.) sont rendus par Jehan Le Chandelier, curé de Saint-Martin (1366-1379), damp Pierre Le Plastrier (1380), messire Andrieu de Cahon (1382-1396). Ce dernier était aussi curé de la paroisse de Saint-Martin (dite la Trinité) dépendant de l'abbaye; car, sur le compte de 1390, il inscrit comme réserve : « Sur ce on lui doibt pour deux années de sa cure 9 liv. et pour sa pension qui finera à la Saint-

Andrieu prochaine, trois années qui se montent à 30 livres (1) ».

En 1390, la recette où l'on voit figurer le produit des dîmes, des fermages, etc. s'élève à 219 liv. 5 s.

A titre de comparaison, nous avons recueilli dans les Archives (cartons 58 et suiv.) les indications que fournissent sur la vie intérieure et les ressources de l'abbaye, les plus anciens comptes qui nous soient parvenus. Les premiers en date sont : « le papier que baille maistre Jehan Compaignon de la recepte et mise faite par luy pour les religieux, abbé et Couvent de St-Martin-lez-Ponthoise, en commencé le 8ᵉ jour de mars 1475 » — le compte de l'année suivante ; — ceux de damp Jehan Sergent rendus en 1486, — celui de damp Pierre Dongne, procureur de l'abbaye, rendu en 1491, et quelques comptes postérieurs.

Cette comptabilité du xvᵉ siècle est tenue avec méthode : les recettes et les « mises » sont classées par catégories, et englobent réellement tous les revenus et tous les débours, soit permanents, soit extraordinaires. Le comptable fait viser ses écritures par l'abbé auxquelles elles sont soumises, et c'est ainsi que la superbe signature de Pierre IV du Moustier nous est parvenue.

Le compte de 1490 se balance comme suit :

    Recettes   891 liv. 10 s. 6 den.
    Dépenses 818 liv. 14 s. 4 den.

    Excédent   72 liv. 16 s. 2 den.

Nous devons croire que tous ces comptes ne représen-

---

(1) Le système d'abonnement dont nous parlons ailleurs était appliqué de toutes façons par la Communauté. Ici, en effet, l'abbaye encaisse les droits paroissiaux et le curé se contente d'un honoraire fixe ; c'est aussi une pension annuelle qu'il touche comme comptable, au lieu d'une indemnité proportionnelle aux recettes.

tent pourtant qu'une faible part des recettes et des charges. On n'y voit en effet aucune des grandes opérations que l'état dressé en 1781 nous révèle. Cet état budgétaire, dont l'objectif — si on en examine les détails, — n'est assurément pas de *forcer* le boni et partant d'exagérer les ressources, peut donner un aperçu de la véritable fortune du monastère.

RECETTES

Revenus en argent et espèces évalués.	10.024 liv. 5 s. 4 d.
En froment, 2 muids 2 boisseaux ; le muid contient 12 setiers ; le setier pesant environ 230 livres, vaut, année commune 15 livres..................	362 liv. 10 s.
En méteil, 69 setiers à 12 livres.....	828 liv.
En seigle, 22 setiers à 9 livres.......	198 liv.
En avoine, 23 setiers à 9 livres......	207 liv.
En paille, 700 bottes...............	84 liv.
Le casuel peut valoir..............	600 liv.
	12.303 liv. 15 s. 4 d.
Outre ce revenu, plusieurs fermiers sont chargés par leurs baux de payer en notre acquit à divers curés, pour partie de portions congrues, tant en argent qu'en espèces, environ................	500 liv.
	12.803 liv. 15 s. 4 d.

DÉPENSES

Charges perpétuelles. Pour les dixièmes de la mense conventuelle.................	1.200 liv.
Pour les parties de portions congrues.......	500 liv.
Pour les réparations, année commune.....	1.600 liv.
Pour les aumônes.................	300 liv.
Pour l'entretien de la sacristie............	400 liv.
Pour médecin, chirurgien, apothicaire et domestiques................	900 liv.
A reporter......	4.900 liv.

Report.........	4.900 liv.
A M. le curé de Notre-Dame pour le décharger du casuel de la maison du jardinier de M. le prince de Conti......................	10 liv.
	4.910 liv.
Charges rachetables. Le monastère doit à divers particuliers la somme de 35,200 liv. prises à constitution de rente de 1757 à 1780; au denier 25, font............................	1.408 liv.
Total.........	6.328 liv.

Il reste net 6.485 liv. 15 s. 4 den.

Charges imposées par le Chapitre général.

Le monastère a été imposé par le Chapitre général à......................	100 liv. par année.
A été taxé pour la Caisse économique à	400 liv. annuelles.
A été imposé par le Chapitre général pour le collège de Compiègne à.........	200 liv. par an.
Et par la Diète provinciale de 1781 à	106 liv. 14 s.
Total..........	806 liv. 14 s.

On remarquera l'absence de toute mention relative aux dépenses de communauté. En effet, par suite des querelles du jansénisme qui avaient rendu la vie intérieure impossible dans le Couvent, et de l'administration déplorable du dernier prieur, dom Sallais, qui avait endetté l'abbaye dans les proportions qu'on vient de voir, le petit groupe de moines qui subsistait encore avait été dispersé, le cloître fermé, l'abbaye réunie, quant au spirituel, au prieuré de Meulan; il ne restait à St-Martin que l'abbé commendataire, Etienne-Gaston de Mastin, fils naturel du prince de Conti : le personnel énuméré plus haut était uniquement à son service.

Pour avoir une idée complète de la fortune de St-Martin, il faut ajouter à l'ensemble des revenus précités ceux des prieurés forains non réunis à la mense abbatiale. L'état de 1781 énumère — pour mémoire — les ressources et les charges de ces bénéfices :

Le Rosnel.	Revenus	1.740 liv.	Charges	835 livres
Valmondois.	—	960	—	285
Marquemont.	—	840	—	630
Chaumont.	—	1.214	—	825
Ronquerolles.	—	700	—	412
Morcerf.	—	500	—	361
La Buhotière.	—	450	—	246

Totaux des revenus... 6.404 liv.; des charges 3.594 livres

Il eût été d'un réel intérêt, pour une étude d'économie sociale comparée, de mettre en présence de ce relevé un état de la fortune de l'abbaye quatre cents ans plus tôt. Le *Livre de raison* ne les fournit malheureusement pas. A défaut d'indications aussi nettes, ce précieux recueil renferme néanmoins une foule d'éléments qui pourraient aider à reconstituer l'état de la fortune de l'abbaye au temps de la guerre de Cent Ans.

Nous classerons ces renseignements si variés sous six rubriques, dont trois relatives aux domaines, biens et revenus fonciers (propriétés bâties — domaine agricole — domaine viticole), les trois autres concernant les droits utiles qui venaient accroître les ressources de l'abbaye dans l'ordre : ecclésiastique (patronages d'églises, casuel et dîmes) — féodal (cens, chasse) — judiciaire (offices et amendes).

Nous commencerons par ce dernier groupe, comme donnant lieu le plus fréquemment à des opérations budgétaires dans l'acception complète du mot.

DROITS ECCLÉSIASTIQUES.

PATRONAGES D'ÉGLISES

Dès le milieu du xiiie siècle, l'abbaye jouissait du patronat de trente églises ou chapellenies (1).

Les bénéficiers présentés par St-Martin devaient prêter entre les mains de l'abbé, un serment dont le *Livre de raison* nous a transmis la formule. On y remarquera le paragraphe relatif à l'observation des conventions passées entre l'abbaye, le curé et les marguilliers de Notre-Dame, de Pontoise. Comme un grand nombre de paroisses des environs de Pontoise venaient en pèlerinage à Notre-Dame, la clause relative aux droits de St-Martin sur les offrandes présentait un réel intérêt.

Juramenta prestanda per curatos et alios seculares beneficiatos ad presentationem Dompni Abbatis.

Primo jurabitis quod jura, privilegia, libertates, franchisias, usus laudabiles et consuetudines ecclesie seu monasterii Sti Martini supra Vionam servabitis, atque contra et adversus omnes pro posse defendetis ?

Item quod Dno Abbati ejusque vicario seu vicariis ac religiosis dicti monasterii, honorem et reverentiam defferetis, ac quicquid in dedecus eorum, lesionem seu gravamen cesserit juxta posse impedietis, et quam cicius eisdem notificabitis ?

Item quod concordiam, pacem et transactionem inter abbatem et religiosos ejusdem monasterii ex una, et curatum parochialis ecclesie Bte Marie de Pontisara et prepositos seu matricularios et parrochianos dicte ecclesie, partibus ex aliis,

---

(1) *Regestrum visitationum archiepiscopi Rothomagensis* (Odonis Rigaldi), édit. Bonnin, à l'année 1249.

servabitis, necnon omnia supradicta, ad quemcumque statum deveneritis?

Vultis ita jurare? (*Fol. 235.*)

Le *Livre de raison* contient une série de présentations et de permutations relatives à un assez grand nombre de paroisses, à la fin du xve siècle.

1475, octobre. — Provisions à George Mallet, prêtre, pour la cure de Notre-Dame de Pontoise, vacante par résignation de Me Jacques de Maugny, docteur en théologie.

1476, février. — Présentation de Jehan Delorme, maître ès arts, à la cure de Vallangoujart.

1476, 24 février. — Jehan Le Clerc, curé de Saint-Leu-de-Taverny, permute avec Thomas de Nully et devient curé de N. D de Chambly.

1478, février. — Présentation à la cure de Génicourt de J. Soen; et à celle de Ronquerolles, de P. Quatremains.

1479, 10 juillet. — Jehan Le Clerc permute avec George Mallet et devient curé de Notre-Dame de Pontoise.

1484, 8 octobre. — P. Quatremains permute avec Jehan Hais et devient curé de Bornel.

1487, 19 décembre. — Présentation de Gui Clouet, clerc, pour la cure de Bessencourt, par permutation avec Laurent Clouet, qui devient titulaire d'une chapelle à Saint-Marcel de Paris.

1488, 24 septembre. — Présentation de Quintin Thioust, sous-diacre, maître ès arts et bachelier en décret, à la cure de Genicourt, par permutation avec Pierre Chauvin, qui devient curé de St-Georges de Moluns, diocèse de Bayeux.

1489, 15 mai. — Présentation de Gui David, prêtre du diocèse de Rouen, à la cure de Valmondois.

1493, 8 septembre. — Id. de George Rousselet, prêtre, à la même cure.

1493. — Id. de Jehan Tisserand, prêtre maître ès arts, bachelier en droit canon, à la cure d'Amblainville vacante par la mort de Jehan de l'Aumône.

1496, 12 mars. — Id. de J. Hays à la cure de Ronquerolles.

Parmi les paroisses sur lesquelles St-Martin exerçait son patronage, il en est deux qui s'imposent plus spécialement à notre attention, en raison de leur voisinage immédiat de l'abbaye : celle de St-Martin même, sous l'invocation de la Sainte-Trinité, et celle de Notre-Dame de Pontoise, démembrement de la première.

LA PAROISSE SAINT-MARTIN

Il existait, comme nous, l'avons vu plus haut, une chapelle au bourg de Pontoise, dédiée à St-Martin et dont la cession à saint Gautier, vers 1080, amena le changement du nom primitif du monastère.

Elle avait un curé, à la présentation de l'abbé, mais qui ne paraît pas avoir été primitivement un moine.

Les archives et le *Livre de raison* nous donnent les noms de plusieurs curés de St-Martin dans le cours du xive siècle ; ce sont : Guillaume de Montpinçon (1338) — Jehan Le Chandellier (1360-1379) — messire Andrieu de Cahon (1380).

Ce dernier fut receveur de l'Abbaye. Il touchait un honoraire annuel de 4 liv. 10 s. pour l'exercice des fonctions curiales à l'église de La Trinité.

Messire Andrieu résigna sa cure, car un acte du 13 octobre 1405, reçu par le prévôt-maire de Pontoise Simon Pavie constate que « messire Nicole Wystasse prestre curé de Saint-Martin-lez-Ponthoise » a pris à rente de « messire Andrieu de Cahon, prestre », une masure au village St-Martin tenant au presbytère et aboutissant au cimetière. (1)

Les archives de St-Martin renferment (carton 57) une enquête qui se développe sur un rouleau de parchemin de *onze mètres et demi de long*. Elle fut faite les 22 avril 1490 et jours suivants devant Jacques Le Maistre, prêtre chapelain en l'église de Paris, recteur de l'église St-Martin de

---

(1) Arch. de Seine-et-Oise. Fonds St-Martin, cart. 64.

Pontoise; Nicolas de Coulomb, professeur de théologie et Pierre Pain-et-char, chanoine de l'église collégiale de St-Cloud. L'objet de cette enquête est de savoir si le curé de St-Martin est obligé de faire résidence en sa paroisse et d'y célébrer quotidiennement la messe. On constate l'existence de cette obligation. Mais elle n'est plus remplie, depuis que Jéhan Baze, bachelier en décret, après avoir été six ans curé résidant (1) a permuté avec Jehan de la Croix pour la cure du St-Sépulcre de Montdidier, qu'il a quittée ensuite pour celle d'Aubeville, au diocèse d'Amiens.

La paroisse de St-Martin n'ayant plus de desservant, l'abbé fit appel à Jehan Fermin, prêtre, maître ès arts, natif d'Avranches, à la fois chapelain de l'Hôtel-Dieu et maître des écoles de Notre-Dame. Celui-ci, depuis longtemps commensal et familier de l'abbaye, consentit à se charger d'une messe quotidienne à St-Martin.

Sous les abbés commendataires, le prieur de St-Martin qui exerçait la direction intérieure sur la Communauté, était en même temps curé de la Trinité et recevait de ce chef « 20 livres pour célébrer les messes (2) ».

LA PAROISSE NOTRE-DAME ET LE PÈLERINAGE DE PONTOISE

Parmi les sources de dissensions qui alimentèrent le plus le contentieux de l'abbaye, il faut citer les difficultés avec la fabrique et la cure de Notre-Dame de Pontoise, paroisse détachée sous Louis VIII de celle de St-Martin, et devenue le chef-lieu d'un pèlerinage considérable.

---

(1) Jehan Baze assiste comme témoin à un acte de février 1476, en qualité de curé de St-Martin (*Livre de raison, fol.* 235). Il était prieur de l'abbaye en septembre 1476 (Compte de 1475. Fonds St-Martin, cart. 58).

(2) Etat de 1633.

Les archives de l'abbaye permettent d'éclairer, dans les moindres détails, la genèse de ce démembrement, sur lequel les historiens de Pontoise n'ont eu que des vues incomplètes.

Une statue de la Vierge-Mère, dont l'origine reste entourée d'un voile mystérieux, fut apportée, si l'on en croit la tradition, par saint Guillaume, chapelain de Philippe Auguste, dans le nouveau bourg de Pontoise, situé le long de la Viosne, dans la direction d'Osny. Ce quartier appartenait aux châtelains de Gisors qui y avaient établi diverses industries : tanneries et fouleries, avec le concours d'ouvriers anglais. Pour favoriser la création des « moulins à tan » et sans doute aussi dans un but stratégique, on avait mis à la petite rivière ou *ru de Viosne* « une barre » faisant refluer ses eaux vers les murs de la forteresse, dans un nouveau lit artificiellement creusé.

Afin de procurer à cette population ouvrière les facilités nécessaires pour l'accomplissement de ses devoirs religieux, une chapelle fut élevée sur un emplacement donné par Robert de Bayart (1) dans la rue de Maudétour.

Roger L'Anglois (ou Langlois) curé de St-Martin, donna, en mai 1226, son adhésion à l'institution de cette chapelle, qui n'était regardée que comme église de secours. Les deux chapelains qui la desservaient dépendaient absolument du curé : les paroissiens de St-Martin avaient eux-mêmes constitué un fonds de 60 livres parisis placé en rentes pour assurer un minimum d'existence au second chapelain. L'église de la Trinité conservait tous ses droits d'église-mère ; tous les convois devaient y être faits : aux quatre grandes fêtes de Noël, Pâques, la Pentecôte et Saint-Martin, aucun office ne devait être célébré dans la chapelle

---

(1) Robert de Bayart ou de Baart paraît avoir été fils d'Aubert de Bayart, qui occupait, à Pontoise la charge de prévôt avant l'établissement de la Commune. Cette famille laissa son nom à un moulin et à une rue du quartier Notre-Dame, qui s'appelle depuis *rue du Bart* par corruption.

de Notre-Dame. L'abbé de St-Martin se réservait toutes les offrandes faites à ces jours solennels, et la moitié des legs faits au curé ; il maintenait son droit juridictionnel sur le clergé aussi bien de l'une que de l'autre église. Telle fut la première reconnaissance officielle de la fondation de Robert de Bayart. Elle fut promulguée par l'abbé Nicolas, muni à cet effet d'une autorisation du légat du Pape, Romain, cardinal de Saint-Ange (1).

Cette décision à peine prise, des réclamations surgirent. La clause relative à la présentation des corps de tous les défunts dans l'église St-Martin soulevait de justes protestations. Des inondations rendaient souvent impraticable la traversée du vallon qui séparait le Nouveau bourg de la colline où l'église de la Trinité était bâtie.

On recourut, suivant la coutume, à un arbitrage. En janvier 1227, l'abbaye dut réduire sa prérogative aux obsèques des gens morts aux jours de fête où la chapelle devait être fermée, et des personnages trop qualifiés pour que leur pompe funèbre pût se déployer dans l'enceinte exiguë de Notre-Dame (2).

Cependant Notre-Dame prenait une importance considérable en raison du pèlerinage qui se développait et amenait les foules au pied de l'image vénérée.

Quatre ans ne s'étaient pas écoulés que le curé Roger abandonnait son ancienne église pour venir s'installer en permanence à Notre-Dame. Bientôt une nouvelle organisation s'imposa. Elle fut l'œuvre commune de Maurice, archevêque de Rouen, et de Guillaume, évêque de Paris. Roger fut autorisé à devenir curé titulaire de Notre-Dame, érigée en paroisse, et à se faire remplacer à St-Martin par un chapelain, ayant prêté serment de fidélité aux moines.

---

(1) Arch. de S.-et-O. Fonds St-Martin, cart. 9. Original.
(2) Id. Carton Demay. Orig. avec sceau de Guillaume de Poitiers, chanoine de Paris, d'Henri, chanoine de Senlis, et de G. curé de St-Germain l'Auxerrois, arbitres choisis par les parties.

Dans cette troisième évolution, le droit originel de Saint-Martin n'est plus reconnu que pour les inhumations qui continueront à se faire dans son vieux cimetière. Aux quatre fêtes principales, les offices se célébreront à Notre-Dame, mais il reste loisible à l'abbé ou au prieur de venir officier en personne. Néanmoins, deux jours en l'année, le dimanche des Rameaux et le jour de l'Ascension, le curé de la nouvelle chapelle devra mener processionnellement ses ouailles au monastère pour y entendre la parole de Dieu (1), les moines étant assis dans le chœur, et le peuple emplissant la nef de l'église conventuelle. Si toutefois le sermon se faisait dehors, les moines se tiendraient devant la porte de l'église, et les paroissiens à l'entour.

L'abbé est tenu de fournir un prédicateur convenable ; il devra aussi se trouver au sermon et à la procession en temps utile, de peur que son retard ne compromette le développement des solennités et n'oblige à brusquer la cérémonie.

Le curé pourra administrer les malades sans être accompagné d'un moine.

Le partage du casuel se fera comme précédemment, mais les cierges et les offrandes de cire déposés devant la statue seront partagés par tiers entre l'abbé, le curé et la fabrique de Notre-Dame. Un tronc à quatre clés sera placé près de l'autel ; l'abbé constituera un surveillant présentant toutes garanties de moralité, et le tronc sera levé plusieurs fois par mois (2).

De par ce nouvel arbitrage, le curé de St-Martin sem-

---

(1). Cette clause fut traditionnellement observée. En 1490, l'abbaye rétribuait un prédicateur pour donner aux moines et au peuple deux sermons :

« A frere Helye, pour avoir par lui fait deux sermons en cedit an à jours accoustumez, 40 s. »

L'état des charges de 1633 est muet sur cet article de dépenses. Peut-être se confondait-il avec l'allocation de 36 livres accordée aux Capucins du faubourg de l'Aumône.

(2) Acte de novembre 123. Arch. de S.-et-O. Fonds St-Martin, cart. Demay. Orig. avec sceaux.

blait être si bien devenu le curé de Notre-Dame, qu'à la mort de Roger, les moines ayant présenté à l'archevêque de Rouen un prêtre appelé Pierre de Pierrelaie, maître Richard d'Aunay fit opposition à ce choix, soutenant que le fondateur de la chapelle, Robert de Bayart, lui ayant transmis son droit de patronage sur la chapelle, c'était lui qui devait désigner le curé.

Une décision de l'ordinaire lui donna tort (1). Mais la situation créée par la sentence arbitrale n'en restait pas moins anormale. Il paraissait étrange qu'une église désertée par son pasteur continuât à se qualifier d'église-mère alors qu'elle demeurait desservie par un simple chapelain. D'ailleurs les arbitres de 1239 avaient laissé de côté trois points importants et débattus depuis l'origine de la chapelle : le traitement du curé considéré comme insuffisant et les difficultés d'accès du vieux cimetière. Les procès recommencèrent jusqu'à ce qu'en août 1247, l'ancien archevêque Pierre de Collemezzo devenu cardinal évêque d'Albano, se trouvant à Pontoise, fut choisi d'un commun accord pour trancher ces différends. Le prélat prit le parti le plus sage, celui de séparer complètement les deux églises, en érigeant Notre-Dame en paroisse.

L'abbé fut tenu d'assurer au curé de Saint-Martin, 12 livres parisis de pension avec un muid de seigle et un muid de vin blanc, avec droit de se nourrir au réfectoire et une part traditionnelle dans le casuel.

Notre-Dame devait avoir son cimetière propre et son curé auquel les paroissiens assureraient un presbytère (la maison où Roger avait fini ses jours) et le revenu d'un capital, 30 livres parisis placé en rentes perpétuelles. L'abbé conservait le patronage de l'une et l'autre église, la collation des chapellenies futures, les dîmes grandes et petites. Pour le reste, toutes les prescriptions des précé-

---

(1) Lettres de Pierre de Collemezzo, arch. de Rouen, du 12 décembre 1239. Orig. avec sceau. Fonds St-Martin, cart. Demay.

dents arbitres devaient avoir leur plein effet. On ajouta toutefois pour accentuer encore les droits historiques de St-Martin que non seulement aux quatre grandes fêtes, mais toutes les fois que le Couvent se déplacerait pour venir processionnellement à Notre-Dame, les moines se substitueraient au clergé paroissial et célébreraient l'office.

Cet accord, juré à Etampes par l'abbé Nicolas et le curé Jean, en août 1247, devant le cardinal, fut confirmé par ce dernier à St-Martin, en juillet 1249. Une bulle du 24 juin 1250 confirma l'érection de Notre-Dame en paroisse.

Vingt ans plus tard, un curé de Notre-Dame, Mathieu de la Mare, profitant de la faiblesse et de l'insouciance des abbés de St-Martin, essaya d'accroître les franchises de son église. Il cessa de partager avec St-Martin le casuel provenant des confessions entendues hors du carême, des épousailles, des messaiemenz (mariages célébrés)(1) et des extrêmes-onctions, ainsi que les legs une fois donnés et les dons à l'église faits par les héritiers des intestats. Ce n'est qu'en 1320 que le créateur du *Livre de raison* qui nous occupe, Jehan de Brécourt, nouvellement élu abbé, releva cette dérogation aux conventions antérieures et se fit rendre justice par le Grand-Vicaire. Elles furent exécutées depuis, comme le prouve ce passage du *Livre de raison* :

Recepta de Beata Maria, tam in pecunia quam in cera, anno XXXVIII.

De tronco Bte Marie vigilia Assumptionis, xviii s. *Item vigilia Nativitatis Bte Marie,* xli s. vi d. et 1 cent et 1 quarteron de cire, et valoit lores ou povoit valoir chacune lb. (livre) xviii d. p. et pour tant la vendismes nous a Lalouete. *Item in crastina die Omnium Sanctorum,* iiii lb. xv s. — *Item ex legato Johannis de Ybouvillari,* x s. — *Item ex legato uxoris Philippi de Brayo,* ix d. — *Item de sponsalibus Theobaldi de Haquevilla,* ii s. vi d. *Item die Jovis post festum Omnium Sanctorum,* vendismes Marote la Ciriere l lb. de cire, la lb. xvii d. (Fol. 9.)

---

(1) Mot omis par Ducange et Godefroy. Sa valeur est établie par un texte de 1375 cité par Godefroy (au mot *messoyer*).

Par une « cote mal taillée » bien propre à faire surgir de nouveaux discords, le partage par tiers des offrandes de cire faites « devant l'image du tronc » n'avait été stipulé en 1239 que pour un laps de quatre ans, passé lequel, le partage se ferait par moitié entre les moines et le curé. Les marguilliers ne pouvaient supporter ce dessaisissement. En 1284, ils essayèrent de réclamer le tiers d'une offrande considérable en numéraire faite sur l'autel de Notre-Dame par le Roi « causa peregrinationis ad dictam accedens ecclesiam ». Le Grand-Vicaire leur donna tort.

Ils recoururent à une autre méthode propre à réduire la part que prélevaient le curé et le couvent, sur le déchet des innombrables petits cierges qu'on laissait brûler à peu près à demi. Une supplique des moines, rédigée en 1332 et transcrite au *Livre de raison*, proteste contre leurs procédés.

Veci la supplication fete à Jehan de Cempy, baillif de Senliz pour les chandeles de Nre-Dame de Pontoise, le dimanche devant la Nativité de Nre-Dame lan mil CCCXXXII, l'assise de Pontoise séant.

A Vous, Monsieur le baillif de Senlis, supplient les religieux de St-Martin emprès Pontoise estàns en la spécial garde du Roy, et le curé de Nre-Dame de Pontoise, que come a eulz à cause de leurs dites eglises appartiennent les oblacions de cire et de chandeles venans en lad. église, plusieurs malfeteurs et leurs complices, toutes fois que li pélerin, aus veilles et aus jours de Nre-Dame et a aultres solempnités, vienent a icelle église et veulent veillier en aportant y chandeles pour offrir par devocion dedens léglise ou devant l'ymage de son portailg, prenent lesd. chandelles et les assemblent et en font torches et les gestent de nuit et ardent et detiennent en tele meniere que Dieu et Nre-Dame n'en sunt servi ne honouré, ne l'église ne li ministre qui font le divin service n'en amendent en rien; et que par tiex sacrileges et violences faiz en lad. eglise, cimetiere et portailg devant l'ymage, que li pelerin s'en retreent de leur devocion et lidit menistre domagié grandement; que il soit mandé et comis au prevost de Pontoise que tiex exces et sacrileges et extorcions il face deffendre a cri solempnel toutes fois et quantes fois *il* en sera requis... et que lesd. torches plus ne soient fetes, mès grans chandeliers soient mis devant lad. ymage et en lad. eglise pour atachier lesd. chandeles; et que ceus que il trouvera, puis led. cri, coupables et fesans le contraire, et les confortans et aidans, il punice par prise de corps et de biens, si et en tele maniere que li autre y pregnent exemple.

Presens quant elle fut baillie aud. mere par la mein dud. bailli; Mestre Gérart, Jehan de Han, clers du bailli; messire Robert de Marines, messire Pierres de Vaudempierre, messire Renaut du Perchey, messire Jehan de Vigney, messire Pierres de Temericourt, messire Pierres de la Mote; Renart, prevost de Pontoise; Flouret, son clerc; messire Martin, prestre; Remont de Jency, escuier. (*Fol. 19.*)

La mention suivante du *Livre de raison* paraît viser les suites de cette plainte :

Pour le bien de paiz et pour eschiver matiere de plait, accordé est entre lesd. partiez que les dites compositions anciennes demourront en leur vertu de point en point, que les cierges et torches qui seront offerts au tronc et au luminaire... ardront jusques a 1 pié prez du bout de dessous, et les torchez jusques a 11 piez, aincois que lesd. religieux et curé lez puissent prendre et emporter pour leur prouffit... et toutes les autres oblacions qui seront faites... appartiendront ausd. religieux.

Ainsi tout porte à croire que cette fois encore, les marguilliers eurent le dessous.

Ils revinrent à la charge en 1343. Une comtesse avait, à son passage à Notre-Dame, laissé deux torches de cire, destinées à être allumées pendant l'élévation de l'Eucharistie. L'abbaye les réclama; les marguilliers les refusèrent, alléguant l'usage précis auquel la donatrice les avait affectées. Ils protestaient en même temps contre l'enlèvement prématuré, par les représentants des moines et du curé, de grands cierges offerts par des bourgeois de Paris. L'affaire fut encore portée devant des arbitres qui s'en remirent à leur tour au Grand-Vicaire de Pontoise, maître Mathieu Boyer. Celui-ci décida que les torches de la comtesse serviraient pendant les élévations jusqu'à ce qu'elles fussent réduites à un pied de haut; alors il serait inconvenant (inhonestum) de les rallumer, et les bouts en seraient remis l'un au couvent, l'autre au presbytère. L'abbé Jehan, le curé Mathieu de La Mare, les fabriciens Guillaume Barbier, Jacques d'Ennery, Eudes de Hénonville et Eudes d'Hibouvilliers acceptèrent ce jugement. Un si grave différend avait ému toute la ville, à en juger par la quantité de témoins de tout rang énumérés au procès-verbal (1).

On est bien obligé de reconnaître que les marguilliers tenaient fort peu de compte de ces conventions amiables.

L'abbaye fut, en 1368, obligée de recourir au Parlement pour maintenir l'obligation de laisser brûler les torches et cierges offerts et de n'emporter celles-là que « quant sont arses jusques à un pié et demi près du bout de dessous, et les cierges jusques à un pié près dudit bout. » — « Néantmoins, disent les lettres royaux données à cette occasion, Huë de La Mare et Denisot du Mont, à présent prévosts marregliers de la fabrique et Jehan de Bourris et Mahiet Mouton, derrenierement prevosts et marregliers, avec les dessus nommez, contre raison ont pris et emporté le demourant de cinq cierges de cire que nostre tres cher frere le duc de Bourgoigne (2) avoit fait offrir en lad. eglise apres ce que furent ars a moitié ou environ, et appliqué au proufit de lad. fabrique là où il leur a pleu, en tourbaut et empeschant lesd. religieux et curé. »

Les lettres de Charles V permettaient aux religieux d'assigner les contrevenants « devant les gens tenant les requestes en nostre palais royal à Paris, » comme au lieu où « mieux en pourront recouvrer les parties de bon conseilg, que à Pontoise qui est de la terre de nostre tres chere dame et royne Blanche ». (*Fol. 232.*)

---

(1) Ce document, ainsi que tous ceux analysés plus haut, fait partie du fonds de St-Martin, carton 9.
(2) Philippe-le-Hardi. Il était né à Pontoise en 1341.

Le procès fut arrêté, la menace ayant porté son effet. Le *Livre de raison* contient un accord du samedi avant la Nativité 1369, où intervinrent « religieuses personnes et honnestes dant Jehan Marguerite, abbé de St-Martin, dant Jehan Hurel, prevost dud. lieu et prieur de St-Aubin de Chambly, et dant Vincent Potel, prieur de Marquemont; messire Guill. le Boucher, curé de Notre-Dame; Jacques d'Ennery, Thomas Le Charpentier, Denis du Mont et Guillaume des Vignes, prevosts et marguilliers de lad. église; honorables hommes et saiges Guillaume Biauviez, bailly de Pontoise; maistre Olivier Le Brun, dit Chanu; Andrieu Pouppart; Gieoffray de Beauveois prevost de Pontoise; maistre Jehan Néel; Simon Pavie, Jehan de Mascon, Thibault de Chavencon, Perrin Drouin, Fleuret Gaillard, Jehan du Mont, Guillaume Morel, Hue de La Mare, Jehan de Bourris, Guillaume Coldoue, parroissiens de lad. eglise, Monsr Reynaudin Gernié et autres ».

Les bases de cet accord furent que « les religieux et curé donneront aux marguilliers 36 livres de cire par an, moitié huit jours avant la Chandeleur, moitié huit jours avant la fête Notre-Dame en septembre pour estre mise et ouvrée en luminaire pour servir lad. eglise en l'honneur de la Vierge-Marie. » (1)

Cet épisode est le dernier que relate le *Livre de raison*.

Les archives de l'abbaye montrent que les difficultés reparurent à d'autres intervalles, l'autonomie paroissiale s'accusant pourtant de plus en plus.

LES DIMAGES.

Le *Livre de raison* nous a transmis plusieurs actes de délimitation des dîmages appartenant à l'abbaye. Ces documents qui prennent parfois le caractère de procès-

---

(1) Fol. 232. Une copie fautive existe aux Archives de S.-et-O. Fonds St Martin, cart. 9.

verbaux contradictoires, présentent un très réel intérêt au point de vue de l'histoire locale. Ils permettent de restituer, en les comparant aux plans d'anciens terriers ou même du cadastre, la topographie des villages d'il y a 500 ans, dont certains ont pris depuis une toute autre importance.

Telle est par exemple « la séparation du dimage de la paroisse de Nogent (la ville actuelle de l'Isle-Adam) appartenant aux religieux de St-Martin de Pontoise » au prieur de l'Isle-Adam et au curé de ladite ville ». Cet abornement circonscrit la dîme de St-Martin dans le périmètre suivant: « La rue de Louvel, le chemin du Martré (Martroy), le quarrefour en venant au grant Hormetel, le lieu dit Someville, en allant jusqu'au ru d'Orgueil, de là en venant au dessus du Tilliel, la ruelle Sancet, l'archet de l'Ille; la rue de la Follie. »

Item toutes les terres de vignes depuis le ru d'Orgueil en allant jusques au ru du Boys et retournant juques à l'Archet de l'Ille, et d'icellui archet juques a la granche dimeresse en revenant tout droit en la rue de la Follie, et d'icelle rue au clos Jehan de la Lobbe, sont de la grant disme, excepté Champ Rat, de quoy la disme est au curé.

Item toutes les terres et vignes depuis la terre de St-Ladre aboutissant aux Fourniaux juques au ru du Viveret et d'icelui ru juques à l'Ormetel Trassart, et d'icellui lieu en revenant tout le chemin de Beaumont juques à la granche dixmeresse, sont de la grant disme (1).

Et *nota* que es dimages dessusdits et es jardinages, s'il luy croist ne pois ne feves ou aultre grain, le curé ne prent riens excepté ès chaumes ou il prent le cinquiesme. Ce fut fait l'an mil IIIIe et dix le premier jour de juing, présens dampt Adam Paulmier prieur du lieu, frere Jehan de la Croix procureur, messire Pie, chapellain curé dud. Nogent... (*Fol. 210.*)

Comme exemples du développement de ce genre de documents et de la précision avec laquelle ils sont établis, nous en donnerons deux, de forme différente : la *déclara-*

---

(1) On remarquera dans ce texte les trois orthographes : *disme dixmeresse* et *dimage*.

tion des dîmes de Champagne (près Beaumont-sur-Oise) et
la *Délimitation des dîmages d'Ennery et d'Hérouville.*

DÉCLARATION DES DIMES DE CHAMPAGNE.

La déclaration des dismes que nous avons en la ville de Champaignes et au terrouer d'environ.

Premierement de tous les héritages quelconques situés et assis en lad. ville de Champaignes et au terroir d'environ qui sont ou ont esté tenus a rentes de plusieurs seigneurs, suposé qu'ilz soient acensés ou aultrement baillés, nous en avons la grant disme et la petite; c'est assavoir de tous grains, de vins, d'oisons, d'agniaulx, de veaulx et de pourceaulx; excepté les lins et les chanvres que l'église de lad. ville prent seulement (1). Et doit-on de chacun veau une maille, tant du malle que de la femelle. Excepté aussi la disme du lay qui siet es courtieulx de Neuve rue devers Beaumont, oultre un petit ru qui naist de la fontaine de Montagni; lequel ru court parmi les vignes de Genès. Les agniaulx, les oisons et pourceaulx se doivent recompter. Et se commence nre dismaige à la fontaine de Montagni... jusques a la rue de Belley en allant en la place sur voie; d'icelle place en revenant en la rue de la Croix soubz voye; de la... en descendant le long des patis de lad. ville jusques au ru qui naist de la fontaine de la Gaudine. Excepté les petis préaulx. Et oultre icelui lieu de la Gaudine (il y) a une piece de vigne au lieu dit Maheut que possessent les religieuses de l'Ostel Dieu de Pontoise, Guillemin Lucas et Guillemin du Moustier, dont nous avons la disme. D'icelle piece au long du ru de la Gaudine juques au clos Climent Raoul, au lieu dit Vaulx. D'icelle fontaine on retourne à la cave aux Benars qui siet au lieudit les Coullons...

Item un autre triege de dimage nomé les Courtieulx de Vaulx qui comence en la rue du Four en allant juques au peuple de Vaulx. Item trois pieces de terre entretenans, au lieud. les Coltures... que possessent Thibault Dare et la

---

(1) Ces dîmes étaient réservées habituellement à l'église paroissiale en vue de lui fournir la matière première des linges sacrés et des ornements d'autel.

relitte (1) Simon Cornillon... Une piece de terre... tenant à la ruelle du Petit Lay... Une piece de vigne séant en Montraignon tenant d. p. à une ruelle qui va de Vaulx a Jouy le Conte, et d. p. a la ruelle par ou l'en va de Vaulx a Boullonville... Item une pièce de vigne séant au bout de Vaulx, devant le peuple nomé le peuple de Vaulx, que possesse a present Jehan de Brecourt escuier. Item un autre petit dimage qui comence au peuple de Vaulx en venant a la granche aus Clers. Item demi arpent de vigne en la Buffée nomée la Vigne au Chapellain... tenant a maistre Jehan du Draat. Item demy arpent de terre séant en Voypillart qui est aus religieuses de St-Anthoine de Paris, tenant a Jehan de la Mare escuier. Ce fut fait l'an de grace mil IIII^c et neuf, le dimenche ixe jour de juing, presens damp Guillaume de la Croix, frere Jehen de la Croix et aultres.

(*Fol. 210.*)

DÉLIMITATION DES DIMAGES D'ENNERY ET D'HÉROUVILLE.

Come proces feust meu ou esperé à mouvoir entre les religieux abbé et couvent de St-Martin... les religieuses abbesse et couvent de Nre-Dame la Réalle dicte de Maubuisson, et noble home Robert des Essars escuier, les tous dessus només d'une part; et les chantre et chanoines de l'eglise St-Honoré a Paris, les religieux prieure et couvent de l'Ostel-Dieu de Pontoise et Pierre Cossart, escuier, démourant à Han, chacun pour telle part et portion que à l'un touche et peult toucher ; pour raison et a cause des fins, limites et divisions des dismaiges des paroisses d'Annery et d'Hérouville ; — finallement lesd. parties se sont soubzmises et rapportées a quatre personnes anciennes, c'est ass. a Pierre Le Camus aagé de LII ans ou environ, Noel de Boulticourt aagé de LXVI ans ou environ, laboureurs demt aud. Annery; Pierre de Haznon aagé de L ans ou environ, et Jehan Le Camus aagé de XL ans ou environ, laboureurs demt aud. Herouville. Lesquels ont dit... et appoincté du consentement desd. parties... que le dismaige d'Annery et Herouville se despartiront en la maniere

---

(1) On ne s'explique pas bien la préférence donnée à ce latinisme au commencement du XVe siècle, sur le mot *Veuve*, constamment usité auparavant.

qui s'enssuit : En commençant en la Vallée de Livillier entre le dismaige de Herouville et Livillier et dud. Annery, ou se mettra une bourne entre la terre de St-Aulbin et dud. Noel de Boulticourt. Et de lad. bourne sera mise une aultre bourne, au droit d'icelle, au chemin qui maine de Pontoise a Labbeville, entre la terre de Guy de Flavy sieur dud. Annery et de noble home Jaques Cossart. Et d'icelle bourne fauldra tirer le chemin de Pontoise vers led. Pontoise jusques au lieudit les Trois Buissons, auquel lieu y a deux bournes du costé devers Livillier et encore une autre bourne sur led. chemin desd. deux bournes du costé de devers Auvers. De laquelle bourne se tirera le dismaige à la Haulte Bourne assize sur le chemin de Chambly au lieudit Maulu. Et demourera au dismaige d'Annery la terre dud. Guy de Flavy sr d'Annery qui est joignant dud. chemin et bourne, en tirant tout droit à la cousture d'Estampes, appartenant à noble home maistre Charles d'Orgemont sr de Mery et de Fours en la paroisse d'Auvers. Et au regart d'une pièce de terre appt a St-Anthoine du Val le Roy prez Pontoise, la disme d'icelle terre se departira depuis le coing de la terre dud. sr d'Annery du costé devers Anvers, en alant droit à une bourne assize, fesant l'autre coing de lad. couture. De laquelle bourne on devalera au long dud. chemin en tirant vers Pontoise jusques à une bourne qui est au bout d'icelle piece de terre nomée Beauchamp Aloue faisant le département dud. Champ Aloue et dud. St-Anthoine. Lequel Champ Aloue demeure du dismaige d'Annery jusques à la Vallée de Clery qui se geste droit au Val Hermer.

Ce present traitié et accord fais es presences de reverend pere en Dieu monsr Pierre abbé de St-Martin, religieuse personne frère Christôfle Cymay procureur des religieuses de Maubuisson, Guillaume Caffin procureur dud. Des Essars de la partie du dismaige dud. Herouville ; — et maistre Gilles Vernuaillet et Jehan de Cambron procureurs et chanoines de l'église St-Honoré à Paris, et Pierre Brusel procureur desdits de l'Ostel Dieu à Pontoise. Presens ad ce reverend pere en Dieu monsr Jehan abbé de Joyenval ; messire Robert Pelerin prestre chapellain dud. Herouville, Lyenart Regnier prestre, Michiel Arnoul procureur dud. St-Martin. *(Fol. 227.)*

Le *Livre de raison* contient au sujet des dîmes, diverses autres mentions. Nous citerons :

1º L'état des dîmes d'Hérouville *(Fol. 176.)*

2° Une note sur les dîmes de Briançon et Haravilliers rédigée vers 1412 :

Le dismage de La Lere, de la paroisse de Briancon, contient VIII^{xx} arpens de terre ou environ.

Nous avons en la ville de Haraviller la moitié de toute la grant disme, le curé de lad. ville un quart, et Ollivier de Armentieres éscuier, demt à Cormeilles en Wlgesin, l'autre quart, et commence le dismage à la vallée du Bos en venant au val d'Orgueil; dud. val en montant à la Croix Royant; de lad. croix en venant à la Haye Hortier; d'icelle en remontant à la petite Croix de Touville où souloit avoir un ormetel; d'icelle petite croix... en revenant à la Haye au Barbier vers le bois de Berville.

Item, au terroir de lad. ville un fief nommé le fief de Clemontel, où nous avons la moitié de la disme et l'eglise de lad. ville l'autre. (*Fol. 212.*)

3° Une note sur la dîme du Bellay de la même époque.

« Nous avons à Belloy en Weulquessin les deux parts de la disme et le curé de lad. ville le tiers. Item nous avons deux fois le tret, et le curé une fois; et quant nous avons eu VII fois le tret, mestre Lorens Lami, seigneur de lad. ville, prent la VIIIe fois, qui eschet sur nostre part une fois en XII ans. » (*Fol. 215.*)

4° Des lettres du 18 décembre 1398, de Pierre d'Orgemont, évêque de Paris, qui avait fait aux moines « sommation de vider hors de leurs mains le fief de la quarte part des dismes de Mezieres près Vallangoujard » qu'ils avaient reçu de Mathieu de Caltot et Guillaume Pilleronce, prêtres. En vertu d'un accord d'avec le monastère, le prélat autorise les moines à conserver le fief, sous condition de lui payer une rente de 2 setiers de blé chaque année en son hostel de Pois (1) à Pontoise. (*Fol. 328.*)

La dîme d'Arronville était louée par l'abbaye à Ma-

---

(1) L'Hôtel de Poix ou d'Orgemont. Voir une notice sur cet ancien hôtel publiée par J. Depoin dans le *Bulletin de la Commission des Antiquités et des Arts de Seine-et-Oise*. Sur Pierre d'Orgemont, év. de Paris, voir l'*Histoire de Méry-sur-Oise*, par MM. le comte de Ségur-Lamoignon et J. Depoin.

thieu de Caltot « pour 80 floris d'or au royal » en 1362. (*Fol. 136*).

En 1352, une sentence du Vicaire de Pontoise constate que St-Martin a droit, conjointement avec le curé du lieu, à percevoir les dîmes de Brignencourt. (Orig. cart. 36.)

L'an 1394, le 1ᵉʳ septembre « livra et bailla noble et puissante damoiselle, madamoiselle Marguerite de Clery à Perrin Leclerc dit Cherterot, lorrain, fermier de l'abbaye au terroir d'Arronville, 60 gerbes de blé pour la dîme de sept arpens de terre assis au terroir d'Amblainville » (*Fol. 244.*)

Dans les paroisses dont les dîmes sont perçues par les moines, ils doivent, outre leur part correspondante dans la « portion congrue » du curé, fournir en nature « le pain de messe et la communion des paroissiens » en froment pur. Le fermier des revenus du monastère en 1633 est tenu de leur en livrer un setier pour cet usage.

LE FIEF BOIVIN

Pierre Boivin, héritier d'Etienne Le Chien, fourrier du roi, donna probablement son nom à ce fief, connu depuis le xviiᵉ siècle sous le nom de Marcouville.

Le *Livre de raison* contient une déclaration (sans date, avant 1404) « des héritages du fief feu Estienne Gernié appelé le fief Boyvin sur lequel les religieux de St-Martin prennent la disme de toute chose ». Parmi les tenanciers de ce fief nous citerons :

Jehan Berger, varlet de fruit du Roy, pour sa maison, jardin et lieu, assis à Pontoise en la rue de la Tonnellerie.

Colin Braque pour des terres à la *Croix Maheult* (1).

---

(1) Ces terres sont sans doute celles qui figurent au nom de Michel Abatbos dans les cens payés aux octaves St-Denis 1386 à St-Martin :

Marie et Jacques dits d'Ennery et la femme et hoirs feu Guillaume d'Ennery pour leur terre des Couldreaux. Plaisance vèuve Oudin Regnier, maignen — Fleuret Quatremains — Colin Rigaut moustardier — messire Jehan Milot prestre — Denis Paillou procureur, comme héritier de feu Jehan Paillou (1) son père. (*Fol.* 219.)

DROITS FÉODAUX

Les *hôtes* des domaines seigneuriaux civils ou monastiques, étaient primitivement des ouvriers agricoles auxquels avaient été concédé l'emplacement d'une demeure ou des terres pour leur subsistance, à charge d'une redevance en travail manuel — ces gens n'ayant aucune autre ressource. Ces redevances physiques s'appelaient *corvées*. On sait que la Révolution abolit solennellement la *corvée* comme signe d'esclavage et lui substitua la *prestation* digne d'un peuple émancipé. Mais il ne faut pas croire que les paysans du moyen âge déployassent la légendaire imbécillité dont on les a si libéralement gratifiés en se reconnaissant « corvéables à merci ». Lisez plutôt le récit de ce petit épisode fort édifiant :

Le dit jour (1er septembre 1394) fu fait commandement à Hebert Belloire et Symon Belloire, hostes à Vallengoujart, desdits religieux, par Robin Bourgette leur sergent à cause de leurs terres de La Chapelle, que il veinssent enmuler et fener leurs feins de ladite Chapelle, par corvées a quoi il sont tenus. Lesquels il respondirent que, ne pour moîzne ne pour abbé, ne pour prestre ne pour procureur, il n'i entreroient ja, et que passé sept ans a, il ont fait une procuration a eux defendre de ce, et que encore n'est elle pas faillie. Presents messire

---

« pro terra juxta *Crucem domine Mathildis*, xviii den.; pro terra *aux marischaux* juxta vicum de Cergi, xviii den. » Une rue allant du faubourg Notre-Dame vers Cergy s'appelle encore *rue des Maréchaux*. *Dame Mahaut* est peut être la veuve de Hugues II de Gisors, mère du châtelain Jehan, qui possédait tout ce quartier, appelé le *Nouveau bourg*, à la fin du XIIe siècle.

(1) Jehan Paillou paya en octobre 1386, divers cens à St-Martin : pro domo Mileti l'*Ymaigier* ii den, pro terra de Prousiaux qui fuit *au Servoizier*, xii den., etc. [Arch. de S.-et-O. Cart. 64].

Jehan leur curé, Hennin Pallin laboureur et la femme Pierre Le Sene. (*Fol. 244*.)

Cependant ces hôtes récalcitrants savaient fort bien recourir à l'abbaye pour se défendre contre les sergents du seigneur local qui les avaient surpris à méfaire et cherchait à recouvrer l'amende à laquelle ils avaient été condamnés :

L'an mil CCCXL le jour de la feste St-Jehan Bapte, nous fist amende en nre abbaie... Pierres Hubert... mere du sire de Belleincourt en la ville de Neelle, sur ce que led. Pierres avoit fait exploit (1) de justice en la meson Michiel Dufour et Jehenne sa feme, nos hostes et nos justiciables [qu'] il avoit adjourné en nre dite hostize... à Pontoise devant Guillaume Biauviés bailli de la terre du sire de Belleincourt... et sur ce que led. Pierres avoit pris et levé et emporté par exploit de justice en la meson dud. Michiel nre hoste, I serecot de pers qui estoit a la feme dud. Michiel pour une amende... et avoit mis led. serecot en garde chez Mahieu le Plastrier nre hoste.

Toutes lesqueles choses led. Pierres amenda... et fu mise au nient l'amende que led. Michiel avoit fete aud. Pierres de son consentement. Presens a cen : Jehan Dubois sergent du Roy. Symond le Diable de Vallangoujard. Geffrin de la Chapelle. Anselet le Mere de Brécourt. Symon de Haton de Courdemenche. Roullant du Cor. Dant Robert de Pontoise et dant Jehan Le Chaussier.

Et le dimanche ensuivant led. Pierres Hubert resaizit et restabli en la presence de dant Robert nostre prevost, led. serecot en la meson dud. Michiel Dufour, au lieu ou pris l'avoit, en disant et en confessant que a tort et sans cause il l'avoit pris, et que illecques il ne povoit fere explet de justice, et que a nous appartenoit. Presens a cen : Odierne la Poteniere. Martin son fiex nre sergent. Alizon sa suer. Jehennette la Poteniere. Aalis la feme Mahieu le Plastrier et Jaquet Desmarez vallet de nred. prevost. (*Fol. 40*.)

Les officiers de l'abbaye avaient, eux aussi, l'occasion d'infliger des amendes. L'abbé lui-même prenait souvent ces décisions en personne, comme juge féodal.

Le *Livre de raison* mentionne plusieurs condamnations

---

(1) On remarquera dans cette rédaction les trois orthographes successives : *exploit, explait, explet*.

de ce genre prononcées par l'abbé en 1391, contre des gens qui avaient fait un trou dans la culture de La Barre pour y prendre de la terre; en 1393, contre un habitant de Courdimanche que l'abbé et son chapelain ont surpris nanti d'une pièce de bois soustraite dans le bois des moines à Quincampoix. En 1392, on saisit des vaches qui ont envahi des prés réservés; c'est encore par une amende que se termine l'affaire. *(Fol. 255.)*

De même, en 1415, on voit Jehan de Breban, garde de la juridiction de Sognolles, condamner en 5 sous d'amende un paysan pour s'être « efforcié de oster une vache prinse en dommaige, par Richard Gerart messier oudit lieu, sur la terre de St-Martin. » (1)

Le fait de procéder à des mutations clandestines ou du moins à l'insu du seigneur, constitue un cas amendable :

L'an XXXV... nous fist Jehan de Marivaux une amende et Pierres de Henonville une autre, pour ce que il avoient changié leur mesons et leur vigne de St-Martin, qui muoient de nous, l'un à l'autre sans venir à nous, et y entrerent et labourerent sans parler à nous et venir à sezine; et fu une meson qui est à la Quarrière, et ne muet pas de nous, emploiée en ce change. *(Fol. 67.)*

Le retard dans le paiement des *cens* ou redevances féodales donne aussi lieu à des amendes. Dans chaque village où elle possède des droits de cette nature, l'Abbaye a un représentant qui les perçoit et les réunit dans une caisse spéciale appelée « bouette ».

La perception s'en fait souvent à forfait. Ainsi les recettes de la bouette de Jouy sont affirmées avec le *closier*, 16 d. au laboureur Perrin en 1350, —, « et ne prendra rien led. Perrin ès amendes qui pourront escheoir excepté les amendes de LX s. desquelles il aura la moitié. » *(Fol. 14.)*

L'abandon des terres, aussi bien que le refus de payer les droits et les amendes, pouvait amener l'éviction au

---

(1) Registre des procès. Fonds St-Martin, cart. 65.

profit d'un parent. En mai 1341, le *Livre de raison* énumère des achats de pièces de terre à divers habitants de Vallangoujard pour les portions qu'ils avaient dans le pré de La Chapelle, dont une à « Agnes, suer Guillaume Malatire : et si li quitasmes tel droit que nous povions avoir en II pièces de terre que elle avoit, pour cause d'une forfetture d'une seur ainée »(1).

PRESSOIR

L'abbaye possède à Jouy-la-Fontaine un pressoir banal. Au compte de 1490 se trouve cette mention :

« Du capitaine de Conflans, pour avoir pressoré au pressoir de Jouy-la Fontaine, 12 s. 6 den. »

Huit autres habitants acquittent aussi des droits pour le même motif; le total de ce chapitre de recettes est de 70 s. 6 den.

MOULINS

Les droits de banalité sur les moulins ont donné lieu à la transcription au *Livre de raison* de la plus ancienne pièce qui y figure rétrospectivement.

C'est une cession partielle par Gasce de Thourotte et sa femme Ameline, sans doute fille ou sœur de Gautier de Marines, du produit de ses droits sur un moulin à Pontoise.

Sciant presentes et futuri quod ego Gace de Torote consensu Ameline uxoris mee et Gace filii mei et Aaliz filie mee vendidi Micheli Messent de Pontisara dimidium modium frumenti... ad molendinum Martini tenendum... Et ego Galterius de Marines de cujus feodo illud movet plegius sum... Actum anno Dni M° ducentesimo ottavo. (*Fol. 12.*)

L'abbaye avait aussi des droits sur un moulin à Gisors. Le *Livre de raison* enregistre à la date du 22 mai 1423,

---

(1) Fol. 15. — Parmi les témoins : Jehan de Vallengoujard, Adam de Brecourt, escuiers.

un reçu donné à « noble dame Madame de Gisors, par les mains de maistre Pierre Fourmage son procureur, de 20 mines de blé pour le terme de Noël passé, que nous avons le droit de prendre chacun an sur le moulin de Gisors ».

DROITS DE CENS

Les cens ou redevances féodales affirmant le droit de seigneurie sur les héritages qui s'en trouvaient grevés, formaient une importante part de la fortune primitive de l'abbaye. Ces revenus, d'abord assez sérieux, finirent par tomber à rien par suite de la dépréciation constante de l'argent, et en raison des vicissitudes économiques et politiques par lesquelles passa le pays.

Le *Livre de raison* renferme des cueilloirs de cens : à Vallangoujard *(Fol. 28)*; à Nully *(Fol. 181)* ; (1) à St-Leu d'Esserent en 1355 *(Fol. 126)*; et dans diverses autres paroisses.

Ces cueilloirs peuvent être utilement comparés avec les terriers et censiers d'Auvers, Argenteuil, etc., du XIVe au XVIe siècle, rassemblés dans les cartons 62 et suivants du fonds St-Martin aux Archives départementales.

Une des plus importantes nomenclatures est celle des cens dus à St-Martin dans les divers quartiers de Pontoise, et s'élevant ensemble à 18 livres 10 sous. Ce document est d'un grand intérêt pour l'histoire des familles bourgeoises de cette ville, car il mentionne l'origine des cens, provenant presque tous de legs testamentaires dont les archives de l'abbaye n'ont pas conservé la trace. L'étendue et l'aridité relative d'une telle énumération nous

---

(1) Il s'agit de Neuilly-Marines. Le cueilloir se termine par cette mention : « Item pluseurs autres terres qui sont de la grant Communeté et de la petite Communeté, où nous avons la quarte partie en tous les esmolumens d'yceulx. »

dissuade pourtant de la reproduire. (1) Nous n'en donnerons que de courts extraits :

Richebourt. Sus la meson qui fut Eve feme de feu Pierre de Chambli en laquelle souloient estre *les estuves*, que tiennent les hoirs Vincent de Lagny, II s. a la St-Remi, du lès d'icelle Eve. — Sus la meson qui fut Aleaume de La Crois XVIII den. du lès Pierre Langlois, et est vendue à Guillaume Le Mareschal qui en a fait *estables à berbis*, et est jouxte avec la grant meson maistre Guillaume Le Mareschal.

— Sus la meson qui fut à la feme Richart Langlois, II s. à la Madeleine, du lès Ernoul Langlois et *François* son fiex (2).

Beata Maria. — Sus la meson du Chapellain de la seconde messe, devant la porte de la Meson Dieu en la rue de la Flache (3) II s. VI den. à la St-Remi, du lès Aalis de Belléglise (4). Item II s. VI den. sus icelle meson, du lès Pierre de Belléglise.

St-Andrieu. — Sus la meson qui fut Michiel de Conflans, aux degrés St-Andrieu, XII den. à Pasques, du lès de la fille Jehan de Berchié bailly.

Parmi les donateurs : Aalis jadis femme Raoul Messent, — Pierre fils Agnès de La Fontaine, — Pierre de La Villeneuve et Emeline sa femme, — Jacqueline femme Guillaume Langlois foulon, — Juliane jadis femme Raoul de l'Aumosne.

Parmi les détenteurs de maisons : Nicolas de Chavençon fils d'Etienne, — Robert Quatre-lunettes, — Jehan de Bourris, — le maître de l'œuvre (de Notre-Dame), etc. (*Fol. 147-148.*)

La guerre de Cent Ans détruisit le quartier de St-Martin et fit perdre à l'abbaye la plupart de ses droits. Les

---

(1) Les rues ou quartiers mentionnés sont au nombre de dix-sept : La Foullerie, — St-Martin, — Richebourc, — la Quarriere, — la Flache, — « Merciers en Richebourc ou demeure Marie la Picarde » — *Beata Maria*, — Bart, — Martroy, — Vivier, — Valgerout, — St-Andrieu, — St-Maclou, — la rue au Prestre, — la Petite Rue, — la rue Raoul de Laumosne, — les Poullies.

(2) A signaler ce prénom, rarissime dans le Vexin au XIVe siècle.

(3) Cette mention relative au petit hôpital du quartier Notre-Dame, est la dernière que nous ayons relevée sur cet établissement détruit au début du XVe siècle.

(4) On trouve dans une liste de cens payés à St-Martin aux octaves St-Denis 1386 : « Prepositi ecclesie Bte Marie de Pontisara pro granchia ante ecclesiam Bte Marie predicte, XVI s. — Pro platea

comptes du temps de Charles VIII ne parlent plus à Pontoise que d'un petit fief, le fief de Rieu, dont les chef-cens se payaient « sur la pierre Guillot Le Mercier, en la rue de la Coustellerie », — c'est-à-dire que les débiteurs de ces cens, tous du quartier, venaient les régler à jour dit entre les mains d'un receveur assis sur le banc de pierre situé devant la porte de l'hôtel, siège du fief (1).

Le *Livre de raison* renferme un grand nombre de copies de quittances données pour l'acquit des droits féodaux — rentes, cens et dîmes — au cours de la seconde moitié du XIVe siècle.

Nous allons les énumérer sommairement :

(*Fol. 159*) : (1) de 15 setiers de blé et 3 d'avoine sur la grange dîmeresse de St-Jean de Jérusalem à Ivry (le Temple), en 1355 ;

(2) de 6 set. de blé sur la grange champtiéresse de noble homme et puissant messire Philippe de Lusarches chevalier à Méru ;

(3) de 12 set. de blé sur la grange de l'Hôtel Dieu de Pontoise à Champainnes (Champagne) ;

(4) de 2 muids de seigle sur la grange de St-Denys à Han (Ham près Cergy) ;

(5) de 16 s. p. de rente des seigneurs de Villette ;

---

ante dictam ecclesiam, II s. — Pro domo in qua moratur magister operis dicte ecclesie, IIII den. ob. — Pro domo à la Lamberde, III den. — Pro jardino et pertinenciis juxta jardinum dicti magistri operis, qui fuit Aalis de Belléglise, XVII den. »
Cette Aalis de Belléglise est très vraisemblablement la parente de Lécelin, abbé de St-Martin en 1161 (*Cartulaire*, note 377).

(1) En 1476, ces cens rapportaient ensemble 25 s. 9 d. dont 5 s. payés par la veuve Guillot Le Mercier et ses enfants, qui habitaient l'ancien hôtel de Rieu. Parmi les maisons comprises dans ce fief, se trouvaient alors celle de « maistre Jehan Fermin » (maître des écoles de Notre-Dame) et celle de « maistre Jehan de Marly, prestre », devant l'une 12 deniers et l'autre 3 sous.
Le fief de Rieu, ainsi que la moitié des grosses dîmes d'Hérouville, furent amortis sous Louis XI par lettres patentes d'août 1465 adressées par ce prince à ses « bons amis » les religieux de St-Martin (Pihan de la Forest).

(6) de 4 s. de rente sur les cens de Espineulg qui furent Gerbaut de la Fonteine;

(7) de 10 s. de rente « le jour de feste Saint-Cristofle à Gisors en et sus les fours de ladite ville qui appartiennent à present à messire Henry de Ferrieres chevalier, en 1355 ;

(8) de 5 milles de hareng au Tréport, legs de Jean, comte d'Eu ;

(*Fol. 160*) (9) de noble et puissant seigneur monsieur Pierre d'Osmont chevalier, chambellenc du Roy, par les mains de Guernot le Riche, son procureur, pour 20 s. p. de rente sur les cens de Brignencourt;

(10) De 27 set. de blé sur le quart de la grant disme de Maubuisson à Hérouville (12 fév. 1390);

(11) de honorable homme et sage Gaultier Petit guernetier pour le roy à Pontoise, pour 3 mines de sel de revenu sur le travers du pont (22 juin 1391);

(12) de 3 set. de rente à Ony dus par Jehan de Valliquerville à cause de sa femme ;

(13) de Colin Bracque pour 7 set. de blé sur le moulin de Coussac en la rue de la Barre;

(14) de 1 set. de blé et 1 d'avoine dus par noble homme Regnault de Hellé escuier sus la granche d'Espiez ;

(15) de noble homme Philippot de l'Isle escuier, pour 15 set. de blé et 3 d'avoine « sus la granche dysmeresche d'Ivry-le-Temple »;

(16) du même pour 3 mines de blé « sus la granche dysmeresche de Frouville »;

(17) de noble homme Hutin de Sarqueuse escuier pour 19 set. de blé et 19 d'avoine sus la disme de Marquemont (20 fév. 1391 — 1392 n. st.)

(18) de noble dame madame Guillemette de Touffrescalle, jadis feme de feu messire Guy de Triengnel, par la main de Philippot de l'Isle escuyer, pour 7 setiers et 1 mine de blé sur la granche dimeresche d'Ivry-le-Temple (12 fév. 1390 — 1391 n. st.);

(19) de noble homme Huguenin Thevenon, escuier seigneur de Villette, pour 16 s. p. de rente le lendemain de St-Remi sur les cens de la ville de Villette;

(20) de noble homme Oudart de Venderès, pour 4 set. de blé et 1 d'avoine à Livillier sur la grange dud. Oudart « que l'en soulloit appeller la granche au visconte de Mesy »;

(21) de noble h. Jehan de Brescourt, escuier, pour 3 set. et 1 mine de blé « en la grante disme de Hérouville »;

(22) de Pierre Touppet, bourgeois de Pontoise, de 9 set. et 1 mine de blé sur sa part de la même dîme (8 novembre 1392);

(23) de 60 s. p. de rente du prieur de St-Leonore de Beaumont (11 novembre 1393);

(24) de 30 s. de rente reçus de Gieffroy du Boulay, garde du travers au peage de Franconville « du don et aumosne de feu des hoirs de Montmorency que Dieu absoille (*sic*) » ;

(25) de 1 muy de grains [dû] par le chapitre de St-Pierre de Beauvois;

(26) des religieux de Royalmont, par dampt Jehan garde et gouverneur de leur hostel de Belle église, pour 12 set. de blé de moulture;

(27) de Jehanne L'Aignellette, bourgeoise de Paris, pour 3 set. de blé sur la part de la dîme d'Eaubonne ;

(28) de Ancel de Brecourt, escuier, par les mains de honorable homme et saige Simon des Haies prevost de Pontoise, pour 5 francs d'or, montant d'arrérages de rentes dues à Livilliers (14 janvier 1367). (1)

Voici une dernière quittance non datée, que nous reproduisons pour donner un spécimen des formules employées:

« Sachent tous que nous avons eu et receu de noble dame et puissant Mahaut de Sevre femme de feu noble homme et puissant messire Regnault de Sevre chevalier, VIII setiers de vin que nous avons et prenons chascun an en ce temps de vendanges sur l'ostel et appartenances que lad. dame a à Lieux appelé l'ostel du Pré. » (XIVᵉ s.)

Les cens se payaient à Pontoise, les uns à deux termes : la St-Gautier et la St-Remi ; les autres à quatre termes : Noël, Pâques, St-Jean-Baptiste et St-Remi (*Fol. 169*).

Voici les recettes énumérées en 1490 du chef des droits féodaux :

Recette des ventes et saisines. De Yvonne de Nylly damoiselle

---

(1) Ancel de Brécourt, neveu de l'abbé Jehan I, était alors sur le chemin de la ruine. Le *Livre de raison* fait mention d'un accord conclu en 1370 avec Oudinet de Venderez qui avait eu la terre d'Ancel de Brécourt par décret, pour les redevances en grains dues à l'abbaye (*Fol. 162*).

pour une maison en la Foulerie (faubourg Notre-Dame) 15 s. ts. — De Huguet Robequin gantier, pour une maison rue de la Flache (même quartier) 18 s. 9 d.

(*Dîmes*). De Jehan de Bantelu escuier, Jehan Phelein et Guillon Allere demts aud. lieu pour les grosses dixmes dud. lieu (de Bantelu), 6 muids de grain (1).

— De Pierre de Poissy escuier, seigneur de Clery pour la moitié des grosses dixmes dud. lieu, avec 8 setiers de rente que lad. abbaye a droit de prendre sur sa moitié par acquisition faite, dont il a été et est encore fermier au nom de lad. abbaye, a été reçu pour cette année 29 setiers de grain, deux parts blé et le tiers avoine.

CHARGES FÉODALES. — LE BESANT DE SAINT-DENIS

Le système féodal comportait un échange de services dus par le fait même de la possession des biens qui en étaient grevés. C'est ainsi que de puissants seigneurs et des princes devaient des charges en nature ou en espèces à de beaucoup moindres personnages qu'eux. Parmi les cens reçus par l'abbaye en octobre 1386, on voit figurer au milieu d'une foule de petites gens « *Domina Blancha regina*, pro domo et curia en Bicherel, qui fuit Ramboudi Berart, VI den. ». La reine Blanche, veuve de Philippe de Valois et dame de Pontoise, ayant acquis une maison chargée d'un cens, devait l'acquitter aussi bien que le dernier roturier.

Les monastères, dans leurs relations temporelles, n'échappaient pas à ces charges féodales. C'est ainsi que Saint-Denis avait hérité d'un *besant d'or*, retenu en témoignage de souveraineté, sur des biens légués à Saint-Martin, sur la fin du XII⁰ siècle, au terroir de Chars (2).

(1) L'état des charges en 1633 porte : « Au curé de Banthelu 150 liv. suivant l'augmentation faite avec lui, en conséquence de l'arrêt par lui obtenu. »
(2) Accord entre Guillaume abbé de Saint-Denis et Geoffroi, abbé de Saint-Martin, en 1177 : « *retento bisancio nobis reddendo*, dit le premier, *in octabis Bti Dionysii in recognitione dominii nostri* ». *Cartulaire*, CLXXXVII).

Au XIV° siècle, on n'était pas beaucoup mieux fixé, car les moines de Saint-Martin prétendaient représenter le besant par une cruzade, et ceux de Saint-Denis ne voulaient pas entendre parler de cet équivalent.

Chers. — L'an de grace mil CCC XXVIII le jour des octaves de feste St-Denis porta Simon Buiron en l'abbaie de St-Denis 1 besant d'or que l'on apele Crousat que nous j devons au jour dessusdit et le presenta et offri a paier souffisamment au commandeur qui lors estoit, lequel besant fu refusé à prendre.

(Fol. 8.)

L'année suivante, on envoie porter 2 besants qui sont refusés.

Au XV° siècle, on s'était mis d'accord sur la valeur fictive de cette antique monnaie. On trouve au compte de 1490 : « Pour rente deuë à Saint-Denis pour certains heritages, un besant d'or de la valeur et estimation de 24 sols parisis ; pour ce, 30 sols tournois. »

La rente se payait encore en 1633, bien qu'on eût perdu le sens du terme ancien : « A l'abbé de Saint-Denis en France pour la redevance d'un *pesan* d'or, 30 sols payables au fermier de Cergy. »

Au même état de charges figure une autre redevance féodale : « Aux dames religieuses de Chelles 50 sols pour droits seigneuriaux à elles dus à cause de la terre de Livilliers. »

LE DROIT DE CHASSE

Il peut paraître assez surprenant, de nos jours, que des moines aient, non seulement défendu jalousement, à l'égal de leurs autres prérogatives seigneuriales, *les droits de chasse* leur appartenant sur divers territoires, mais les aient personnellement exercés et aient entretenu des garennes pour leur propre usage.

Cela résulte cependant de textes des derniers temps du XIII° siècle et du milieu du XIV° siècle, qui nous ont paru présenter assez d'intérêt pour être reproduits, étant contemporains du *Livre de Raison*.

Les religieux avaient une garenne à Ham, dans la paroisse de Cergy. En 1347, « frère Jacques par la grace de Dieu humble abbé », rachète une rente de 60 sous, consentie à Raoul Rousselet de Ham, sur une pièce de pré en la garenne de Ham, par frère Jehan de Brécourt, naguère abbé (1).

Mais une autre, qui paraît avoir été bien plus importante, située à La Chapelle, paroisse de Vallangoujard, dépendait d'une ferme considérable qui provenait de libéralités remontant au temps de saint Gautier (2).

Du vivant même de saint Louis et de l'archevêque réformateur Eudes Rigaud, les moines avaient établi dans ce territoire une garenne, dont un cadet de la maison de l'Isle-Adam, Adenet, seigneur de Bellincourt (3), essaya de s'emparer, soutenu qu'il était par son oncle, Jehan de l'Isle. Ce qu'il importe de remarquer, c'est que le procès, commencé par les religieux pour défendre leurs droits, fut entamé par Gautier II de Sérifontaine, abbé auquel le roi et l'archevêque venaient de donner un témoignage non équivoque de leur sympathie en se trouvant ensemble à Saint-Martin dans l'été de 1265.

Au Parlement de l'octave de la Toussaint 1268, un arrêt fut rendu retenant à la Cour du roi, malgré les réclamations de messire Jehan de l'Isle, un procès entre l'abbé de Saint-Martin et Adenet de l'Isle, écuyer (4).

A la suite de cette décision, un asseurement fut donné par Adenet de l'Isle à l'abbé de Saint-Martin de Pontoise, et à Gace d'Outrevoisin, chevalier, et réciproquement (5).

---

(1) D. Estiennot, l. III, xix, 1.
(2) Dans les dernières années du XI° siècle. Voir *Cartulaire*, n° XIX.
(3) Aujourd'hui Balincourt, château dépendant de la commune d'Arronville.
(4) *Olim*, I, fol. 165.
(5) *Olim*, I, fol. 165. — Outrevoisin était un fief de la seigneurie d'Amblainville.

Au Parlement de la Pentecôte 1270 intervient un second arrêt provisoire, défendant à Adenet de l'Isle de chasser sur les terres de l'abbaye de Saint-Martin, dans lesquelles il prétendait avoir droit de garenne, pendant que s'instruira le procès mû à ce sujet entre lui et ladite abbaye (1).

Ces mesures préparatoires sont suivies d'un arrêt définitif, rendu au Parlement de la Chandeleur 1271, n. st. reconnaissant que l'abbé de Saint-Martin de Pontoise a basse justice à La Chapelle et droit de chasse (2).

Voici les principales dispositions de ce document, qui enregistre la preuve, administrée par témoins, que les moines chassaient à cor et à cri, avec des chiens, dans leurs bois de La Chapelle.

Cum esset contentio inter abbatem et conventum Sti-Martini de Pontisara ex una parte, et Adenetum de Insula armigerum ex altera, super garenna quam dictus Adam dicebat se habere in terris, ortis et vineis dictorum abbatis et conventus apud *Capellam*, et super justicia habenda in eisd. locis, inventum est per testes quod *monachi et plures alii indistincte chaciaverint in locis predictis, cum Cornu, Clamore et Canibus,* usque ad motam contentionem. Ex parte dicti Ade non est probatum quod habeat illi garennam. Item probatum est ex parte dictorum abbatis et conventus quod habent ibi bassam justiciam. Et ideo pronunciatum est dictum Adenetum non habere in dictis terris garennam... Bassa justicia remanebit abbati et hospitibus eorum apud Capellam. Et ordinatum est quod dictus Adam emendabit Abbati, quod cepit unum servientem dicti abbatis in quadam vinea dicti loci et tenuit eum in prisione per dies aliquot, occasione garenne... Actum Parisius in Parlamento nostro Candelose, anno Dni M° CC° septuagesimo.

Au Parlement de la Pentecôte de la même année intervient un quatrième arrêt confirmant les défenses faites à Adenet de l'Isle, écuyer, d'exercer le droit de garenne

---

(1) *Olim*, I, fol. 178.
(2) A. N. D 25. Boutaric, *Actes du Parl. de Paris*, t. I, pag. 321. — *Olim*, éd. Beugnot, I, 368. Orig. avec sceau royal, Arch. de S. et O. Fonds Saint-Martin, cart. 13.

dans les terres de l'abbaye de Pontoise, à La Chapelle, où celle-ci possède la basse justice, et le condamnant à amender les mauvais traitements faits par ses gens aux serviteurs de l'abbé, notamment à un moine à qui on avait coupé une oreille (1).

Un tel acte de sauvagerie révèle toute la férocité avec laquelle on défendait alors les privilèges découlant du droit souverain de propriété.

Le cas des moines de Saint-Martin n'était nullement isolé. Leurs voisins du grand moûtier dionysien avaient aux portes de Pontoise, à Auvers, une garenne abondamment fournie de gibier de poil et de plume.

L'accord suivant, que nous avons relevé dans un des Cartulaires de Saint-Denis, conclu en novembre 1288 entre l'abbé du royal monastère et le sire de l'Isle-Adam, Anseau IV, ne laisse aucun doute sur la généralité de l'usage que nous avons constaté à la même époque à Saint-Martin.

A tous... je Ansiaus sires de l'Isle-Aden chevaliers et je Ysabel fame dudit Seigneur : Come contens feust entre nous d'une part et religieus homes et honestes l'abé et le couvent de St-Denis... sur ce que nous disions que nous poions et devions de nostre droit chacier, faire chacier et prendre connins, lievres, goupiz, perdriz et autres bestes et oysiaux par toute leur garenne et le terroir de Auvers delez Pontoise, lesdis religieus affermant le contrere... a la parfin du conseil de bones gens... leur quitons et ottroions des maintenant tout le droit l'action et la seignorie que nous avions en lad. garenne .. Nous leur quittons (aussi) un setier d'avoine, trois gelines et cinc grans gastiaus, lesquels lesd. rel. estoient tenuz a poier nous chascun an a certains termes pour les aisemens de leur moulin a Auvers qui est sis delez Vaumondois... Nous voulons qu'ils puissent prendre terre, gasons et pierres pour rapareiller

---

(1) *Olim*, I, fol. 71.

les escluses dudit moulin et la voie par ou lon va communément a ice moulin de la ville d'Auvers... prometons que nous ne destornerons li eaue qui court audit moulin... Nous leur delessons dix et sept arpens de terre en leur censive... pour trois cens livres parisis... que nous avons receuz en bon pecune... L'an de grace mille deus cens quatre vins et huit au mois de novembre. (*A. N. LL 1157, fol. 920.*)

On a peine à s'imaginer l'effarement où de tels épisodes plongeaient les austères jansénistes de la fin du siècle dernier. Témoin les réflexions amères de l'un d'eux :

L'exercice de la chasse que l'Eglise a interdit de tous les temps à ses ministres, comme indécent à leur état et comme exposant à une dissipation inalliable avec la gravité de leurs fonctions, est encor plus strictement défendu aux religieux qui ont renoncé plus spécialement au siècle. Quelle idée présente à l'esprit un moine parcourant, les armes à la main, les bois et les campagnes ?... Qui peut retenir ses ris à la vue d'un homme *en robe longue*, le *capuce* en tête, le corps *ceint d'une courroie*, avec un *carquois* sur le dos, un *arc*, des *flèches*, un *javelot* en main ou bien surchargé d'une *gibecière*, d'une *carnassière* et d'un *fusil* ?... (1) L'abbé Gautier II fit une faute grave en tolérant cet abus chez ses religieux ; aussi lui reproche-t-on d'avoir été plus attentif à l'accroissement des biens temporels de sa communauté, que des spirituels (2).

Quatre-vingts ans plus tard, les moines avaient à subir un nouvel attentat des seigneurs de Balincourt, arrière-neveux d'Adenet de l'Isle. La répression en fut poursuivie, cette fois, devant le prévôt de Pontoise. Les Archives de

---

(1) Il faut admirer l'à-propos avec lequel ces diverses descriptions peuvent s'appliquer à un bénédictin chassant le lapin en 1270.
(2) Pihan de la Forest, *Hist. manuscrite de Saint-Martin*, p. 43.
— L'abbé Gautier II, élu en 1263, abdiqua, après une courte prélature, en 1274.

l'abbaye nous ont conservé le jugement rendu par ce magistrat le 14 mai 1352 :

L'an de grace mil trois cens cinquante et deux, le lundy xiiii*e* jour de may, es plais tenus à Pontoise par nous Godin Godart prevost dud. lieu, sur ce que les religieux, abbé et couvent de St-Martin-lez-Pontoise, se estoient complainz de nous en cas de nouvelleté, contre messire Adam Le Brun, chevallier, et Guillemin Le Brun, son frere, enfans de feu messire Jehan Le Brun chevalier, pour cause que en un cloz estant au dessus de la mason desd. relig^x a La Chapelle lez Vallangouiart prez de la garenne de Belleincourt, duquel cloz avoir et tenir cloz et fermé de murs et potis à clef il disoient estre en saisine et possession seulz et pour le tout, de y avoir connins, les chacier, prendre et apliquer a leur proufit, yceux freres, leurs vallez ou gens estoient venus et deppecié le mur dud. clos en partie, et par la breche ou trou entré dedans icelui clos, mové leurs chiens, chacié ausd. connins, eux et leur mesniée, en maintenant led. clos estre de la garenne de Belleincourt... ; pour ce que dit est eussions fait adjourner lesd. freres par Symon des Pallefroiz sergent de Monsieur le Roy de Navarre en la prevosté de Pontoise, en leur hostel de Belleincourt, et a Labbeville en l'ostel de Regnaut de Villebon escuier leur procureur...; et dabondant furent adjournez par certain sergant de Neaufle en leur hostel de la Granche du Bois de l'autorité et command^t du bailli de Neaufle; et en leur hostel de Nainville par certain sergant de la visconté de Gisors, de l'autorité du visconte de Gisors.... Auquel adjournement comparut dant Jehan de la Villeneuve moine et procureur desd. religieux... lesquelz freres ne vinrent ne envoierent mais feurent defaillans. ... Condampnons lesd. freres a repparer et mettre led. mur en tel et si suffisant estat come il estoit avant, à cesser lesd. troubles et empeschemens et nouvelleté, a amender icelle à mond. seigneur... et aux despens (1).

Au xv*e* siècle, les mœurs s'étaient modifiées. Les religieux ne chassaient plus. La meilleure preuve est qu'ils achetaient des lapins au lieu d'en tuer dans leurs garennes.

---

(1) Orig. Fonds Saint-Martin, Cart. 13. — D. Estiennot, t. I, cap. xxv, cite deux accords de 1356 et 1357 entre Saint-Martin et Anseau Le Brun, seigneur de Nesle, au sujet des hôtes de l'abbaye à Nesle.

Le prix en était d'ailleurs très abordable. Le compte de 1486 mentionne au 25 janvier : « Une pere de cognins pour Monsieur l'Abbé, 3 sous parisis. »

IMMUNITÉS

LE ROI EXEMPTE L'ABBAYE DE DROITS FISCAUX

(2 Janvier 1345.)

Philippes par la grace de Dieu Roys de France. Aus deputez sus les finances des acquez fais par gens d'eglise et nonobles (non nobles) au bailliage de *Senlis* salut. Les religieux, abbé et couvent de *Saint Martin les Pontoise* se sont doluz a nous que contre la teneur de certains privileges a eulz octroiez par nos predecesseurs Roys de France, vous les contraigniez a paier finance en leur grief et domage si come ils dient.

Pourquoi nous vous mandons que leurs privileges a eulz ottroiez comedit est, desquiex il vous apperra, vous leur teniez et gardiez, faciez tenir a garder sans enfraindre, et ce qui seroit fait au contraire remettiez au premier et deu estat, par quoi il n'en retournent plaintifs pardevers nous. Donné à Paris le 11ᵉ jour de janvier lan de grace mil CCC quarante et quatre.

Par le Roy,
P. Daunoy.

(Orig. avec sceau en partie brisé. A. D. cart. 1.)

DROITS JUDICIAIRES

RECONNAISSANCE DE DROITS ET FRANCHISES

Jugement rendu « entre fr. Macy du Val de Joy prieur de Taverny, et Jehan de la Fontaine, baillif de Taverny pour Monsieur Guillaume de Rochefort chevalier, pour cause du douarre de Madᵉ Jehanne de Calletot sa fᵉ, fame jadis de feu Monsieur Jehan sire de Montmorency, le prieur soutenant que tout le pourpris de son prieuré était franc de toute justice et que le baillif la veille de la my aoust 1336 avoit fait crier en plain quarrefour que nul sous peine de l'amende jusques à la quinzaine ne vendist vin, pour ce que led. baillif entendoit à faire vendre le ban ; auquel cri et defense led. prieur ne se seroit opposé en riens ; et que le jour de la d^e my aoust après disner il estoit venu à la congnoissance du baillif que led. prieur faisoit vendre du vin en sa maison, celeement et a taverne ; et pour ce avoit envoyé led. baillif certains sergents audit hostel qui la avoient trouvé aucunes personnes a qui la chambriere dudit prieur avoit trait vin, et vendu... que pour cause de ce lesdis sergens avoient prins lad. chambriere laquelle sans appeler garant, et confessant quelle avoit tort de ce fere, avoit amendé ce que fait en avoit, et avoit ésté l'amende tauxée a 60 solz ; que assez tost apres estoit venu le prieur a grant compagnie et foison de moines armez, lequel avoit dis qu'il vendroit vin à taverne en alant contre la defense dud. seigneur...

Le jugement, rendu en 1337, reconnaît les droits du prieur.

(Cart. 47.)

Cart. 22, 11 mars 1387 (88 n. st.), lettres de Pierres de Vé advocat au Parlement, bailli de Pontoise pour Mad. la reine Blanche, reconnaissant le droit de justice de St-Martin en la Villeneufve St-Martin.

(Sceau de cire rouge, parti au 1. de France, au 2. écartelé en chef de Navarre et en pointe de France à la bande de gueules.)

PROCÈS CONTRE UN BLASPHÉMATEUR A VALLANGOUJARD

(29 Août 1371.)

A tous justiciers ou a leurs lieutenans auquel ces lettres venront, Thibaut de Chavencon guardé de la juridiction de Messieurs les religieux de S. Martin lès P. salut et dilection. Come Jehan le Provost, dem^t à la Chappelle lès Vallangoujart, soit detenu prisonnier es prisons de mesdis seigneurs à la Chappelle pour occasion et cause davoir juré le villain serement ou dit blaffeme de Dieu... affin d'estre pugni selon la qualité du meffait, lequel fait ledit prisonnier a nyé absolument a fin d'absolucion... pour ce le procureur desd. religieux nous a requis que nous feissions adjourner aucuns tesmoins, ce que nous ne povons fere sans vostre aide pour ce qu'il sont demourans en la jurisdiction d'aucun de vous. Pour quoy vous supplions et requerons en aide de droit de par led. Seigneur, que toutes les personnes dont vous serez requis par le porteur de ces lettres, vous veilliez fere adjourner devant nous au lieu de lad. Chappelle a mardi prochain venant, à heure de relevée, et que justice puisse estre acomplie. Donné sous nostre scel le vendredi XXIX° jour d'aoust l'an mil CCCLXXI.

OFFICIERS DE JUSTICE

Pour exercer ses droits, l'abbaye est représentée par des officiers de justice qu'elle délègue. Ce sont des *prévôts, procureurs* ou *gardes de justice,* et des *messiers* ou gardes-champêtres.

Le représentant de l'abbaye, à Argenteuil, où elle possédait des domaines et des droits seigneuriaux lui venant de la famille de Bantelu, porte simplement le titre de *procureur* dans un acte de nomination, de 1362, où ses attributions sont énumérées :

A tous ceux qui ces présentes lettres veiront, frère Jehan humble abbé de l'eglise de Saint-Martin emprès Pontoise et tout le couvent de ce mesme lieu, salut en Notre Seigneur. Savoir faisons que nous, et ou nom de nous, et pour nredite eglise, avons fait et establi, faisons et establissons notre procureur general, certain, establi, et messagé especial, Regnaut le Brebençon, portant ces lettres. Auquel nre procureur, nous donnons povoir, auttorité et mandement especial de tenir et exercer notre court et juridicion que nous avons en la ville de Argentueily et es appartenances d'icelle; de requerir nos hostes, homes et justiciables en toutes cours et par devant tous juges, tant d'eglise come de siècle, d'estre pour nous en jugement et dehors, de pledoier et procurer pour nous en toutes choses touchans office de procureur, et de fere tout autant en toutes les choses dessus dites come nous mesmes ce fere pourrions, se presens y estions, ja soit ce qu'elles requeissent mandement especial. Et prometons en bone foy a tenir et a avoir ferme et estable tout ce qui, par nre dit procureur sera fait et procuré des choses dessus dites pour nous et en nre nom et de nredite eglise, et de paier le jugé se mestier est. En tesmoing de ce nous avons mis en ces lettres nos seaulx desquiex nous usons en tele chose, l'an MCCCLXII, le (en blanc). *(Fol. 142.)*

Dans son domaine de La Buhotière, au diocèse de Meaux, l'abbaye délègue un *garde de justice* :

Plais tenus à la Buhostière par nous Pierre Biauvillain garde de la justice dudit lieu de messires les religieux... de Saint-Martin... le dim. après la Saint-Martin d'esté l'an mil CCCLXXIX contre Pierre des Quesnez, picart, pour cause de une alne que il avoit seignée aus armes et escusson de monsieur Philipe de Savoisy, chevalier, pour ce que il a juré que onques n'en usa en sa terre ou justice dudit lieu de la Bostière, ne ot volonté du fait, mais l'a pruise pour en user en la justice de Biaumarchez dont il est sergent, oy sur ce son serment... a esté mis hors de cause...

Fu comandé et enjoint en plains plais aus dessus dits et autres qui estoient, que il relevassent les fossez et ostassent ce qui empesche les chemins, dedens la Saint-Leu et Saint-Gille prouchain, sur peine d'amende.

Item leur feu comandé que il ne mesurassent ne usassent a mesures soit de blef, grain, vin, aulne ne autres quelconques, mais que aux mesures et a l'estalon que lesd. religieus ont à lad. Bostière sur peine de grosse amende.

Item leu feu signifié que il avoit torel bautier à lad. Bostière, en l'ostel desd. religieus, lequel estoit bautier et pour tel le tenoient ; et pour ce leur feu deffendu à peine de grosse amende que il ne lui meffeissent ou feissent meffere mais le laissassent aler en la manière acoustumée. (*Fol. 127.*)

Enfin voici une mention que nous signalons aux apôtres du féminisme. Il est bien difficile de l'interpréter autrement que dans le sens du maintien, dans la charge de son mari, d'une veuve de prévôt rural :

L'an de grace mil CCC XXXII le dimenche veille Saint-Pere à la chaire, toutes choses contées entre nous et la feme feu Jehan Loche de Riart nostre prevoste, nous dut ladite prevoste XIII s. pour tous arrerages ; et nous li devrons a la feste Saint Jehan Decollace prouchaine venant xv s. pour aux que elle (doit) nous querir et livrer jusques là. — Item elle a depuis ce compte fet, eu notre fiens du coulombier de La Chapelle. *Item habuit* III mines de blé de xv s. *traditas* aus ermites, *quando filius suus factus fuit Cordelarius, die Jovis post Letare Jerusalem, anno XXXV°.* (Fol. 56.)

MESSIERS

Le *Livre de Raison* signale la présence de messiers de l'abbaye sur les terroirs de Ham (Cergy) et de Pontoise.

L'an de grace mil CCC LII le dimenche après le ottave de la feste aus apostre Saint-Pere et Saint-Pol, fit Jehan Saradin de Han qui lores estoit establi messier de Han, serement à Mons. l'abbé de garder bien et loialment nos prés et nos gaignassez qui sont en la garenne de Han. A ce faire presens oudart Manterre, Henry Gerat, maistre Michiel curé de Guyry, dant Jehan Horel moigne de Saint-Martin. (Fol. 56.)

Un serment semblable est prêté en 1406 par Denisot Le Velu, en présence de « Pierre La Croix de Cergy et son fils ; Richart de Bray masson ; dampt Guillaume de La Croix et plusieurs autres ». (Fol. 55.)

Dès 1337, Raoul Roussel, établi messier de Han, prêtait serment devant « dant Thibaut et dant Jaques, moignes de Saint-Martin », et, dans les villages éloignés, le messier, qui s'appelle aussi *sergent*, prête serment devant le garde de la justice religieuse :

« Le samedi 4 mai 1415, Jehan du Brueil, dem. à Menouville, fist le serment pour estre sergant ou messier au lieu de La Chapelle, en tel cas accoustumé, en la main de maistre Jehan de Breban, licencié en loix, garde d'icelle juridiction de La Chapelle pour les religieux de Saint-Martin » (1).

A Pontoise, le territoire appartenant à l'abbaye se trouvait entouré par celui de la ville, où le messier de la commune devait exercer sa surveillance. Des conflits vinrent à surgir entre les représentants des juridictions monastique et municipale. Pour y parer, à l'avenir, l'abbé Jacques fit, avec l'autorité communale, l'arrangement suivant :

---

(1) Registre des procès. Fonds Saint-Martin, Cart. 65.

Seur ce dont contens est, en cas de nouvelleté, entre les religieux, d'une part, et les maire, pairs et jurez de la commune de la ville de Pontoise, d'autre part; lesdites parties, se il plaist au Roy nostre Sire, ont accordé ce qui s'ensuit — C'est assavoir que le messier de lad. ville de Pontoise, en absence ou presence du messier desd. religieux, treuve personez, bestez ou oysiaux faisant domage au fons et es fruis des vignez, quarrierez et terrez gaagnablez que lesd. religieux ont en demaine hors de l'enclos de lad. eglise, et en cellez li sont tenusz de eulz es mettez de lad. commune. Il les pourra prendre et admener ausd. mere et pere et en leur prison, et en auront lesd. maire et pers la congnoissance, la jurisdicion et l'amende; feust orez que les deux messiers feussent concurrens ensemble, et que le messier desd. religieux y meist premier la main. Mais se le messier desd. religieux, en l'absence du messier de lad. ville, ou dit demaine seulement, treuve personez, bestez ou oysiaux faisant domage, il les pourra prendre et admener ausd. religieux en leur d. église, et ausd. religieux en demourra la congnoissance, la jurisdicion et l'amende. Et aussi ont lesd. partiez accordé que ce present accort ne face prouffit ne prejudice ne ne daingne cause ne coleur a l'une partie ne a l'autre en autre jurisdicion ne autres lieux, ne en autrez cas. Et parmi ce cesseront les plais encomenciez sur lad. nouvelleté. Et a comuns despens lesd. partiez labourront a pourchasser du Roy N. S. congié de faire sur ce entre eulz sans amende lad. pais.

Collacion est faite par Renould. *(Fol. 39.)*

CONTENTIEUX

PROCÈS.

Qui terre a, guerre a, dit un proverbe du moyen âge. L'exercice des droits, comme la jouissance des biens, n'allait jamais sans querelles. Les procès sont un élément considérable de documentation à partir du XIVe siècle, où le droit romain, appliqué en France, développa l'esprit de procédure et de chicane.

LES CONSEILS DE L'ABBAYE

Une série assez complète, de 1338 à 1403, de conventions d'abonnement passées avec des avocats-conseils ou des procureurs, indique les noms de ces praticiens et le montant des honoraires fixes qu'on leur attribuait pour soutenir les procès et défendre les causes du monastère. Nous reproduisons cette nomenclature. On remarquera que les honoraires se réduisent sensiblement au moment où le règne de Charles VI entre dans sa période critique.

1338. Me Guillaume curé de la Villetertre, avocat en Parlement..............	6 livres.
1339. Jehan Lesclanchier...................	5
1345. Regnault Bichon, demeurant à Senlis.	12
— Symon de La Ferté..................	5
1350. Alexandre Beauviez...................	3
1351. Jehan Le Jouenne...................	4
1354. Simon de Alennencourt...............	10
1363. Guillaume Beauviez..................	4
— Mestre Nicole de Bret prestre, nostre procureur en Parlement.............	2
1364. Jehan Rose, advocat en Parlement.....	6
1368. Thibaut de Chavençon, advocat.......	4
1370. Martin Le Sénéchal, advocat en Parl..	5
1372. Mestre Jehan Quernart, ad. en Parl...	5
1376. Mestre Guy de Villers, proc. en Parl...	2
1389. Mestre Clement de Rilard, adv. en Par.	5
1390. Mestre Jehan Fuisee, adv. en court laye................................	4 francs d'or.
1391. Perrin Gillette, procureur.............	1 franc.
1392. Phil. de Hennencourt, advocat en Par.	60 solz.
1396. Jehan Julienne, proc.................	1 franc.
1402. Jehan de Gieffosse..................	1 franc.
1403. Andriet de Nantueil sergant du royaume en la prevosté de Paris.............	60 solz.

(Fol. 66-67.)

Voici la formule générale de ces arrangements :

« L'an 1374 nous abbé de Saint-Martin avons retenu de nostre conseil et penssion honorable home et sage maistre Jehan Rose advocat en Parlement, en toutes les besognes que nous avons a faire pour cause de nostre dite eglise... pour le prix de six livres parisis par an. » (*Fol. 250.*)

Le règlement des honoraires annuels prenait quelquefois une autre forme.

Sachent tous que quitte clamons pour l'an present et pour tout le temps passé Pierre Biauvieps, sergent de madame la royne Blanbhe, de tous les chief-cens et rentes d'avoine et chappons que il nous puet de voir à cause de sa femme en la ville et terrouer de la Ville nuefve Saint-Martin en recompensation du service de sergenterie qu'il a fait et fera pour nous et nostre eglise... le XX⁰ jour du mois de fevrier lan mil CCC quatre vins et douze. (*Fol. 162.*)

En 1633, le système de l'abonnement était encore en vigueur, et le taux n'en avait pas varié depuis trois cents ans :

« A l'avocat et procureur de ladite abbaye, 10 liv. pour leurs gages. »

Le fermier de l'abbaye était « tenu par chacun an payer le festin que l'on a acoustumé de faire au jour Saint-Martin d'hiver aux officiers de la justice de Pontoise ».

On se ferait une bien fausse idée du développement des litiges si l'on s'imaginait que les défenseurs attitrés dont on vient de lire la nomenclature fussent les seuls représentants de l'abbaye. Il s'en fallait de beaucoup, témoin l'acte par lequel, le 13 février 1380, l'abbé Jehan II constitue Jehan Hurel, Jacques de Reault, Vincent Potel, Jehan Prevost, Robert Rouen, Pierre Le Plastrier, religieux de S. M. ; maîtres Nicolas Debret, Jehan Eliot, messires Jehan Candelot, Guillemin Pilleronce, Denis de Reculé, prêtres ;

maîtres Simon Pavie, Pierre Drouin, Bertherand Lorfèvre, Ingerran Bazart, Guillaume Marguerite, Thibaut de Chavençon, tant clercs que lais, pour procureurs de l'abbaye dans les procès qu'elle soutient en Parlement et devant les juridictions inférieures (1).

En ce qui concerne ces dernières, les archives de Saint-Martin contiennent un document des plus édifiants ; il est intitulé :

« Registre des causes aux religieux de l'abbaye Saint-Martin de Pontoise pardevant plusieurs juges, commençant le lundi VIIIe jour d'octobre lan mil quatre cens et quatorze. »

Ces divers juges sont : le *prévôt-en-garde* de Pontoise (juge des causes simples entre nobles), qui tient audience le lundi ; le *prévôt-maire* de la ville (juge des procès entre bourgeois), qui tient deux audiences par semaine, les mardis et vendredis ; enfin les *prévôts* de diverses terres.

A la première audience citée dans le registre, celle du prévôt-en-garde, le rôle ne contient pas moins de dix causes où l'abbaye est partie. Une est réglée par accord ; sept sont remises à huitaine ; deux ajournées au mois. Ces dernières sont un procès contre Jacqueline Braque et un autre contre le procureur du Roi « pour raison de ce que lesd. religieux dient avoir justice haute, moyenne et basse en l'enceinte de leur église de Saint-Martin ».

Devant le prévôt maire, il n'y a que deux affaires, mais ce nombre augmente plus tard.

Le plus important des nombreux procès énumérés en ce registre met en cause « les prevosts du mestier de la tennerie » au sujet d'un chef-cens de 32 sous parisis réclamé

---

(1) Archives de S.-et-O. Fonds Saint-Martin, Cart. 9.

par les moines « sur une partie du fresche (*friche* où les tanneurs exposaient leurs peaux) assis hors de la fermeture de Pontoise, tenant d'un côté, devers l'église St-Martin, au ru ou riviere appelé Vione ; d'autre costé devers la ville au lieu par où lad. riviere souloit avoir son cours ; d'un bout au jardin ou pré de l'Hostel-Dieu et d'autre bout à la riviere d'Oise ». Appelé pour la première fois le 11 mars 1415, le procès fut jugé, le 19 novembre, en faveur de l'abbaye contre le prévôt des tanneurs, Pierre Le Boucher le jeune.

Nous signalerons parmi les principales affaires instruites dans une période de vingt-deux mois celles contre : Pierre de Gaillonnel, comme maistre et gouverneur de la maladrerie d'Auvers (non paiement d'un chef-cens de 10 den.; amende, 5 sols); — Pierre Dampmartin, chapelain de la chapelle St-Nicolas, en l'église Saint-Maclou; — Jehan Cochegrue « de Vaumondois » (62 s. réclamés par Saint-Martin pour « louaige du presbitaire, fruis du jardin d'Auvers, dismes et autres revenus » à lui donnés à bail par feu messire Jehan Le Cordouennier, (prieur) — curé de Valmondois (1414) ; — les prévôts de « la Conflarie de la messe aus Clercs » (droits contestés sur des maisons à Pontoise « rue de la Cherriere, dessus la Grant Rue », et « rue de la Juyrie, au-dessus du Marché à la leinne, tenant à Monsieur l'Archevesque de Rouen »); Enguerran de Milly, chevalier, à cause de sa femme; messire Charles Malet, chevalier, et Etienne de Leursmaisons, écuyer (opposition à la criée d'une vigne à Lieux); Olivier Rouanet, breton, demt à Osny (1415); Pierre de Heudouville, écuyer et sa femme (terre saisie à Sandricourt, lieudit « la Vielz cort »); les religieux de Livry en Launoy et les dames de Maubuisson « pour la criée d'une place à moulin assis en Estennez appelée le Moulin Boutellier » (1416).

Au 26 juillet 1416, ces causes sont remises au mois pour raison de vacations d'aoust; le 30 août on remet à quinzaine « pour raison de la guerre » ; aucune audience n'est tenue jusqu'au 25 octobre ; le 25 on remet au 29, et le 29 « au mois pour l'occupation de la guerre ». Mais l'interruption dura jusqu'au 20 décembre 1417, où toutes les causes furent encore remises au 23 février suivant. En fait, le cours de la justice demeurait complètement suspendu.

Le cahier s'arrête au 9 juillet 1418. Il est fâcheux que les événements militaires dont Pontoise était alors le théâtre aient fait abandonner la tenue de ce registre, qui aurait fourni une bien intéressante contribution à l'histoire locale, dans une période où la pénurie de documents en rend la reconstitution si laborieuse.

La moralité de ce chapitre peut se tirer d'une simple constatation. Il est extrêmement rare que les comptes renferment la mention des résultats avantageux d'un procès se traduisant par une recette : les frais de poursuite absorbaient sans doute les produits des procès gagnés. C'est par une exception à peu près unique que le comptable de 1476 encaisse 8 sous parisis versés par Toussaint Paillard, « des despens esquels il fut condamné envers nous pour les arrérages de ses maisons sises devant la Belle-Croix (1) ».

---

(1) Cette indication contemporaine de Louis XI vient détruire la légende recueillie par l'abbé Trou, dans ses *Recherches sur Pontoise*, d'après laquelle la place de la Belle-Croix aurait pris ce nom d'une croix expiatoire plantée devant l'hôtel du lieutenant général Jehan Boicervoise, exécuté pour cause de religion en 1561.
Cette croix, située au milieu de la rue de la Bretonnerie, est évidemment la *Crux Britonarix* citée dans un texte des archives de St-Martin, en 1256.

XI

BIENS FONCIERS

MAISONS. — DOMAINE AGRICOLE ET VITICOLE.

RENTES ET MAISONS DE PARIS

On a vu que l'Abbaye possédait un domaine censier à Paris.

Des lettres du roi (avril 1328) confirment les droits de cens de St-Martin sur deux maisons rue de Beaubourt, à Paris (*de Bello Burgo*). En 1329 « dant Robert de Pontoise, nostre prevost » reçoit ces cens, payables aux quatre termes de Paris, dus par Adam Sans Reson (32 s.) et Guillaume de Vitri (7 s.). Jehan Lamaine doit aussi 20 s. 6 d. de cens « sus sa meson à la porte du Temple ». L'abbaye possède un cens de 5 sous sur une autre maison, rue de Bievre « qui fu jadis Jehan de Bievre monnier, joignant a la meson mestre Jehan de Tournay advocat en Parlement ».

(*Fol. 46.*)

Ces revenus furent affectés peu après à l'entretien d'un jeune moine, envoyé à Paris pour faire ses études.

A la même époque, outre ces divers droits, l'abbaye possède à Paris une maison louée dont l'entretien, qui semble avoir été particulièrement onéreux, est confié à « Jehan notre maçon ». Il semble que cette vieille demeure ait été sans cesse l'objet d'agressions ; on y remet constamment, à partir de 1368, des serrures et des loquetiers. Elle paraît d'ailleurs lézardée, car on emploie « du plastre à estoupper une crevasse »; on installe un « rastellier » dans la cuisine; en 1384, on refait la toiture, on remet une « goustière »; on place deux fenêtres neuves garnies de ferrures et verroux; on ferme la cave avec « une serrure à pleustre »; on fait « plommer » (souder au plomb) le tuyau de la cheminée. (*Fol. 121.*)

Cette maison fut baillée pour six ans, en 1382, à Pierre Collet, moyennant 8 livres parisis de loyer, payables aux quatre termes accoutumés : Noël, Pâques, la Saint-Jean-Baptiste et la Saint-Remi. Les réparations absorbaient, parfois même dépassaient le loyer qui rentrait fort mal. Pour obtenir la résiliation, l'abbaye dut rabattre les arrérages. « Jehan Maugras de Issy oultre Paris », prit la maison pour 10 livres. Elle eut ensuite pour locataires un régent de collège, puis l'abbé de Sainte-Catherine, et, en 1393, un ménage de « poulaillers » ou marchands de volaille, qui en donnèrent 13 francs d'or de loyer.
(*Fol. 121.*)

Elle ne figure plus dans les comptes du xve siècle. En revanche, ceux-ci mentionnent trois immeubles qui n'étaient pas l'objet d'une location cent ans auparavant. La maison et vigne de Gency, 16 s. La maison sise devant la Belle Croix, qui fut Jehan Du Val, louée à un cardeur de laine 12 s. « La maison de la ville, nommée le Cellier St Martin », louée 25 s. 8 d. (compte de 1475). Une maison près le Cellier, à honorable homme Jehan de Saumeur, grenetier de Pontoise, 4 liv. Une maison au marché à la laine, 8 s. (compte de 1476).

MANOIR D'AUVERS

L'abbaye jouissait à Auvers-sur-Oise d'un manoir qui lui venait de Raoul, chevalier de la reine Adélaïde, veuve de Louis le Gros. Nous trouvons sous ce titre : « le Closier d'Auvers », au feuillet 82, la mention suivante :

Le jour de sainte Marie Magdeleine l'an LIV, avons fait marché avec Guillot Le Goullu, pour qu'il demeure en nostre maison d'Auvers pendant un an ; doit lier et redresser toutes nos vignes d'Auvers, aidier à les vendanger ; traire les escharaz, curer et fumer les proveins de notre fiens ; eschoiseller, faire les provins, tailler, fouir, plaier, refouir, relier, endressier et cercier... esmonder les saux, faire les escharaz et plantins. Il doit avoir toutes les broutilles et sarments de vignes... Et avec ce, toutes les fois qu'il nous plaira, nous pourrons envoyer nos gens, nos chevaux et autres bestes en notre dite maison ; et sera tenu ledit Guillot de aidier appareiller nos gens, nos chevaux et autres bestes. Et pour ce fere sans aucun deffaut, ledit Guillot doit avoir de nous 17 liv. parisis et un muid de bled, et avec ce nous devons fere demourer une de nos vaches en notre dite maison, de laquelle vache ledit Guillot aura le fruit, et aussi afin que nos gens en aient amendement quand ils iront.

Comme on le voit, la maison d'Auvers était un peu considérée comme une maison de plaisance dont ce Guillot était comme le concierge ou l'intendant. Cent cinquante ans plus tard, il n'y avait là qu'un fermier ordinaire. On lit dans les comptes d'alors : « L'Ostel d'Auvers. De Thomas Guernier pour la meson, court, jardin, prez et terres et lieu d'Auvers qu'il tient à ferme de lad. abbaye, 2 muids de blé, 1 muid d'avoine, 1 pourceau gras du prix de 32 sous parisis, 2 chapons et 3 livres de cire. »

Ainsi le fermier d'Auvers en 1490 élevait aussi des abeilles.

MAISONS A LIVILLIERS

On trouve dans le *Livre de raison* un état des « masures de Nivillier ». (*Fol. 178.*)

DOMAINE DE LA FRETTE

A La Frette, l'abbaye est propriétaire d'un assez important domaine. « Ce sont les heritages que tiennent et possessent de present (vers 1412) Colin Le Boucher et Marie sa femme, séans à La Frette, pour la somme de 10 livres de rente par chacun an. » En premier lieu, « un hostel, colombier, pressoir, court, et deux autres maisons joignans ». Puis de nombreuses vignes en terres (1).

PRÉS D'AUVERS ET DE HAM

En dehors de son manoir et de ses terres d'Auvers, le monastère y possède encore des prés.

Le dimanche xxviiie jour de juin l'an mil CCC et XXII furent mesurez nos prés de Auvers par Mahiet Morel mesureur juré en la terre de Montmorency, présents Jehan Le Boucher demt aud. Auvers, et fut trouvé que la piece devers Pontoise a III arpens et la piece du costé devers le moustier d'Auvers III arpens et VII quartiers, et chacun arpent cent perches, et pour chacune perche xxII piez.

Ledit jour et ledit an furent mesurez les pieces de nos prés de Han par ledit Mahieu (sic). (Fol. 225.)

TERRES A ST-LEU D'ESSERENT ET PRÉCY

Au *Livre de raison* est transcrite une quittance donnée à Jehan Esprit, fermier de l'abbaye à « St Leu de Serens et Pressy » par l'abbé Jehan I, le mardi après la St Denis 1332. (Fol. 32.)

FIEF DE NESLE

Il s'agit de Nesle-la-Vallée, canton de l'Isle-Adam.

« Nous avons en la ville de Neelle un petit fief qui vaut chacun an xIIII deniers. » (Fol. 216.)

---

(1). Fol. 214. — Nous citerons cet article : « Item demi arpent de vignes séant aux Masieres soubs la Porte aux Moignes, tenant d'un costé et d'autre à Thomas Hamart, d'un bout à maistre Guillaume Budé maistre des guernisons du Roy, d. b. au chemin qui va de Cormeilles à La Frette. »

Signalons encore : « un arpent de terre emprès le monstier de Satrouville ».

Parmi les tenants : messire Robert curé de Estrepiegny, Katherine de La Ruelle, Martin de Chartrouville (sic), Gieffroy Tartarin.

TERRES DE LA VILLENEUVE ET DE COMMENY

Le *Livre de raison* contient « la declaration des terres de La Villeneufve St Martin... l'an mil iiii^c iiii^{xx} et xii appartenant à Messieurs les abbé et couvent de St Martin de Pontoise » et « la déclaration des terres assises au terroir de Commeny » à la même époque. (*Fol. 223.*)

BIENS D'ARGENTEUIL

Le *Livre de raison* contient un état des terres et vignes du monastère en la paroisse d'Argenteuil, dressé le 20 avril 1412. Elles sont situées « en val Besentars, en Orgemont, en Montainville, à la ruelle des Doiz, ès Rosières, à la haie Normand, ès Fenouillez, en Taillefeu, en Courtray ».
(*Fol. 214.*)

Ces biens provenaient de dons des seigneurs de Bantelu, cadets de la maison de Montmorency (1).

AGRICULTURE

INVENTAIRE DE FERME

Les documents relatifs à l'agriculture sont extrêmement nombreux. Ce sont des baux, des paiements de cens, etc. L'abbaye exploitait directement diverses fermes assez importantes.

La principale, située sur les territoires limitrophes de Puiseux et de Pontoise, provenait des libéralités de la bienheureuse Hildeburge d'Ivry. On l'appelait la *Celle* ou *Ceaulle* (*Cella*), elle était surveillée par un gardien, et l'abbé qui avait une chambre dans l'habitation agricole, exerçait aussi son contrôle supérieur.

---

(1) *Cartulaire*, n° CCXVI.

Le *Livre de raison* énumère le mobilier de cette ferme :

L'inventoire de Quinquempoit (fait par Mons. l'abbé lors que la ferme fut livrée à Bernart Lenffant et Agnès sa femme, en 1345).

X coutes fournies, xviii draps à lit, i. couverture de brunete, ii tapis mannez, ii. orilliers, i. grant doublier et un grant touaille, i. petrin et une huche, i. lardier, ii. paelles a queue, i. chauderon, i pot d'arain, ii grans poz de cuivre et i. petit, i. grant bacin, une chauffette, i. petit bacin, iii. pintes destain, vi granz escuelles et ii. petites et i. plat destain, un cuiviez, i. entonouer, i. demi stier à vin, i. barilg à porter son contenant ii stiers et demi ou environ, i. boissel à blé et i. provendier à blé touz ferrez et i. pichet daveine pour les chevaux, iii. hanaz c'est assavoir ii. de madre et ii. de coudre; ii chandeliers de limoges, une tables et vii treteaux, viii fourmes, i greilg, i. trepié, i cramelliée et ii boüquez, i havet, uns mallez de fer, une congnée, une besoche, une grant eschele, une civiere à bras, ii poullains, ii grans saz de 15 stiers, et 14 sas de mine, ii fourches de fer à fiens, i fourche fiere a gerbes, une pele ferrée, 12 peles pour les garniéz (1).

Les dépendances de la ferme se composaient d'un jardin et de terres d'une assez grande étendue.

L'an XXXV, le juesdi apres la Chandeleur feismes mesurer le grant jardin de Quiquenpoit, ce que l'on puet fouir, et y avoit xi^{xx} et ii toises, à la perche le Roy, et fu baillé à fouir chaucune perche pour iii den. (*Fol. 50.*)

ENTRETIEN DU MATÉRIEL

C'est sous forme de *marché* que l'on assure l'entretien du matériel de la ferme.

Voici celui fait, en 1344, avec Jehan Le Chéron, de Grisy, et Perrin, son fiex, demeurânt à la Barre, « pour tout ce qui nous conviendra de cheronner, et soustenir tout le harnois » pendant trois ans.

---

(1) Fol. 115. — Dans un inventaire de 1349, dressé par daut Jehan de Villeneuve, le mobilier est plus important : on trouve notamment : « une courtepointe et iii couvertures dont une de drap souffre pour lit Monsieur l'abbé, i dressouer, i banc tout neuf qui est devant la cheminée de la salle ».

C'est assavoir pour nostre granche de Quinquenpoit une charette fournie montée et deux charrues fournies et montées, et une oyseuse pour prendre quant mestier sera d'appeler les autres, et un hosteul tout monté.

Item pour nostre abbaie et pour nostre granche de Puiseux quatre charettes montées et un banchart monté et IIII hottrieux montés, cinq cherrues montées et deux oyseuses toutes montées.

Et querront herces pour nre abbaie, pour Quiquenpoit et pour Puiseux; et refferont les rateliers et civieres et nous leur querrons merrien; et toutesfois que mestier sera de avoir aucune chose nueuve, nous leurs rendrons le viez et il nous bailleront le nuef... Il doivent avoir de nous chaucun an XIIII liv. par... Et aront avec ce, chaucun an, deux de nos cherrettes par deux jours en tele manière que ils seront tenus a trouver les despens aux vallès qui merront les chevaux; et si ne les pourront mener hors de la ville si loing que il ne puissent revenir au giste en nostre abbaie. *(Fol. 39.)*

L'entretien des charrues est aussi l'objet d'un marché.

1345. Marché avec le fevre de Livillier pour ferrer nos chevaux, querir fer à charue, renouer fentes de roues à charues, faire toutes choses de son mestier pour 32 s. p. par an. *(Fol. 3.)*

Cette exploitation directe continua pendant tout le siècle suivant.

Le compte de 1490 fait connaître l'importance des emblavures : « A esté sémé sur la terre de lad. église 3 muids 4 setiers, minot et 1 boisseau de blé. »

BAUX DE TERRES

En dehors du domaine de la Chapelle, que l'abbaye exploitait encore au XIVe siècle (1), elle affermait ses terres moins importantes ou isolées.

Les baux étaient faits pour un temps assez court. Il y avait là une mesure de prudence exigée par les supérieurs de l'ordre pour empêcher des abus qu'eût occasionnés la faiblesse des administrateurs ou peut-être quelque cause

---

(1) Voir l'inventaire de cette ferme fol. 93 du *Livre de raison*.

plus grave. Dès 1256, Eudes Rigaut interdisait aux moines de Saint-Martin de louer leurs maisons à des bourgeois pour plus de trois ou quatre ans. Cette sage prescription était aussi observée en général pour les terres :

Guillelmus de Ruella accepit terram nostram de Bruignencourt anno octogesimo secundo (1382) usque ad triennium, quol. anno pro LVI s. p. (*Fol. 102.*)

Cependant, dans des cas spéciaux, les baux pouvaient être plus longs et même être faits à vie.

Nous citerons, à titre de curiosité, le texte d'un des baux contenus dans le registre :

Nous frere Pierre humble abbé... avons baillé à Jehan Le Normant laboureux demourant en la paroisse Nostre Dame de Pontoise, à vie, une pièce de heritage assise entre nostre gor et nostre clos, contenant quartier et demy, laquelle est en grant ruine, et en espines et en orphaneté de labour, icelle tenant d'un costé à la terre devers la rivière de Oise, et d'autre costé au lonc des larris, d. b. devers nostre clos a Perrin Augrins, et d. b. par en bas au gar aus Moignes... Led. Jehan sera tenu nous poyer chascun II s... et de la labourer et deffrisir tout le mieux qu'yl pourra, sans contraincte; et après le dechet dud. Jehan les heritiers ou ayans cause dud. Jehan ne pourront empescher ne contredire que nous ne pregnons lesd. heritages franchement et quittement sans contredicte, comme il estoit paravant. Fait le XXIIIe jour d'avril IIII^c cinquante et deux après Pasques. (*Fol. 130.*)

ANIMAUX

Peut-être a-t-on remarqué plus haut, dans un bail du manoir d'Auvers, cette formule collective à laquelle le rédacteur n'entendit sûrement pas malice : « Nos gens, nos chevaux et autres bestes. »

Les animaux étaient nombreux à Saint-Martin même et dans les exploitations agricoles rattachées au monastère.

Nous parlerons d'abord des chevaux, pour en venir ensuite aux « autres bestes ».

CAVALERIE

C'est toujours à la foire de Lendit qu'on se procure les chevaux tant de selle que de labour ou de trait. En 1329 (époque de crise financière et d'altération des monnaies), on en achète un pour l'abbé Jehan de Brécourt, l'énorme somme de 80 livres : c'était à coup sûr un destrier de marque. On l'avait d'ailleurs acheté au Lendit, dont la réputation comme marché de chevaux de luxe, est célébrée par Guillot de Paris, un contemporain du *Livre de raison*, dans sa naïve description de cette foire :

> Si n'oubli pas, comment qu'il aille
> Ceux qui amainent la bestaille,
> Vaches, bueus, brebis et porciaus,
> Et ceux qui vendent les chevaus,
> Ronsins, palefrais, destrier,
> Les meilleurs que l'en puet trouver,
> Jument, poulains et palefrois
> Tels comme pour conte et pour roy.

Les bêtes communes, pour « le harnois », ne dépassent pas des prix beaucoup plus abordables : en 1343, 24 livres 10 sous; en 1371, 20 francs et demi. Ces prix ne varieront pas considérablement cent ans plus tard, qu'on se rende à la foire de Lendit ou à celle de Saint-Laurent pour opérer des achats ou des échanges de chevaux. Témoin le compte de 1476 :

Pour un cheval poil gris acheté au Lendit pour mettre au charroi de l'hostel, 33 liv. 5 s. — Pour le vin des marchands et des serviteurs, 10 s. ts.

Pour un autre cheval de poil gris acheté à la Saint-Laurens, et baillé en eschange un bon petit cheval bayart lequel estoit au chariot de lad. eglise, 21 liv. — Et pour *le vin* des varlets, 4 s.

Les chevaux étaient l'objet de soins bien justifiés d'ailleurs par l'élévation de leur prix. En septembre 1476, on lit cet article : « Pour avoir du miel au grant cheval qui est malade, 8 den. »

On les couvrait de couvertures de toile. En 1334, on achète « 14 aunes de telle pour faire couvertures a chevaus », 11 s. 8 d.

Voici une autre acquisition postérieure de peu d'années :

Res empte apud Lendit l'an XLIII.

Primo XVIII alnes de telle, I quartier *minus* pour fere couvertoeres a chevaux, quelz alna II s. VI d., vallant XVLIII s. IIII d.

Item XVI alnes de grosse telle pour fere sas, quels alna XXXIIII d., val. XLV s.   (*Fol. 4.*)

En 1335, « uns esperons » pour l'Abbé coûte 18 deniers ; en 1368, une selle (*unam selam ad equitandum*), 14 sous.

L'entretien des fers est compris avec celui du harnais dans des marchés établis sur la base de l'abonnement.

Il était confié, en 1354, à « Hugelin de Crosmont, fèvre, demeurant en la Barre de Pontoise (au barrage de la Viosne ; faubourg N.-D.), maistre mareschal de la Royne de France ».
   (*Fol. 140.*)

En 1338, l'abbaye avait déjà recours à « Perrin, mareschal du trahain de la Royne ».   (*Fol. 31-36.*)

L'an XLII feismes marchié a Guillaume Le Fevre, de la Barre, pour ferrer nos IIII jumens de Quiquenpoit et soustenir tout le harnoys si comme il appartient, et en doit avoir XIIII lb. par. et il en demandoit XVI ; si que du descort de XIII et de XVI lb. il est sus Jaquet Le Conte nostre charetier. (*Fol. 22.*)

Le principe de l'arbitrage, consacré dans ce marché, se en conformité parfaite avec les coutumes du moyen âge. fIl est à présumer que la décision fut favorable au maréchal errant, car il doubla bientôt ses exigences.

En 1347, nouveau marché avec Guillaume Le Fevre ; moyennant 30 liv. par an il s'engage pour trois ans à « ferrer de son mestier tous nos chevaus tant à chevauchier comme de harnois, et tout le harnois appartenant à cherreterie... et sera tenu à ferrer les esseuls aus charretes... et les tallons aus cherües, socs et coutres... il baillera a nos valès des fers et des clous quant il en demanderont quant il iront hors, pour ferrer les chevaus se il se defferoient; et avecques ce doit mareschaucher nos chevaus toutes fois que mestier en aront. (1) »

(*Fol.* 52.)

Les marchés suivants donnent des échantillons assez complets du vocabulaire technique de la maréchalerie, de la sellerie et de la bourrellerie sous le règne de Charles VI.

L'an de grace mil CCC XXXXVII le lundi après la Tiphaine fu fet marchié entre nous abbé... et Guillaume le Sellier, de la Barre... de trouver tout le harnois de bourrellerie a nos charretes et a nos charues de l'abbaie; c'est assavoir pour xi chevaus de harnois; et est tenu de baillier le nuef quant il faudra, et prendre le viex; et fu le nombre des harnois de lad. abbaie : Premt xiiii coliers des quiex il ia iiii coliers de limons; item iiii seles, iiii dossieres, iiii avaloeres; item vii peres de fouriaux pour charretes et ix peres de fourriaux pour cherues; item xi brides et xi chevestres et vii pennel a chevauchier. Tout lequel harnois fu prisié a viii lb. et... en la fin du terme de iii ans... sera prisié; et se il vaut plus, nous li rendrons le plus, et se il vaut meins il nous rendra.

Item il nous doit soustenir tout le harnois de nos plafrois; et doit querir cuir pour resnes, pour chevecines, pour escuieres et contrecengliax, et bourre pour embourer les penniax, et ne doit querir point de fer.

Et pour toutes les choses dessusdites... il doit avoir chacun an x lb. par., a paier... a Pasques L sol; a la beneiçon du Lendit L s. a la Saint-Remi L s. et au Noel L s.; et i sextier de blé. (*Fol.* 28.)

Le jour de la feste Nre Dame Chandeleur l'an mil CCC IIII xx et cinq feismes marché à Guillermin le Pi-

---

(1) D'autres marchés sont passés en 1379 et 1382, avec Simon Bouyaux de Pontoise, pour « soustenir, rappareillier, refere et querir nuef nre harnoys, pour VIII chevaux de harnoys et III chevaux a chevaucher, exepté selles de charretier et a chevaucher, colliers, docieres, avalloeres et fourriaus de très a charrette, qu'il ne querra pas mais sera tenu de les fere de sa peine quant nous baillerons les estoffres, et pour bien faire lad. besogne il aura de nous viii frans ».

quart bourrelier demt à la Foulerie de Pontoise... sera tenu de soustenir de son mestier de bourrellerie pour le terme de trois ans, pour xx francs pour les trois ans, tout le harnoys de nos chevaux de charreterie bien et suffisamment, et est led. harnoys cy dessous desclaré :

Premierement viii colliers guernis de braccens, d'attelles, de billos, de ventrieres de portieres et d'attaches, et ii colliers de limons, guernis de braccens, d'attelles, quatre peres de fourriaux, ii dossieres et ii avallveres guernies de boucles de fer et de nielles de fer, ii selles de limons, vi chevestres, v brides et si baillasmes led. jour a nos charretiers une pere de fourriaux tous neufs lesquels led. Guillermin nous doit rendre en la fin de son terme aussy bons et aussy suffisans. Item led. harnoys fut tout prisié led. jour par Guillaume Manessier et par le mary à la Fichete, lequel harnoys fut prisié à six francs d'or; et en la fin du terme led. Guillermin le doit rendre de autel valeur. Et si il vault miex, nous lui devons rendre le surplus, et si il vaut moins, il le doit rendre et fere valoir. Item il doit soustenir toutes les seles a chevaucher de notre estable, et pour ce faire, il doit avoir i sextier de blé.

(Marché continué en 1387 pour vii francs et ii sextiers de blé par an.) (*Fol. 183.*)

Voici un dernier marché, fait en 1419, au lendemain d'une longue période de guerre :

L'an mil IIII c et XVIII, le premier de mars, feismes marchié à Jehan Ascellin demt à Pontoise en la paroisse Nre Dame, en la rue de la Barre, de ferrer de son fer et gouverner de son mestier toute nostre besongne... C'est assavoir qu'il nous doit ferrer de son fer à ses propres coux et despens dix ou onze chevaulx et se il escheoit que nous n'en eussions que nuef on ne luy en deduiroit riens, et querir fers aud. chevaulx toutes fois que mestier en sera jusques à trois ans; et il doit fere et requerir toutes autres choses, come fers, clous à essueil, mouflez, hurtouers, happez, aissez, liens à charrette, renöuer bendez a charrette se mestier est, ferir ferrures a la charrette, aux charios et aux hoterilx, rechausser lez soz et lez coutrez toutes foyz que mestier en sera; et sera tenu led. temps durant tous les ans faire une foncure de l'un de nos charioz et (*dans un brouillon raturé qui précède cette clause était ainsi libellée* : sera tenu chaucun an de fondre un de nos cherios) et nous devons fournir le dechet et querir le fournement. Item il sera tenu de renouer fourches de fer, pellez ferréez, fourchez et gerbez, grilx, treppiéz et aultrez menuez besoignez, et sy doit mareschausser nos chevaulx toutez foys que mestier en auront, et nous devons fournir les estoffez. Et pour ce bien et suffisamment fere... il doit avoir chacun an de nous xxii frans et nos deux voitures pour un jour. Escript en presence de nous Mahieu abbé de Saint-Martin, dampt Guillemin Dutuit prieur de Chambly et dampt Henry des Hayes prieur de Valmondois, et dampt Pierre le Bouchier procureur de l'église et prieur d'Ambleville, et plusieurs autres.

(*Fol. 186.*)

Le bétail constituait une véritable richesse (1). L'abbaye en élevait non seulement dans ses fermes, mais dans ses dépendances immédiates.

Les bœufs servaient aux transports et à la consommation ; les moutons donnaient leur laine et leur chair. Tantôt on les vend ; tantôt on les donne, comme les vaches, à métayage — ce qui ne laisserait pas de surprendre un peu de nos jours. Ce n'était pas seulement à des fermiers, comme cheptel, c'était à d'autres propriétaires, comme le seigneur de Vallangoujard.

Pour la vente du bétail, on accordait une remise aux intermédiaires. Le compte de 1476 porte :

« xi brebis vendues par le berger, iii liv. v s. — *Nota* de rabattre vii s. pour le berger. »

Le prix d'une brebis est donc d'environ six sous, et la commission allouée au berger dépasse 10 %.

---

(1) Le bétail était considéré comme un capital mobile au même titre que l'argent, et on le faisait entrer dans les transactions. Ainsi pour la fondation d'un anniversaire à Saint-Martin, un doyen de Paris, maître Bernier, donne 90 brebis : « Magister Bernerius dedit nobis nonaginta bidentes ad faciendum anniversarium suum singulis annis. » (*Cartulaire*, p. 223.)

On trouve dans le même compte cette recette : « Pour le cuir d'une vache, 8 sous » ; ainsi qu'une autre énonciation quelque peu énigmatique, surtout quant à l'élévation insolite des prix :

« Le xi° jour de juillet Robin Bourcier vint disner avec Monsieur (l'abbé), et (je) lui vendiz un cochon, pource qu'il n'avoit riens trouvé qui peusist apporter le dit disner; pour ce v liv. ts. »

Ce n'est évidemment pas le prix de l'animal seul qui se trouve en jeu dans une pareille opération.

Vache trādite ad medietariam.

Anno XXXVIII ad Pascha tradidimus N. Britoni, vigneron, commoranti ad Quarrerias, unam vaccam usque ad instantem fest. hiem. Sti Martini pro xx s.

Oves tradite ad medietariam.

Anno XLI, circa Nativitatem Bti Johannis Baptiste, tradidimus Johanni de Vallangoujart armigero, viii^{xx} oves usque ad tres annos.

(A la même date) Draconi Pigatre, firmario terre nostre de Livillier, L. oves laniferas ad medietariam usque ad tres annos, desqueles il i a x agniax chatriauz. *(Fol. 15.)*

On les appelait simplement « les chatriaux ». *(Fol. 146.)* On en compte dans le troupeau du monastère 28 avec 20 femelles (brebis) et 1 mouton.

Voici l'état des bergeries de La Chapelle (Vallangoujard), de Livilliers et de la Ceaule de Puiseux en 1404 :

L'an mil CCCC et quatre xve jour de may furent tondues nos bestes a laine de La Chapelle, et y avoit pour lad. année viii^{xx} et une toisons et une beste a tondre.

Item xxx peaux de bestes mortes oudit an.

Some des toisons pour nostre part iiii^{xx} et une et xv peaulx. Item oudit hostel, xviii agneaulx. Some ix^{xx} et viii bestes qui demeurent en la garde du fermier.

Item pour ledit an, a eu en nostre hostel de Livillier ix^{xx} et x toisons et xvi peaulx. Pour nostre part iiii^{xx}xv toisons, viii peaulx et demie. Item LXVI agneaulx.

Some desd. bestes y demeurant xii^{xx} et xvi bestes.

Item en nre hostel de la Ceaule de Puiseux, a iii^{c}xix bestes qui furent tondues le xvi^e jour de may l'an mil CCCC et quatre.

Item pour led. an a eu oudit hostel xxxii agniaulx.

Item pour led. an xii agniaulx de la disme de Herouville.

Item pour led. an v agniaulx de la disme de Genicourt.

Item pour led. an i agniel de la disme de Puiseux.

Item pour led. an xiii agniaulx de la disme de Nostre Dame de Pontoise.

Some des agniaulx, lxiii.

Sur ce on a prins i mouton pour mangier le xviiie jour de aoust.

Item les gens d'armes ii moutons le jour ensuivant.

Item i mouton pour mangier le xxe jour d'aoust.

Item xxi moutons vendus à Mahyet de la Planche le xxe jour d'aoust.

Item i mouton pour mangier le xxve jour d'aoust. Etc.

Pour l'abattage des animaux destinés à l'alimentation, un marché est passé avec un boucher de Pontoise moyennant 24 s. p. par an, et « le cuir des pourciaulx qui seront fendus qannd le cas s'y offrira ».

Ces porcs devaient, au temps du *Livre de raison*, être engraissés en forêt, car les inventaires de l'*Aumône* mentionnent seulement des bêtes ovines.

Nous ne voyons pas de trace de porcs ni de chèvres au xive siècle dans l'enclos monastique.

Par les comptes du xve siècle, on voit qu'il en existait.

6 juin 1476. — « Payé aux chatreux qui ont chatré les cochons et un veau, 3 s. »

Juillet 1477. — Acheté une chèvre avec un chevreau, 4 s. 6 den. (*Fol. 58 et suiv.*)

1475, 30 mai. — Je vendy une vieille truie par conseil de Chardin de Vallendre nostre cuisinier disant qu'elle estoit ladresse et ne valloit rien céans, pour ce 8 s.

1485. — Pour avoir fait chastrer 2 bovillons et 3 cochons, 12 den. — Pour avoir tué et salé un pourcheau, 12 den.

On nourrissait les porcs à l'engrais avec du blé. Le compte de 1490 l'indique : « Pour les pourceaux gras a esté baillé 11 setiers 1 boisseau de blé. »

A la fin du xv⁰ siècle, voici quels sont les salaires des gardiens des divers troupeaux :

A Jehan de Cleri, bergier, demourant à Auvers, pour avoir par lui gardé les bestes depuis le jour Sainte Croix jusques a la Saint Jehan Baptiste (du 3 mai au 24 juin), 40 s.

A Robin Denis vachier, en souliés, pour 18 s. 8 d., et pour deux aunes de drap gris à lui faire une robe, 28 s. p.

A Raphael fils de Colin de la Haye, pour avoir par lui gardé les pourceaux de céans, pour un an 4 l. 10 s. (compte de 1476).

Le compte de 1490 indique comme gages du berger — il n'est question que d'un seul — de la Saint-Jean à la Saint-Martin, 4 l. 7 s. 6 d. ; pour la seconde moitié de l'année, le berger reçut en argent, blé, cervoise et souliers, 6 liv. 2 s. 3 den.

VITICULTURE

L'abbaye s'était constituée, au début du xiv⁰ siècle, un très important domaine viticole, réparti notamment sur les terroirs de Jouy-la-Fontaine, Cergy, Auvers-sur-Oise, Saint-Leu-Taverny et les localités environnant ces quatre principaux centres.

Le vin de Cergy était des plus estimés au moyen âge, où les difficultés de transport engageaient à boire surtout des vins du Parisis dans la capitale du royaume et à la Cour même. Le roi Louis VII buvait du vin de Cergy, comme l'indique une libéralité d'un muid de vin de son vignoble qu'il fit à la maladrerie Saint-Ladre de Pontoise (1).

---

(1) Ce don était signalé dans l'inventaire des titres de cet hôpital, qui a disparu, de même que le chartrier. Mais Pihan de la Forest nous en a conservé une analyse très sommaire qui présente toute garantie d'exactitude, étant de l'écriture d'un magistrat très instruit de Pontoise, son contemporain, Métivier de Saint-Liébaut (Bibl. mun. de Pontoise).

BAIL DE TERRES A PONTOISE, SOUS CONDITION DE PLANTER DES VIGNES

(20 Novembre 1378.)

A tous... Frere JEHAN humble abbe de leglise de *S. Martin empres Pontoise* et tout le couvent du mesme lieu... baillons a heritage perpetuel a ROBIN BOISLEROY et JEHAN GALLANT dem. a *Pontoise* une piece de terre de nostre propre fief et seigneurie contenant un arpent et demi assise derriere S. Martin, ten d. costé a la vigne messire JEHAN LE CHANDELLIER curé de S. *Martin* aboutissant d. b. au *Champ a Laumosnier*, et au bout dessous aux *Larris*, dessus *le gaast* en telle maniere que lesdis ROBIN et JEHAN seront tenus de planter ycelle terre de bonne plante de vigne, proviengner et levignier dedens neuf ans; et avec ce seront tenus d'apporter le suc de la vendange qui croistra en lad. vigne au pressouer de nostre dicte eglise, et nous paier chaque année le jour des octaves S. Denis trois oboles de chef cens, et trois mines davoine de rente dedens les douze jours de Noel... Lequel baigl ainssi fait nous promettons en bonne foy a avoir ferme et estable aus us et coustumes du pais... L'an mil trois cens soixante et dix huit le xxe jour du mois de novembre.

(Orig. sans sceau. *Cart.* 7.)

Un mesurage de 1359 fait connaître le développement des vignobles de l'Abbaye sur les terroirs limitrophes de Pontoise, de Cergy et Ham :

Les vignes de l'abbaye mesurées l'an LIX environ.
La piece sous la salle LXXXX perches.
La piece des peschiers LXXXXII p.
La vigne du grant provueng XLIIII p.
La vigne Pierre Le Tonnellier LXXI p. et demie.
La piece sous les peschiers LXXI p. et demie.
La piece emprès les peschiers XXVII p.
La piece au Cuisinier LIIII p.
La piece de la Carriere emprès le grant jardin CVII p.
La piece emprès icelle CXXV p. et demie.
La piece de Huen par en haut I arpent et III p.

La pièce empres icelle LXIIII p.
Es trueilles dudit Huen, jusques aux patis du Clos, CLXIIII p.
(*Fol. 165.*)

L'ensemble de ces divers morceaux représentait tout près de dix arpents, c'est-à-dire un peu plus de cinq hectares.

EXPLOITATION DES VIGNES

Au XIIIe siècle, les moines faisaient valoir eux-mêmes tout leur domaine viticole. Il était évidemment fort important, puisqu'en avril 1256 le registre d'Eudes Rigaud dit que le couvent a du blé et du vin à vendre pour 500 liv. dont il faudra prendre *deux cents* pour la façon des vignes (*factura vinearum*).

En mai 1257, les moines déclarent au prélat qu'il leur faudra emprunter 200 liv. pour faire l'août et la vendange. On voit par une autre mention (juillet 1258) que la moisson coûtait à elle seule 100 livres. Ainsi les vignobles de l'abbaye exigeaient alors une *mise* annuelle de 300 livres pour frais de culture et de récolte.

Ce régime général subit, suivant les temps et les lieux, des modifications importantes, à l'époque du *Livre de raison*.

Depuis le milieu du XIVe jusque vers la fin du XVe siècle, l'abbaye continua l'exploitation directe des seules vignes de Pontoise et des alentours. Nous détachons du compte de Pierre Dongne (1490-91) quelques détails du chapitre relatif au labour des vignes :

A Jehan Thibout, pour avoir par lui servi de maistre vigneron un an, 20 liv. ts.

A Jehan Postrel, petit vigneron, un an, 10 liv.

A Colette la Goberde pour avoir lié et levé le serment des vignes du Clos et porté au grenier, 17 s. 6 d.

A Guillaume Mignot, demeurant à Mery pour avoir par lui houé aud. clos 26 journées à 2 s. p. par jour, 3 liv. 5 d.

A Jehan Bossuet, demt à la Foullerie (faubourg Notre Dame de Pontoise) pour avoir fait deux cents de pourveins, 10 s.

Comme le prix de la main-d'œuvre s'est constamment accru, on peut se rendre compte par la comparaison avec les 200 livres absorbées en 1256 pour la façon des vignes, combien la culture directe s'était circonscrite.

Les femmes, soit qu'elles aient « ployé audit Clos » ou bien « serclé et nettoyé des herbes » ou encore « relié et bourjonné » sont invariablement payées 12 deniers par jour, tandis que les hommes qui ont « refouy » reçoivent 2 sous. Ainsi la main-d'œuvre féminine est rétribuée régulièrement moitié moins cher.

Il ne faut pas s'étonner de voir les moines faire appel à un journalier de Méry-sur-Oise. Cette paroisse était de celles où la culture des vignes fut de tout temps en grand honneur. Cent ans plus tard, Antoine de Saint-Chamans, seigneur de ce village et l'un de ses grands bienfaiteurs, cédait des terres à qui en voulait à des conditions très avantageuses sous la condition de les planter en vignes (1), cherchant ainsi à reconstituer les crus que les guerres de la Ligue avaient fait délaisser.

Quant aux escharatz (échalas), ils coûtent, en 1490, 24 sous le cent. Par économie, on en prend aussi dans le bois de la Ceaulle (entre Pontoise et Puiseux) : « la fachon d'un cent » coûte 12 sous : c'est donc un avantage de 50 o/o.

Naturellement il faut ajouter les frais de vendange et se procurer aussi les tonneaux. Bien que la fabrication de ces récipients eût assez d'importance à Pontoise pour qu'une rue de la ville portât le nom de *rue de la Tonnellerie*,

---

(1) Voir l'*Histoire de Méry sur Oise*, par le comte Edgar de Ségur-Lamoignon et J. Depoin.

on préfère au xive siècle, en acheter, en gros, à des fournisseurs de Paris. Cent ans après, c'est à des ouvriers ruraux que l'Abbaye s'adresse, sans doute pour donner une clientèle aux petits patrons des villages où elle a ses fermes :

A la veuve Jehan Romain (d'Auvers-sur-Oise) pour avoir refait 18 muids, 4 demi queues et 6 caques, 46 s. 3 d.

A Colinet Talbot, d'Amblainville, pour 12 demi queues neuves, 60 s.

On voit aussi des mises fréquentes pour le salaire des « vandangeresses » : on leur paye également des rafraîchissements.

Pour ses vignes d'Auvers-sur-Oise, l'Abbaye emploie, en 1334, un autre système. C'est l'entretien en régie, avec la coopération obligatoire d'un homme aux gages du monastère.

Veci les convenances de nos vignes d'Auvers que Jaquet de Mery, Rogier du Mont, Jehan Torel et Jehan Ferry, tous d'Auvers, ont pris de nous a fere de toutes bones façons ; c'est assavoir fere esd. vignes iiim de prouveins, taillier, fouir, reffouir, plaier, trecier, redrecier et toutes autres façons qui a fere seront de réson et dont ils aront mestier ; et pour toutes ces choses ils doivent avoir xxviii lb. par. à paier ; premiert a ce Noel prouchain venant, viii lb. ; item x lb. a la Miquaresme ; c s. a la St Jehan Baptiste, et a la my aoust cent s. par. Et doit estre Rogerin nostre closier, leur compaignon en fesant la besogne, a paier tele monoie que il courra, a pain et a vin. Ce fu fet et escript le dimanche apres la St Andrieu l'an xxxiiii.

Item il ont eu i mui de blé pris a Auvers, de vii l. et iiii s. ; le sextier xii s. — Item il ont eu le dimanche de la Miquaresme x lb. desquiels nous retenismes xl s. pour Rogerin. — Item il ont eu, sus le terme de la St Jehan, i sext. de blé de xii s. et en argent sec lxviii s. et pour Rogerin xx s. (Etc.).

(Fol. 26.)

Dans cette paroisse, la viticulture est, à cette époque, en progrès croissant. A preuve ce fait qui concerne le territoire de Butry, dépendant d'Auvers-sur-Oise. En 1330, les religieux obtiennent sentence contre le possesseur d'une vigne « *in loco qui vocatur galicè* les Plantes sus la Freite, *juxta vineam Johannis dicti Cossart* ». On évalue à 20 sous p. la dîme de cette vigne qui occupe seulement « *unum quarterium cum dimidio terre de novo ad vineam redacte* », transformation qui, d'après l'enquête, remonte à douze ans. (*Fol. 63*)

Les vignobles situés dans la boucle de l'Oise, à Jouy-la-Fontaine, Lieux (aujourd'hui Vauréal) et Gency, donnèrent lieu à des arrangements successifs de nature très diverse, au cours du xive siècle, selon les vicissitudes des temps.

Lan mil trois cens cinquante cinq, le dimanche jour de feste Saint Luc évvangeliste, prist de nous Mahiet A la Teste affere la vigne que on apelle la vigne des noiers et la vigne que on apelle Godart seans au terrouer des Parrousiaux, jucques a la fin et terme de six ans touz acompliz, de toutes façons quelles quellez soient sans rien excepter et en cuer de saizon, au dit et regart de gens congnoissans en ce ; et doit faire chacun un ii^c de proveins ; et pour ce... il doit prendre la moitié du vin qui croistra es vignes dessusditez, et avec ce nous ferons aide chacun an de xxv bostes d'escharaz ; et devons mestre la moitié aus vendanges ; et sera le vin qui croistra es vignes dessus-dites foullé et parti en nre abbaie. (*Fol. 143.*)

Ce sont les formules reproduites habituellement dans les baux très nombreux qui suivent, de vignobles à Lieux (Vauréal), Courcelles, etc.

En 1369, on voit descendre la part de l'abbaye au tiers ; en 1370 pour la vigne « que an appelle le quartier de Cossart », le preneur « prendra tout le vin qui crestra et pour ce rendra chacun an VI s., excepté la première (récolte) de laquelle il ne rendra riens ». (*Fol. 146.*)

En 1378, la vigne d'Aguillon et de Godart est louée à un vigneron qui « aura de cinq poz les trois » ; l'Abbaye doit fournir la fumure.

Pour cultiver « cinq arpens à la corde le Roy, des vignes de Heudebourc et de Tribouin », on ne prend ni métayer ni locataire ; l'Abbaye les exploite directement ; elle les fait travailler et vendanger par un homme auquel on donne « chaucun an VIII francs, et avec ce aura son demourer en nre maison et le furit (*sic* pour *fruit*) d'une vache que nous lui baillons, et tout le fien que il feront sera mis ès nos dites vignes ». (*Fol. 147.*)

On trouve, à la même date, un acensement par frère Jehan, humble abbé, à Estienne Harenc et Jehan Richier d'une pièce de vigne « en notre propre fief et seigneurie foncière assise entre Jouy-la-Fontenne et les Quarniaux de Liex, appelé le *Trou de Liex* », led. bail fait pour le pris et some de 3 s. 4 den. par.; et un bail de la vigne dite Courtilg-Saint-Martin à Liex à Pierre le Jouenne demt à Liex par le même abbé pour 3 s. p. (*Fol. 180.*)

En 1389, les vignes de *la Couture* sont louées aux charges suivantes : Le locataire fumera et échalassera ; il aura les deux tiers du vin qui croîtra : les vendanges se feront « à communs despens ». — « Et au commencement, écrit le prieur, nous leur fîmes aide de IIII^{xx} botes d'eschalas et de XVI choterieux de fiens. En 1390, les vignes en treilles du Perroy, à Gency, sont louées pour 9 ans, moyennant 5 setiers de vin du crû sans charges communes : le métayage a disparu. (*Fol. 160.*)

Le lundi après feste Nre Dame my aoust l'an mil CCC IIII^{xx} et trois, feismes marché jusques a trois ans à Estienne Fouynes de labourer toutes nos vignes de Jouy la Fontainne de toutes facons quelconques bones et suffisans, jusques au vendenger, chascun arpent pour IX frans et demi; et fere en chascun arpent de vigne II^{cc} prouveings. Et se monte la some a soixante et seize frans. Et pour ce fere bien et suffisamment il doit avoir l'usage de nostre hostel de Jouy. Et si aura II vaches qui sont toutes sienes. Et nous lui ferons aide chascun an de une chartée de feurre et une chartée de chaume ; et pour ce sera tenu de nous livrer et bailler chascun an VIII hoterieux de fiens. Et avecques ce ledit Estiene aura de nous la premiere année tant seulement II stiers de blé.

L'abbaye avait encore à Cergy d'autres vignes acensées au terroir de « Loncbouel », tenues de Madame l'abbesse de Maubuisson. La déclaration, du 1er juin, 1404, cite parmi les détenteurs de pièces, la plupart très morcelées » Gaultier Petit guernetier de Pontoise » et « Jehanne la Petite, chamberiere au prestre de Nostre Dame de Pontoise » (Fol. 222.)

Passons aux vignobles du Parisis. L'état du « vignage de Saint Leup lès Taverny » est constaté dans deux relevés de 1376 et 1414 (Fol. 179 et 182). Les moines avaient aussi un crû à Saint-Prix, près Taverny.

En 1354, époque de souffrance générale (1), les religieux

---

(1) L'an mil CCCLIIII le samedi devant le Toussains prindrent de nous Guiot Couart, Jehan de Maubuisson et Regnout de Villette nos vignes de Tour que on appelle les plantes, à fere de toute façons sans riens excepter jusques a III ans. Et devons mestre la moitié aus vendanges et les dessus nommés l'autre moitié, de tous les proufiz desd. vignes et ens l'autre. Et devons querir fiens et escharaz pour fumer et escharaser lesd. vignes. Et avec ce auront les trois ans durant tout nre grain que nous avons a Yauebonne.
Les actes ci-dessous fournissent une donnée sur la valeur des vignes à l'époque qui nous occupe :
Le 14 septembre 1393, devant Denis de Bouffémont, prévôt de Saint-Leu-lez-Taverny, et Raoul aux Huches, clerc tabillion dudit lieu, Agnès La Vignarde, de Taverny, vend à Gillette. La Dinande, d'icelle ville, pour huit sous parisis un quartier de vigne au Vignon de Taverny, lieudit la Glaise, chargé de une poitevine (48e partie d'un sou) de cens au chapelain de la chapelle de Mante-aux-Bois, le jour des octaves Saint-Denis et en trois setiers de vin payés en vendange à Taverny.
Le 22 février 1459, n. st., Gaultier Gaultier, laboureur à Jouy-la-Fontaine, reconnaît avoir cédé pour 20 s. p. à Adenet Gastinel, pâtissier à Pontoise, un demi-arpent de vigne au terroir de Saint Martin de Pontoise (Arch. de S.-et-O. Fonds Saint-Martin, Cart. 64-

ayant à relouer leur vignoble de Tour (Saint-Prix), appelé *les Plantes*, ne purent trouver preneur « par moitié pour les prouffits » que sous condition « qu'ils querront fiens et escharas », et encore qu'ils abandonneront au vigneron « tout le grain qu'ils ont à Yauebonne (Eaubonne) ». Il est vrai qu'ils limitèrent à 3 ans ce bail désavantageux.

LA TAVERNE DE PONTOISE

L'Abbaye recevait beaucoup plus de vin qu'il n'était nécessaire pour sa consommation. Elle déposait ses réserves dans son cellier de Pontoise appelé aussi « la maison de refuge », située au n° 7 de la rue de la Coutellerie (1), possédant plusieurs étages de superbes caves.

Pour écouler des produits trop abondants, l'abbé décida en 1329 d'ouvrir taverne dans cette maison « le jour des estreines ». Pour cela il fallut se procurer tout un matériel de débitant. La quantité de vin consommée fut très abondante, et la vente couvrit le prix du matériel acquis une fois pour toutes. (*Fol. 12.*)

Une expérience analogue avait été précédemment tentée, mais sur une échelle bien moindre. Aussi n'y eut-il rien d'improvisé dans cette opération dont le *Livre de raison* nous initie à tous les détails. C'est d'ailleurs la première en date qui s'y trouve consignée.

Dès le temps de Pâques 1328, l'abbé s'était préoccupé

---

(1) Cette maison portait avant la Révolution l'inscription suivante gravée sur la façade : *Omnia dat Dominus, nil habet inde minus.*
La tradition veut qu'elle ait occupé l'emplacement du berceau de la communauté. L'église très voisine de Saint-Maclou aurait été, au dire de Taillepied, la plus ancienne église de Pontoise, fondée d'abord sous le vocable de *Saint Eustache*. Elle prit un patron rouennais, sans doute sous l'influence du comte Gautier III. Or le premier patron de la communauté de Saint-Martin, alors qu'elle se composait de quelques frères acéphales au temps de Dreux, père de Gautier III, fut *Saint Germain* auquel, comme à *Saint Eustache*, avait été dédiée l'une des plus vieilles églises de Paris. (Cf. *Monographie de Saint-Maclou de Pontoise*, par Eugène Lefèvre-Pontalis (publication de la Société historique du Vexin); — *Cartulaire de Saint Martin*, p. 1).

de l'achat de tonneaux chez un gros marchand de Paris. Celui-ci fournit 30 tonneaux et 40 queues ou demi-tonneaux, le tout payé au prix de 50 tonneaux, à 5 sols pièce.

L'an XXVIII, le juesdi apres Quasimodo achetasmes a Jehan de la Barre tonnelier de Paris, L tonniaux, chaucun tonnel v s., valent xii l. x s... *videlicet* xxx tonniaux et xL queues pour xx tonniaux. (*Fol. 21.*)

La récolte de l'automne 1328 fut mise en vente au bout d'un an. Le dimanche après Noël 1329, on transporte dans le « cellier » des hanaps en bois dur creusé et tourné; des nappes, des touailles, une batterie de cuisine et divers meubles.

Dès la veille, on avait jaugé les 45 tonneaux renfermés dans les vastes caves de cette maison; provision considérable qui fut sans cesse entretenue par l'apport de nouveaux fûts.

Enfin, *le jour des estreines*, s'ouvre la taverne.

Le *Livre de raison* nous donne, semaine par semaine, le détail des ventes, soumis à un contrôle minutieux.

Voici les extraits qui concernent les trois phases de l'opération :

Res portate in Cellario nostro, anno XXIX. Veci les despens et les choses achetées et baillées de notre abbé pour cause de la taverne de Pontoise l'an XXIX, le dimanche après Noel : Premierement, viii hennas de madre achetés iiii liv. v sols, et iii sols pour la regratiere. Item, iiii auges de iiii mailles blanches. Item x nappes et ii touailles prises en l'aumosne, du temps de l'autre taverne. Item ii huches et i estrin... ii coutes... i couverture fourrée et i tapis... i greiz, i trepié et i bouquet. Item iiii hennas petiz de madre qui sont en la chambre Monsieur l'Abbé. Item vi hennas de bruiere et i quarthot achetez a Pontoise qui cousterent xxiii mailles blanches... iii granz hennas de madre qui cousteront Lxx sols de flebe monnoie (sic). (*Fol. 12.*)

Vina gaugiata in cellario nostro Pontisare.

Lan de grace MCCCXXIX le semedi apres Noel furent gaugiez en nostre cellier de Pontoise xLv toniaux de vin,

— 197 —

desquiex il i avoit xxvii tresiaux contenant l'un parmi l'autre xviii sextiers meins que moison de tresiax; et xviii doubliers contenans xvi sextiers plus que moison de doulliers (sic).

Item une queue de saugié et une queue de rappe qui ne sont pas gaugiez. (*Fol. 16.*)

On mesure jusqu'à la Quasimodo, d'autres quantités dont l'ensemble forme 48 tresiaux et 23 doubliers. (*Fol. 16.*)

Vina vendita in cellario nostro Pontisare.

L'an de grace M CCC XXIV le jour des estreines furent bailliez a Michelet et a Jehan nos vins de nre cellier de Pontoise pour vendre. Et furent à tavernes en la maniere qui s'ensuient.

Premieremt i tresel tonnel contenant ii muis et demi, i sextier meins, rabatu la lie, fu mis a vi s. et viii (d.) duquel l'en vendi a ce fuer (fur), x sext. qui porent valoir lxvi s. viii d. Et fu mis le remenant a v s. et iiii, duquel len vendi xx sext. qui valent cvi s. viii d. Et einsi pot valoir tout le vin vendu de cedit tonnel viii lb. xiii s. et viii d. Et demoura le remenant dud. tonel en cet estat. Et fut rempli led. tonnel du tonnel ci dessous après escrit.

Le tonneau suivant, de même contenance, est mis à 5 s. 4 d.; après vente de 13 setiers, on le descend à 4 s.; on en vend 12 setiers; on remplit le tonneau précédent, et il reste encore 4 set. valant 16 s. dont les vendeurs ne sont pas quittes.

Le premier tonneau a rapporté en argent *sec* (nous dirions aujourd'hui en argent *liquide*) 8 liv. 13 s. 4 d., et le second tonneau 6 liv. 4 s. 8 d.

Le troisième tonneau, mis à 4 s., fut entièrement vendu et produisit pour 2 muids 1/2, 11 liv. 12 s.

On ne dépasse pas 2 s. pour le reste du vin; on descend même à 16 den. quand on arrive aux fonds de tonneau.

Les taverniers avaient souci de satisfaire les palais moins délicats ou les bourses plus plates.

Le relevé des dépenses avancées par les tenanciers de la taverne, et dont ils se firent rembourser, fait revivre les menus détails de l'organisation. D'abord on se préoccupe de *crier la taverne :* les frais de publicité figurent pour 3 deniers (un quart de sou) dans les dépenses de premier établissement. Heureux temps ! Puis il faut se procurer des loquets, des clés, des pots, des chopines, des chandeliers et de la chandelle, du chauffage ; enfin un supplément de matériel nécessité par le nombre des buveurs.

Despens pour le cellier de Pontoise.

Fai lan de grace M CCC XXIX. Le samedi après les ottaves de la Chandeleur contèrent les vendeurs dud. cellier. Depuis le jour des estreines cest assavoir de vi semeines, pour leurs despens de bouche, xxi s. vi d. Item pour potz et chopines, iiii s. Item pour buche iii c. It. pour vii lb. de chandele v. s. x d. Item pour loquez et clez pour les huis ii s. vi d. Item pour crier la taverne iii d. Item pour xviii chandeliers xviii d. Item pour i sac de charbon ii s. Item pour vin présenté a Tibaut des Bous, v s. iiii d.

Item pour Estiene Le Chien x d. Item pour une veille à tour xii d. (1). Item pour charbon iiii s. Item pour un hennas de madre lvi s. Item pour iii hennas quaillez et i de bruiere ix s. ii d. et ob. Item pour iii auges xix d.

Somme des choses dessusd. tant pour despens, hennaz acheptez et autres choses, vi lb. depuis le jour dessusdit ; et ce jour aportement en argent sec xl lb. *de bona moneta. Summa* xlvi lb. (2). (*Fol. 13.*)

Item die Veneris post Brandones, aportaverunt dicti servi de cellario nostro Pontisare xvi lb. in peccunia sicca. Item die Veneris ante Annunciationem B. M., aportaverunt dicti servi in peccunia sicca lx lb. et pro espensis suis et aliis rebus xlii s. vi d. pro sex ebdomadis ultimo preteritis, videlicet pour buche xii d. Item pour cherbon v s. vi d. Item pour xii lb. candele de cieu (suif) ix s. vi d. Item pour poz et chopines iiii s. Item *pro testibus de Ronquerolis,* x d. Item pour asseir les potiaux de la bove pour avaler vins viii d. It. pour leurs despens de bouche xxi s.

Le Lundi de Pâques 1330, ils apportent 60 liv., moins 40 s

---

(1) Il s'agit d'une vrille pour percer les tonneaux.
(2) C'est la recette brute.

9 d. en dépens dont : « Vin beu par les gans du Roy preneurs d'aveines, xxvii d.; pour ii pere de chauces *datis eisd. servientibus*, xviii s. »

Les comptes s'arrêtent à la Saint-Pierre aux Liens 1330. Depuis Pâques la taverne a rapporté 87 livres, compris les dépenses dans lesquelles figurent « viii lb. *pro uno dolio vini* de Bourgogne, acheté *Pontisare*, et iii s. vi d. *pro ipsum trahendo extra bovam* ».

Les distributions gratuites de vin faites soit aux personnages influents, soit aux ecclésiastiques de marque, soit aux amis de l'abbaye (comme Etienne Le Chien, fourrier du Roi, qui fut un des grands bienfaiteurs du monastère), soit enfin aux gens de l'écurie du Roi, sont toujours imputées en dépenses comme si l'argent représentatif de leur valeur avait été effectivement déboursé. La comptabilité-matières se trouve ainsi rentrer dans la comptabilité-espèces par une simplification qui rend la vérification des écritures très facile à l'aide du contrôle que donne le jaugeage des tonneaux.

Interrompue pendant deux ans, la taverne fut reprise le 3 janvier 1333 (1332 vieux style).

Vins a tavernes en nre cellier de Pontoise le samedi avant la Tiphaine l'an XXXII. Premt i tonel tresel des metaries de Jouy, a taverne a ii s. vendu le tiers audit pris et le remenant mis a xvi (den). It. une queue de saugié de moison de Heudebourc mise a xxxii (den).

It. une queue de moison de vin plein de Heudebourc mise a xxxii (den.) vendu audit pris environ ii sext., et le remenant mis a ii s.

It. un tonel doublier nuef de Boibon mis a iiii s. vendu aud. pris environ iiii sext. et le remenant mis a xl (den.)

It. un doublier de Hams mis a xxxii.

It. un doublier des Fesses mis a iiii s. (*Fol. 90.*)

Nous avons reproduit cette nomenclature parce qu'elle

indique avec précision l'origine des vins vendus, provenant tous des clos de vignes d'alentour.

L'an de grace mil CCC XXXII le samedi après la Circoncision Nre Segneur commencasmes a vendre nos vins de Pontoise par Jehan Le Conte et par Guillot de Montpincon clerc (1); et avoit a ce jour oudit cellier xlix, toniax de vin, une queue de saugié et une queue de vin plein, tous gaugiez, et i rappe qui n'estoit pas gaugié. Item il ont puis eu de nous vi toniax de vin de Huon sans gauge.

L'an de grace mil CCC XXXII le vendredi devant la Chandeleur nous baillièrent les devant dis Jehan et Guillot, en argent sec xviii lb. par. et viii lb. x s. iiii d. en expenses.

(Fol. 92.)

Item veci les mises et despens que il ont fes depuis le samedi que il commencerent la taverne :

Premt ii s. pour vin presenté aux Commissaires.
Item xxv d. pour les tesmoins de Bantellu.
— xix s. iv d. pour iiii napes achetées.
— iiii s. pour une douzeine de gans.
— pour i sextier de gros sel xiiii s. et iii d.
— pour pos de terre iii s.
— pour iiii auges et escuelles de fust xxvi d.
— pour clare et nieulles xxvii d.
— xl s. bailliez a Robert de Bray platrier.
— a Michelet le tonnelier lx s.
— ii s. vi d. pour i papier.
— xxviii d. pour vin presenté au bailli.
— xxii d. pour tesmoins de Bantellu.
— xxii d. pour vin presenté chiés le Vicaire.
— pour viii lb. de chandele, a vii d. la lb. val. iiii s. et viii d.
— pour leur despens de bouche, viii s.

Avril 1333. — *Pro expensis abbatis Ste Genovefe Par.*, iii s.
Juin 1333. *Pro vino presentato Girardo, clerico baillivi Silvanectensis qui fuit infirmus de guta*, iii s. viii d. (2).
Août 1333. — Pour vin presenté à mestre Pierre de Verbrie, au baillif de Morteingne en a mestre Gerart clerc du baillif pour ii jours, xii pintes de vin a ii s. valent iii s.

---

(1) Guillaume de Montpinçon devint plus tard curé de la paroisse Saint-Martin. (Voir p. 128.)
(2) La goutte guérie par la goutte! Déjà florissait l'adage : *Similia similibus*.

— Pour curer les chambres privées dud. cellier, x s.

— Pour unes chausses données à Guiot le Roy, preneur d'aveine, iiii s.

— Pour curer les necessaires dud. cellier, x s.

Noël 1333. — Au vicaire general l'arcevesque de Rouen, iiii pintes de xvi d.

— A l'evesque de Mende qui fit les ordes à Pontoise, i sextier de xxxii d.

Janvier 1334. Pour vin presenté a l'assize pour les ii baillis, v s. viii d.

— Pour une chopine d'uille, ix d.

Mars 1334. — Pour iii pintes beuës *in cellario* par Robin Jourdain, preneur d'aveine pour le Roy xii d.

Nous n'avons relevé que les dépenses présentant quelque intérêt : une foule d'autres ne sont que des répétitions. On voit très fréquemment payer « des souliers » au garçon du cellier. C'était une formule de pourboire, car il serait invraisemblable que, même avec un service très actif, il eût pu mettre hors d'usage une telle quantité de chaussures.

La taverne fut continuée toute l'année. Le montant global des recettes *nettes* comprises dans les douze règlements de compte de *1333*, s'élève à 188 liv. *3* sous — assez près de *deux cents livres*.

Ce chiffre considérable pour l'époque dénote l'importance de ce commerce et le bon renom des crus monastiques.

Les recettes s'élèvent surtout en janvier et mars, et faiblissent considérablement dans le trimestre suivant ; les autres mois donnent une moyenne à peu près constante.

La taverne fut prolongée en 1334, sans qu'il y ait eu d'interruption apparente. Mais la comptabilité fut tenue d'une façon distincte pour chaque exercice correspondant à une récolte déterminée.

Le vendredi avant la feste S. Nicholas d'yver (décembre 1333) aporterent xiii lb. des vins vendus de la viez taverne et xiii lb. de la nouvele taverne.

Les comptes continuent à figurer au *Livre de raison* jusqu'au mois d'août 1334. En voici de nouveaux extraits :

Die veneris ante festum Sti Gauterii in mayo (1334), apportaverunt dicti servi in pecunia sicca xx lb. xvi s. *et in expensis sive misiis* xxvi s. *et* iiii d. ; *que expense tales :*

Primo iii s. pour apparelier 1 cheval qui fu cuit.
Item *pro carbone* xxxii d.
Item *pro potis terre* xii d.
Item *pro verris et* godès, iiii s.
Item *pro* iiii *lb. candele*, xviii d.
Item *pro una pinta olei*, xviii d.
Item *pro quibusdam solutaribus pro famulo de Cellario*, xxii d.
Item *pro expensis ore factis*, x s.   (Fol. 93.)

Die veneris ante festum Bti Barnabe...
Episcopo qui fecit ordines Pontisare ii, *quartas vini* de xvi d.
A Barbe houe fourrier *Regine*, unes chausses de iiii s.
Petro de Villers *famulo Regine*, unes chausses de iiii s.
Pro vino et speciis presentatis Guillelmo de Boubourt *armigero Regine*, v s. ii d.

Entre le vend. ap. l'ascension et le vend. ap. la S. Barnabé. Juin 1334. *Pro vino Confessori Ducis Normannie*, xvi d.

Entre le vend. ap. la St Barnabé et le vend. ap. la St Benoit :
Pro vino presentato Confessori à la ducheze d'Alençon, xvi d.
— *Pro vino presentato Confessori Regis* xvi d.
— *Fratri Michaeli, Cordelario Pontisare,* une quarte de viii d.
— *Adeneto de Brecuria nepoti Dui Abbatis* vii lb. pro duobus doliis vini.

Entre la St Benoît et le mardi av. la St. Laurent :
— Pour unes chauces données à Meifey, *servienti Regine*, iii s. vi d.   (Fol. 94.)

La taverne cessa en août 1334. Faut-il admettre que l'on découvrit une meilleure combinaison pour écouler les récoltes, ou que des circonstances extérieures réduisirent la production ? Nous ne saurions le dire.

En 1490, la maison du Cellier et ses dépendances étaient louées à bail à des bourgeois de la ville.

VIII

COMMERCE

LES PÉAGES

L'Abbaye possédait entre autres revenus une part dans le péage de l'Oise, à Pontoise et à Stors, près l'Isle-Adam.

Le *Livre de raison* renferme une série de documents intéressants sur ces deux péages, ainsi que sur celui de l'Isle-Adam même et sur quelques autres *travers*.

Pour le passage de Pontoise, il existe deux textes de tarifs dont le premier remonte à l'origine du Livre et était en vigueur dès 1328; le second fut rédigé vers le milieu du XIVe siècle.

Le plus ancien de ces documents est intitulé : *Comment les nez s'acquitent au pont de Pontoise.*

Il ne s'agit point, comme on peut le croire, des nez des passants, mais bien des *nefs* qui sillonnent l'Oise. Le péage de ces « chemins qui marchent » est intéressant à relever; il donne exactement l'idée des éléments constitutifs du commerce de la batellerie au XIVe siècle. On remarquera que, conformément au principe adopté — il y a seulement quelques années — au Congrès de navigation de La Haye, le péage n'est dû qu'une fois sur le même bateau, s'il effectue un de ses voyages à vide, et même dans le cas où le fret de retour est une marchandise destinée à supporter un octroi local. On paye un droit pour les chaînes — c'est-à-dire pour l'éclusage — et un droit pour le gouvernail.

Un autre détail à noter, c'est qu'au XIVe siècle, le transport du hareng *blanc* — nous dirions *frais* si cet adjectif était de mise dans l'hypothèse de voyages aussi lents — se faisait par eau. A une époque antérieure il se faisait par terre, à dos de cheval ou de mule — car un des privilèges du sire de Poix, afférant à son manoir féodal de Pontoise, était de pouvoir saisir le poisson traversant la ville au prix du Roi, et il existe encore dans quelques villages, notamment à Cergy, une voie rurale qu'on appelle le *Chemin des chasse-marée*.

Voici le texte du premier tarif :

Comment les nez s'aquitent au pont de Pontoise.

Premièrement pour chacun mui de grain iiii d. Item pour chacun tonel de vin, et a compter ii queues pour i tonel, ii den. et ob. Item pour chaucune nef de bourgongne montant le pont pour chennes ii s. et pour le gouvernailg ii d. et les nez avalans ne doivent riens de chennes ni de gouvernail se il ont paié au monter. Item pour chaucun mui de sel iiii den. dont les poises font iii muis, et doit avecques, chaucune nef tant la grant que la petite, une mine de sel. Item pour chaucune nef carchiée de merrien alant à Paris xiiii den. et si elle demeure à Pontoise xii den. et si icelle nef revient à Pontoise carchiée de vin elle ne doit rien pour son gouvernail. Item pour chaucun bac carchié de merrien alant à Paris xvii d. si il demeure à Pontoise xii d. Item pour chaucune navée de buche passant la ville v d. et si elle demeure i den. Item pour chaucun millier de cerciaus de grant ouevre estendus iiii d. et pour chaucun millier de la petite ii den. Item pour chaucune navée de merrien à vin passant la ville v den. et se elle demeure ils aquitent pour chaucun millier fourny ii d. Item pour chaucune navée de osier fendus passant la ville v den. et se il n'i a que c moles, une maille, et pour chaucun tonel wit (vide) une maille. Item pour chaucun cent de fer et de touz autres metaux iiii den. et se il demeure en la ville autant. Item pour chaucune somme de cresse iiii d., et monte le tonel vii sommes valent xxviii den. Item pour chaucun cent d'oint vii d. Item pour chaucun cent de cieu une maille. Item pour chaucun cent de cire iiii d. Item pour chaucun millier de harenc blanc iiii d. Pour chaucun millier de sor ii d. et se il demeure en la ville chaucun millier du blanc doit i den. et du sor i maille. Item pour chaucune collée de laine ii d. et pour chaucune somme iiii den.

Item pour chaucun leht de cuirs à poil xl d. et pour chaucun loht iiii d. et se il demeure en la ville il n'en paient rien. Item pour chaucune chartée de fruit ou de escuelle ii d. Item pour verjus et pour vin egre nient, mès les fus doivent maille. Item pour chaucun fez de pos ou de pailles ii den. et se il demeure en la ville une maille. Item pour chaucune chartée de auz ou de oignons ii d. Item pour chaucun couple de figues ou de resins, i:ii d. et se elle descend en la ville une maille. Item pour chaucune navée de merrien à cheron v d. et se elle demeure i d. Item pour chaucune mole à moulin percée i d. et se elle est à percier, maille ; le molardel percié une maille, celi à percier une poitevine. Item pour chaucun cent de gaude, une maille. *(Fol. 46.)*

Le second tarif est le résultat d'un remaniement qui porte en apparence sur la disposition des articles, mais au fond accentue sensiblement la fiscalité.

C'est le paiaage de l'yauve du pont de Pontoyse et du rivaige.

Pour chascun muy de grain iiii d. et autant doit, deschargé à Pontoyse, comme s'il passait oultre.

Item pour chascun tonnyau de vin, ii d. ob. La queue v poitevines et le vinaigre I den. Aussi bien se il descent à Pontoyse comme se il monte ou avalle ; se ce n'est vin cueilly es vignes des bourgeois de Pontoyse. Mais se il y a emplages qu'il achettent, il doivent poier comme devant est dit. Et aussi doivent prendre congié de descendre.

Item pour chascun muy de sel iiii den., dont les xx poises font xii muis ; et pour chascune batellée, une mine de sel, soit grant ou petite, et autant se elle descent à Pontoyse comme se elle passe oultre.

Item pour chascun tonniau vuit, ob. Et se aucun ramaine tonniaux qui auront esté deschargés à Pontoyse, il en est quittes par le premier aquit s'il n'est marchandes.

Item pour chascun miller de harenc blanc ii d. et du sor I den. descendu à Pontoyse ; et se il monte ou avalle, le miller de blanc doit iiii den. et le sor ii den.

Item le cent de cire iiii d. Le cent de cieu iiii d. Le cent d'oingt vii d.

Item la somme de sain, d'uylle, de miel, et de toutes aultres cresses iiii d. ; et vault le tonniau vii sommes, qui montent à xxviii den.

Item pour chascun let de cuirs à poil xl d. et vault le let IIe cuirs; et pour chascun lot IIII d. et pour la taque II d. Et se il y a cuirs davantage, chascun cuir doit maille; et autant en doivent les bourgeois de Pontoyse, se il les vendent, et pour tenner en leurs maisons il n'en doivent riens.

Item pour chascun cent de fer et de tous aultres mettaux IIII d. et autant se il demeure à Pontoyse comme se il monte ou avalle.

Item pour chascun fès à un homme, de pos et de paelles de cuivre, d'arein ou d'estain, II den., et se il demeure à Pontoyse ob.

Item un arson de pos de terre, ob.

Item une huche ou coffre à serrure I den. et sans serrure ob.

Item une couste IIII den. et le coissin II d. et autant se il descent, etc.

Item pour chascun miller de mesrien à tonniaus, et de lambruis, II den., et se il descent à Pontoise autant.

It. pour chascune couple de figues ou de roisins IIII d.

Item pour chascune charrete de guede XII d. et autant s'il demeure à P..

Item pour chascun drap de leigne montant ou avallant ou demourant à P., ob.

Item pour chacune charretée d'aux ou d'oignons, II d.

Item pour chacune molle a moulin, I d. et pour le mollardel ob.; et se il sont à 'percier, la molle ne doit que ob. et le mollardel poitevine.

Item pour chascun cent de gaude, ob.

Item pour chascune charretée de fruit ou de escuelles, II d.

Item pour verjus, vin aigre, nient; mais les fus doivent ob.

It. pour chascune batellée d'osier, oultre cent molles v d., et se il n'y a que cent molles, ob.

Item pour chascun miller de grans cerciaux estendus IIII d. et pour le^a miller de petits II d.

Item pour chacune navée de merrien à cheron, v d. et se il demeure à P., I d.

Item pour chacune navée de buche de fornille et de volille v d. et se il demeure à P. I d. et pour le bac VII d. se il passe la ville.

Item pour chacun bac carchié de merrien allant oultre la ville XVII d. et se il y demeure, XII d.

Item pour chacune nef carchiée de marrien passant la ville XIII d. et se elle y demeure XII d.

It. pour chascune nef de Bourgogne montant le pont ou estant à P. ii d. pour chaines et ii d. pour le gouvernail ; et ceulx qui ont payé au monter ne doivent rien quant ils avallent.

Item pour chascune batellée de essaule ii d. et miller de late iiii d.

Item pour chascune somme de sain de harenc viii d.

Item pour chascune batellée de fein, de buche, de moule ou de contreffouez ne doit que congié.

Item pour le fardel de pyaux iiii d.

Item pour une force à tondeur ob.

Item pour une ferrure à chareste pesant un cent, et de tout aultre fer ouvré iiii d.

Item pour nn chartic. une herce, une charrue, eschielles, civieres, brouettes et plusieurs aultres pièces qui sont fettes en espece, pour chascune ob.

Item pour un pot, une puelle, grilz, boucques, treppiés et plusieurs aultres pièces faittes de fer ou de aultre metal pour chascune pièce ob.

Item de touttes autres choses quelconque qu'il ont acoustumé a poier paiage en quelque maniere que ce soit ou puest estre sans riens excepter. (*Fol. 134 et suiv.*)

Voici les principales observations auxquelles peut donner lieu la comparaison des deux textes :

La distinction entre le merrien à chéron et le merrien à vin, soumis en 1328 à un tarif de faveur, disparaît, et l'unification se fait au profit de la taxe la plus forte.

L'exemption de droits accordée à la nef revenant de porter du merrain à Paris et ramenant une cargaison de vin, est aussi supprimée.

Les exemptions dont jouissent les Pontoisiens sont suspendues, du moment où ceux-ci sont considérés comme se livrant au commerce des vins ou des cuirs.

Les grains déchargés à Pontoise sont soumis aux droits.

Pour les cuirs, un droit supplémentaire est établi pour la *taque* (taxe), et les peaux sont frappées aussi.

Le suif, qui payait le droit minimum, est soumis au régime de la cire, ce qui semble exorbitant.

L'huile et le miel sont englobés dans la taxe des graisses.

La laine ouvrée, qui payait par ballot, est soumise à un droit proportionnel frappant chaque unité de drap.

La poterie, la hucherie et la literie ont les honneurs du tarif. Il en est de même de la quincaillerie et du matériel agricole, qui payent à la pièce.

Enfin le dernier article, par sa forme générale, ouvre à l'arbitraire des péagers une carrière illimitée.

A quelle date fut promulgué ce nouveau tarif? Le *Livre de raison* ne le dit pas. Mais la comparaison des produits encaissés par l'Abbaye, qui s'élèvent brusquement d'une moyenne oscillant entre 15 et 20 livres jusqu'en 1341, à 41 livres en 1342 et 38 livres en 1343, nous donne lieu de penser qu'il fut promulgué dans les derniers mois de 1341. Le tableau que nous donnons ailleurs, des produits dans la seconde moitié du XIVe siècle, présente de trop faibles chiffres pour laisser supposer un relèvement des droits au cours de cette dernière période.

L'abbaye possédait, comme légataire de maître Pierre de Hérouville, une part — le neuvième — des droits de péage à Pontoise (1). Le *Livre de raison* contient des mentions disséminées — contrairement aux habitudes de ses rédacteurs — au sujet des revenus de cette part, de 1329 à 1336. A partir de 1341, pendant juste un demi-siècle, les levées faites d'abord trois fois, puis deux, puis une fois par an, et dans les moments de crise, tous les deux ans, sont régulièrement inscrites à la suite, et, par les alternatives d'affaissement ou de relèvement des recettes, donnent la mesure du ralentissement ou de la reprise des transactions commerciales (2).

---

(1) Obituaire, au 30 mars. *Cartulaire*, p. 226.

(2) Cette part de péage relevait de Guillaume, sire de Póix; elle fut échangée par Bertaut de la Marche contre d'autres biens avec Simon de Macy, au bénéfice duquel elle fut amortie par Renaud de Trie sgr. de Tiville (?) et Jean de la Marche; cet amortissement fut confirmé par lettres royaux de 1312 (Pihan de la Forest, p. 49). — Voir ci-dessus, p. 67.

L'abbé Jehan de Brécourt avait immédiatement utilisé cette nouvelle ressource pour couvrir les dépenses de la table du couvent et les frais de casuel à la charge de l'abbaye.

Lan de grace mil CCC XXXIIII le juesdi apres la St Ambroise compta dant Guillaume de Troussures sous prieur de la recepte de la bouete du pont de Pontoise, et des mises que il avoit fetes aus moines qui chantent les messes et des disners du couvent depuis le jour de la St Ambroise qui fu l'an XXXI; en tele maniere que il dut de restat pour tout le temps passé... IIII lb. ix s. p. Presens a cen, dant Robert de Gousengrez, prieur de l'abbaie, dant Thibaut, dant Jehan Le Chaussier et dant Climent.

Plus tard on paye sur le produit de la recette « les courrois » de Carême, de Toussaint et d'Avent, et le reliquat reste déposé dans un coffret dont le prieur a la clé. Mais bientôt la dépression des recettes et leurs oscillations rendirent impraticable cette combinaison. Nous indiquons ailleurs comment, partie de 34 livres 18 sous (plus 38 boisseaux de sel) pour les années 1329-1330, la part de l'abbaye, après avoir atteint 41 livres en 1342, tombait à zéro en 1355 et 1356, pour rester longtemps ensuite à la moyenne de 6 livres, et se relever un peu au début du règne de Charles VI. Il semble qu'un forfait de 13 livres ait été établi à partir de 1391. En tous cas, au siècle suivant, les revenus du péage, devenus bien plus faibles encore, n'étaient plus perçus directement par l'Abbaye.

La part du « travers et passage du pont » était affermée en 1475 à Gerard Hebert. Le comptable de l'abbaye encaissa cette année trois termes trimestriels de 24, 40 et 24 s. ts.

Dès le XIIe siècle, l'Abbaye avait reçu en don le rivage de Stors (*ripacium de loco qui dicitur Septem sortes*) (1).

Elle partageait, par moitié avec le seigneur, les droits

---

(1) *Cartulaire*, p. 20.

d'ailleurs insignifiants qu'on percevait en ce lieu — sans doute des droits de stationnement ou d'amarrage. Nous citerons ici une mention relative au partage de la *boîte* ou caisse du péager de Stors.

L'an mil CCCXXXVIII au mois d'avrily le jour de la feste Saint-George, fu partie la bouette du rivage de Stors entre nous abbé de St-Martin et Madame d'Ivry (Guillemette, dame de l'Isle Adam) ou son procureur, et fu trouvé qu'il y avoit en la bouette xiv d. par. desquiels nous eusmes la moitié et Adam le Barbier de L'Ille ou nom de lad. dame, l'autre moitié. Presens a ceu, dant Thibaut de Chelle, nre moine et Herbert de Frouville, son vallet, la femme Quoquilliet de Stors qui gardoit la bouette, Ysabel la tavernière de Stors, et led. Adam le Barbier de l'Ille, sergent de lad. dame. (*Fol. 59.*)

En 1341, nouveau partage, avec la dame d'Ivry, d'une recette de 28 deniers.

En 1352, la dame de l'Isle-Adam est remplacée par sire Jehan Mallet, chevalier, qui assiste avec dant Jehan de Villeneuve, prévôt de l'abbaye, à la levée de la « bouette » contenant alors 36 deniers.

Guillemette de l'Isle, dame d'Ivry, s'était à cette époque réfugiée à l'Hôtel-Dieu de Pontoise où les religieuses lui avaient donné l'hospitalité.

On voit par les indications qui précèdent qu'elle avait aliéné antérieurement son domaine de Stors.

Le *Livre de raison* ne contient pas de tarif pour Stors. Mais en revanche, on y a transcrit, pour un motif qui nous échappe, deux documents concernant le *travers* de l'Isle-Adam : le tarif, qu'il n'est pas sans fruit de comparer avec celui de Pontoise, et la liste des prélèvements, s'élevant à 52 livres, que divers seigneurs ou bénéficiers avaient droit de faire sur son produit annuel.

C'est la value que les marchandisses et darrées montans ou avallans par dessous le pont de l'Ille Adam.

Premierement pour le travers d'iceluy pour le tonnel de vin, xi poitevines.

Item pour une nef a buche, vi den.

Item pour une nef a buche que l'on apelle bac, ii s.

Item pour une nef a merrien, ii s.

Pour un bac a merrien iiii s.

Pour un tonnel wit (vide) i d. et pour la queue, ob. par.

Item pour osier, v d.

Item pour une batelée d'essengle, ii s.

Item pour le millier de merrien à vin, iiii d.

Item pour late, iiii d.

Item pour le millier de cersiaux estendus iiii d.

Item pour le quarteron en molles, une ob.

Item pour la mole a moulin, une ob. et se elle estoit parcie (percée), i den.

Item pour i muy de grain comme blé, avoine, selle, poiz, feves, veesce et orge, iiii d.

Item pour i chartil de chareste, ob.

Item pour le cent de coivre, de fer, de plon, de metal et de sten (d'étain), iiii d.

Item pour une ferrure à chareste, iii d.

Item pour unes forces a tondeur, une ob.

Item pour une coute iiii d. pour le coissin, ii d.

Item pour i pot ou une paille ou autre piece, pour chascune une ob.

Item pour une huche sans clef, ob. et si elle a clef, i d.

Item pour le cabar de figues, iiii d.

Item pour le couple de roisins, iiii d.

Item pour le lect de cuirs qui vaut cent cuirs, iii s. iiii d.

Item pour le millier de harens sors, ii d.

Item pour le millier de harens blans, iiii d.

Item pour une chartée de laine, ii s. viii d.

Item pour la somme de cheval, iiii d.

Item pour la colée a i homme, i d.

Item pour le fardel de piaux de Mortaigne, iiii d.

Item pour cheval, pour la gibe de draps contenant xii draps, vi den. ou pour chascun, ob.

Item pour une roes (roue) de charete, mises en batel, ferrées, iiii d.

Item pour 1 tonnel de creesse *(sic)*, II s. VIII d.
Item pour la queue de cresse, XVI d.
Item pour la somme a cheval, IIII d.
Item pour le tonnel de sain de harenc, V s. IIII d.
Item pour la batelée d'eschallas, V d.
Item pour le fardel corde a chanvre I d.
Item pour la sachée, une ob.
Item pour le fardel corde de mercerie ou de autres choses, IIII d.

Et de toutes les choses dessusd. le conté de Beaumont et Carnele sont frans.

C'est ce que on doit par an au terme de la Chandeleur sus lad. revenue.

A l'abbé du Val Nre Dame VII liv. III s. IIII d.
Au couvent de Conflans XIII s. VIII d.
A l'abeesse de Poriaz (Port-Royal) XXVI s. VIII d.
A Jehan de Montalet, escuier XXXIII l. VI s. VIII d.
Au chappellain de la chappelle de Valmondois XVI s. III d.
Au prieur d'iceli lieu VI s. VIII d.
A St Quentin de Valmondois VI s. VIII d.
Au chappellain de Ballaincourt III s. VIII d.
Au convent du Lai XIII s. IIII d.
Au prieur de l'Ille Adam XX s.
A la maladerie de l'Ille XX s.
Au chappellain de lad. maladerie XX s.
Au chappellain du prieur de Nongent LXVI s.
A St Martin de Nongent III s. IIII d.
Aus Bons homes III s. IIII d.

Il y avait à Franconville un péage ou travers sur lequel, en 1393, l'abbaye touchait une rente de 30 sous, qu'elle devait aux libéralités de la maison de Montmorency.

Si l'abbaye perçoit des péages, elle n'en est pas dispensée en d'autres occasions. Ainsi le 1er novembre 1485, elle paye un droit « au pontongnier de Cergy pour avoir passé les charioz qui ont esté querir le faim (foin) de Han ».

XIII

LA GUERRE DE CENT ANS

Cette douloureuse période de nos annales a laissé de nombreuses traces dans le *Livre de raison* de Saint-Martin. Les indications qu'on y peut recueillir éclairent principalement trois points de vue de l'histoire de ce temps :

La situation financière générale et les difficultés au milieu desquelles se débattait le Trésor ;

Le concours matériel que l'abbaye prêta à la caisse royale obérée, et son intervention dans les affaires de l'Etat ;

Enfin, les désastres que la guerre étrangère, compliquée de la guerre civile, causa au monastère, et les ruines qu'elle sema dans la contrée.

SITUATION FINANCIÈRE

Philippe de Valois se livra, dès le début de son règne, à des opérations de refonte et de variation des monnaies dont l'abbaye subit le contre-coup, et qui impliquent une continuelle détresse du Trésor. Après avoir lu les documents qui suivent, on se demande vraiment comment des transactions commerciales, des baux, des marchés d'abonnement, auraient pu se conclure pour une durée tant soit peu prolongée.

Le cours que les monoies ont couré.

Doites (dettes) acreues ou temps passé, a paier a certeins termes et sans termes, seront poiés au pris et a la value que le gros tournois bons d'argent se metoit, es lieux ou les contraz se firent, quant la doit (dette) fu acreue, c'est assavoir et a entendre de deniers prestés et derrées (denrées) venduees, excepté fermes et ventes de bois... et ù cas que il aroit es choses dessusd. certaines expresses convenances fesans mentions de certeines monoies et sus certeins pris, nostre entente est que sans enfreindre il soient tenus et gardés en leur force et en leur vertu... Donné le xvie jour de decembre l'an xxix.

C'est cen que le gros tournois à lo ont valu puis l'an xx. L'an xxi, xxii, xxiii valu le gros a lo xii deniers.

L'an xxiiii valut le gros tournois xxii den. la piece en paiement, et bien vi d. pour lb. au change.

L'an xxv environ la Chandeleur, prist le gros tournois cours pour xiii den. en paiement.

L'an xxvi environ la Saint Remi valut le gros tournois xiiii den.; mais entre lad. Chandeleur et la St Remi, valut le gros tournois bien aucune avantage plus de xiii den. et meins de xiiii d. au change.

L'an xxvi dessusd. environ Noel, valut le gros tournois xvi den. la piece.

L'an xxvii après Pasques et environ la St-Jehan valut le gros xvi d. la pièce.

L'an xxviii environ Pasques prisdrent cours gros tourn. pour xviii d. la piece.

L'an dessud. environ la St Remi valut le gros tourn. xix d. la piece.

A Noel ensuivant prisdrent cours les gros tourn. pour xx d. la piece et tant ont depuis tousjours valu ; et sache l'en que les gros tourn. ne penssoient point de i d. au coup, eins valloient entre deus, avantage au change. Et pour ce que il ont pris cours de eus mesmes sans ordenance de prince n'i a nule certeine journée des muances, etc. (*sic*). Pris par le registre de la Chambre des Comptes, etc. (*sic*). (*Fol. 47.*)

Le Registre contient des lettres du bailli de Senlis, reproduisant le texte d'une autre ordonnance de Philippe VI. Le Roi prescrit que « l'en donrra chacun marc d'or fin de xxiiii caraz au pois du marck mons^r St Loys, huit cens xxx tournois gros d'argent d'iceus bons que nous ferons fere ; item l'en donrra du marc d'argent fin en piece au pois dessusdit, lviii gros tourn. (et) au marc d'argent fin en billon lvi s. vi d. de bons petis tournois; ... que les royaus d'or qui sunt fet derrenierement aient cours, pour ce que il n'ait deffaute de monnoie, pour le pris de xii s. chacun des doubles qui ont cours, et pour xii s. des bons parisis que nous ferons ouvrer... Donné à la Fontaine St Martin, u Meune (au Maine), le 6e jour de septembre l'an de grace mil CCC XXIX... Mandons à tous que il apartient et au gens Madame la Roine Jehanne (1). Donné à Senliz le vendredi après feste St Remi l'an mil CCC XXIX (2).

PRÊTS ET AVANCES AU ROI ET A LA COUR.

L'Abbaye fit pendant tout le xiv° siècle, de continuelles avances en denrées et fourrages aux maîtres d'hôtel et aux chevaucheurs du Roi, de la Reine, du Dauphin, de M. le Duc (d'Orléans), de M. de Châtillon, etc. Les rares mentions de paiement prouvent combien ces avances étaient difficilement remboursées.

Len doit aus religieus de Saint-Martin de Pontoise en la Chambre aus deniers devers le Roy, pour vin pris en leur abbaie, et compté devers lad. Chambre, LX liv. II s. VI den. par. et furent prins environ la St Andrieu l'an XLI (*barré*).

Item pour XXII sextiers d'aveine prise en leur d. Abbaie et comptés en lad. Chambre XV liv. et VIII s. par. prins environ la Thiphaine l'an dessus dit (Barré). *Solutum est.*

Item l'en doit aux d. religieus en la Chambre aus deniers devers la Royne pour *vin saugié* pris en leurd. abbaie et compté devers lad. Chambre, VI liv. XIII s. p. du temps dessus-dit.

Item pour x setiers d'aveine prise en leurd Abbaie par Ourart le Cheveusseur, environ la feste St Martin d'Esté l'an XLI et compté devers lad. Chambre, VI liv. p.

Item l'en doit ausd. religieux en la Chambre aux deniers de nos chiers seigneurs les enffans du Roy, pour III set. d'aveine pris par Guillemin le Bourguignon et compté par devers lad. Chambre, XXXIII s. environ la St Jehan Bapt. l'an dessus-dit.

Item le Roy est tenu aus religieus de St Martin pour v muis de blé pris par Estienne de Compigne, XXVII liv. par. et en outre ont lesd. religieux estroe scellée du scel dud. Estienne, et fut led. blé mené à Roen pour faire becquit (biscuit) qui fut mené en un armée quant Buchet ala en la mer.

---

(1) La reine Jehanne d'Evreux était dame de Pontoise.
(2) C'est à dire le 5 octobre. On voit que la transmission de l'ordonnance s'était faite en moins d'un mois.

Item le Roy est tenuz ausd. religieux de S¹ M. en la somme de trente huit liv. par. de pur prest fet à li le samedi dis et huitieme jour en janvier lan mil CCCXLII et en ont lesd. religieux estrve signée du clerc du Trésor, dont la teneur de lad. cedule : Thesaurarii dni Regis Parisius receperunt et reddiderunt eidem de Abbate Sti Martini de Pontisara pro mutuo per eum facto Regi hac vice in subsidio presentis guerre, per eum recuperando super decima sue ecclesie, de tempore futuro xxxvııı lib par. in Lxᵃ tribus solidis ıııı den. argenti ad florem lilii cujuslibet pro xıı den. par., per fratrem Iohannem Du Coiz. Scriptum in thesauro dni Regis Parisius, sabbato xvııı die januarii anno cccxlıı. O. MICHAELIS.

(*Cette mention est barrée*).

Item le Roy est tenus ausd. religieux pour foin pris en leur abbaie l'an mil CCCXLIIII ou mois d'avrilg en ıııı liv. et fut pris led. fein par Penot de Condé.

Item l'en doit ausd. religieux en la Chambre aux deniers de nos chiers seigneurs les enffans du Roy nostre sire pour aveine prise par Guillemin le Bourguennon vı. lb. vı s. desquiex nous avons eu par Jehan d'Aucerre Lxvı s. et ainsi demeure Lx s. *Habuimus LX s. per manum magistri A. de Tronchelle*. (*Le tout est barré*).

Item l'en doit ausdis pour ıı sext. de blé pris en leur abbaie ou mois d'aoust l'an mil CCCXLIIII par Regnault Bucy vallet de harchers du Roy xxıııı s., et furent menés à Poissy par Jehan de Vaumondois nostre vallet et a nos chevaux.

Item le Roy est tenuz ausd. religieux pour trois charretées de feurre prises en leur hostel de Livillier l'an mil CCCLII le lundi après Quasimodo par le fourrier du seigneur de Revel.

Item le Roy est tenus ausd. relig. pour xLvııı fessiaux de foin pris en leurs prés de Ham l'an M.CCCLI le vıı jour de septembre, xxıııı liv. et fut pris led. fein par Andrieu de S¹ Sauve chevaucheur. (*Barré*).

Item la Royne est tenue ausd. relig. pour deux fessiaux de fain, xxxıı s. pris en leur abbaie environ la Toussaint l'an LI (*Barré*).

Item la Royne doit ausd. relig. trois charretées de feurre prises en leur abbaie environ la Toussaint l'an LI (*Barré*).

Item la Royne est tenue ausd. religieux pour herbe verte prise en leurs prés de S¹ Ouin xLvııı l. et fut prise lad. herbe par Richart Noel chevaucheur l'an LI le jour de la Feste Dieu.

Item le Roy est tenus ausd. relig. pour ııı charretées de

foin prises en leurs prés de Han l'an LII le xvi jour du mois d'aoust et furent prisiées chacune charretée à xxx s. vallent iiii l. x s.

Item le Roys est tenuz ausdiz relig. pour vin pris en leur cellier de Pontoise l'an LII, le premier de l'an, par Gerat le Bourrellier et fut prisé led. vin a x lb. par. *(Barré)*.

Item la Royne est tenue ausd. relig. pour viii charretées de feurre prises en leurs hostiex de Livillier et de la ceaulle de Puiseux l'an LIII. *(Barré)*.

Item le Dalphin est tenuz ausd. relig. par xlii sext. d'avoine prises en leur abbaie l'an LIIII le dymenche et le lundy après l'Ascension par Henry du Verdier, et fut prisé chacun sextier à xii s. p. : ix l. xii s.

Item le Roy nostre sire est tenus ausd. relig. pour xiii sext. d'avoine prise en leur abbaie l'an mil CCCLV, le viii jour d'aoust et bailliée à Pierre de Condé, et fut prisé chacun sextier à xiii s. p.

Item le Dalphin est tenuz ausd. religieux pour v sext. d'avoine prise en leur abbaie l'an LV le xxii jour de septembre par Henry du Verdier et fut prisé chascun sextier a xx s. p.

Item Monsr le Duc est tenuz pour deux charretées de foin et deux sextiers d'avoine... l'an CCCLVII, le jeudy après Quasimodo, de quoy l'en a cedulle.

Item Monsr le Duc... pour une charretée de foin prise en leurs prés de l'ille de Jouy l'an CCCLVII ou mois de juing, de quoy l'en a cedulle.

Item Monsr le Duc... pour une charretée de foin prise en leur pré de Han et menés à Cergi l'an CCCLVII le xviiie jour de septembre.

Item Made la Duchesse... pour une charretée de foin prise en leurs prés de St Ouin l'an CCCLVII ou mois de jouing par Guillaume Maumusset.

Item Made Dame... pour un cheval pris en leur abbaie et mené en Engleterre par Hannequin l'an CCCLVII ou mois de juing et prisé à X escus.

Item Made Dame... pour XII charetées de feurre pris en leur maison de Livillier l'an CCCLVII ou mois de juillet.

Item le Roy... pour vin pris en l'ostel dud. Abbé à Pontoise par Wideruc le xviiie jour de may l'an LXXVII, lviii s. de quoy l'en a cedulle.

Item le Roy... pour xv sext. d'avoine prise en leur abbaie

par Henriet Verdier l'an LXX¹X ou mois de juing environ la St Jehan cv s.; paié xLv s.

Item Monsr le Dalphin... pour xii stiers d'aveine prise... par Jehan le Normant l'an LXXVIII, le v jour de decembre.

Item Madame la Royne... pour xvi stiers d'aveine prise... par Ulguant Renier l'an LXXVII le merquedi des feries de Penthecouste de quoy l'en a cedule.

Item pour ii st. par Jehan de Beauviés l'an dessusd. le jour de feste St Lorens, xx s.

Item le Roy... pour viii sext. d'aveine prises... par Jehannin de Beauviés chevaucheur le jour de feste de St Luc l'an mil CCC IIII^{xx} et VII.

Item le Roy... pour xx sext. d'aveine prise... par Guillemin d'Acy chevaucheur le iiiie jour de juin l'an mil CCC quatre vins et deux.

Item le Roy... pour huit charretées de fein prises en la prairie de Han par Colinet de Barenton et le Normandiau, prisiées par le Bourgaignon et par Jehan Philippe a xvii faissiaux et une brassée le xviiie jour de juillet MCCC IIII^{xx} et deux,

Item le Roy... pour quatre queues de vin prises au cellier St Martin par Henryot de Creil clerc le xxiiiie jour de juillet l'an mil CCC IIII^{xx} et deux. Et fut led. vin trait à broche par Jehan Lehier clerc. Et avons une cedule dud. vin de la somme de xLviii lb. fs. *Sol.(utæ sunt) circa Natale B. M. anno octogo quinto* xLviii *lb. tur. in vino* (*Le tout est barré*).

Item le Roy... pour xii stiers d'aveine pris en leur hostel à Pontoise par Jehan de Beauviés chevaucheur du Roy et menée ou Val Nre Dame le viiie jour de mars l'an IIII^{xx} et deux quant l'obseque de la fame de messire Pierre de Villiers grant maistre d'ostel du Roy, fu fait.

Item le Roy... pour xii stiers d'aveine prise en leur hostel à Pontoise par Jehan de Beauviés chevaucheur du Roy le vie jour d'avril l'an IIII^{xx} et trois.

Item le Roy... pour ii muis d'aveine pris... par Jehan de Beauviés et Jehan Jouel chevaucheurs du Roy le xxiiie jour d'octobre l'an IIII^{xx} et trois.

Item le Roy... pour ii muis d'avoine prinse... par Jehan de Bruges, présent Jehan Jouel et Adenet Sorel le jour de feste St Mor l'an IIII^{xx} et cinq.

Item le Roy... pour ix charretées de teurre prises en leur granche de la Ceaulle de Puiseux par Martin, varlet de la fourrière et menées à St Germein le ıxe jour de juing IIIIxx et six.

Item messire Charles de Chastellon... pour ıııı sextiers de aveine prise en leur hostel a Pontoise par Henriet Le Baston de Taverny et menée au Val Nre Dame le derrenier jour de juing IIIIxx et sis.

Item le ve jour de decembre l'an mil CCC IIIIxx et six prinst en nre cellier a Pontoise Jehan Chollet chevaucheur de l'escuierie de la Royne de France quatre muys d'avoine emprisagez a xıı liv. p. desquielx il paia xı l. ıııı s, p.

Item le xxvıııe jour de decembre l'an mil CCC IIIIxx et six prinst en nre cellier de Pontoise Jehan de Beauvès chevaucheur du Roy, deux muys d'avoine apprisagez a nuef frans d'or.

Item le xxvıe jour de juing IIIIcc et IX prinst en nre cellier a Pontoise Le Baston, chevaucheur du Roy, xxı sextiers d'avoine apprisagez par les mestres d'ostel du Roy chascun a xı s. p.

Item le vıe jour d'avril mil CCC IIIIxx et dix prinst en nre abbaye Guillaume d'Assys chevaucheur du Roy xvı sext. d'avoine apprisagez chascun à xı s. qui valent en somme xı francs d'or. L'en a paié sur ceu LVI s.

Item le douxiesme et le xıııe jour de septembre l'an IIIIxx et dix fu faite la livrée du Roy nre Sire en nre abbaie par le Namendel et Guillemin d'Assy, laquelle livrée se monta a xLııı sextiers d'avoine qui furent apprisagiez par les mestres d'ostel dud. seigneur à xxıı lb. xıııı s. p. sus laq. somme il fut paié par la Chambre le xve jour enst de vıı lb. ııı s. p.

Le jeudy apres les Cendres l'an IIIIxx et douze avons ballié quittance avecques la cedule le Roy a Jaquet de la Porte pour et en esperance que nous aion vıııs qui nous sont deubz a la Chambre des Comptes ou devers le maistre de Grainsons pour cause de deux queues de vin que nous baillasmes pour le Roy en vendenges aud. Jaquet et dont il nous promit a paier.

(*Fol. 10-13.*)

Si bien tenue que paraisse avoir été cette comptabilité, toujours en souffrance, elle n'est pourtant pas complète. Un document de 1345-1346 prouve qu'elle renferme des lacunes.

A tous... frere Jaques par la grace de Dieu abbé de l'eglise de Saint-Martin emprès Pontoise Salut. Comme le Roy notre Sire fu tenus a nous en la somme de LI lb. six den. p. pour cause de certaine quantité de grain pris en nre abbaie l'an mil CCC XLV et six au mois de novembre et au mois de decembre par Jehan de Cameli bourgeois de Compigne par vertu de certain mandement fait a lui de par le Roy... et ycel Jehan... eust mandé... au collecteur du disiesme pour nred. Seigneur au diocese de Rouen que lad. somme il nous rabataist sus ce que nous pourrions estre tenuz... sachent tous que led. collecteur nous a deduit la somme dessus dite... cest assavoir xxx lib. parisis au terme de l'Ascension et xxi lb. vi den. au terme de la Toussains... de laquelle somme quittons nred. seigneur le Roy, led. collecteur et tous autres.

(*Fol. 101.*)

Il n'est pas surprenant qu'après avoir été si souvent mise à contribution, l'Abbaye eût elle-même une situation difficile.

L'année 1360 est tout particulièrement désastreuse. L'abbé Jehan, obligé de faire réparer de fond en comble la maison de Paris, ne peut payer les 22 florins d'or que lui demande le maçon. Il autorise frère Guillaume Lemire, prieur de Belleglise, frère Vincent Potel, prieur de Marquemont, frère Jehan Mallet, prieur de Taverny, à contracter des emprunts. Lui-même s'adresse à Berthemy Spifame, bourgeois et marchand de Paris, pour en obtenir neufvins florins de Florence, en avril 1361.

Voici le texte de ce contrat d'emprunt :

A tous ceulx que ces presentes lettres verront frere Jehan humble abbé de l'église Saint-Martin emprès Pontoise et tout le couvent d'y ce mesmes lieu, salut en nre Seigneur. Sachent touz que nous confessons a devoir et estre loialment tenuz a Berthemi Spifame, bourgeois et marchant de Paris, neuf vins florins de Florence, du poiz de la Chambre du Pape, pour cause de pur et loial prest fait amiablement en nre tres grant besoing et necessité, sans aucun fraude ni malice; pour poier et aquitter à lad. Chambre du Pape le terme de Pasques prouchain venant, en laquelle nous estions obligiez. Lesquiels florins come dit est, nous promettons en bone foy et sur l'obligacion de touz nos biens et des biens de nre dite eglise, meublez et immeublez, presens et avenir, pour vendre et pour despendre, à tel fuer, tel vente, en quelque lieu qu'il soient ou puissent estre trouvez; a rendre et a poier, a la volonté dudit Berthemi ou a ceulx qui auront sa cause, avec touz coux, fres et despens qui, a deffaut de poiement, pourroient estre fais et soutenus, dont le porteur de ces lettres sera creu en son simple serement sang autre procuration monstrer... L'an de grace mil CCC LXI, le merquedy vi⁰ jour d'avril.

ROLE POLITIQUE DE L'ABBAYE.

A trois reprises, la Communauté eut à prendre sa part de responsabilité dans les affaires publiques, lorsque des appels furent faits au nom du Roi aux divers corps de l'Etat pour envoyer des délégués à des assemblées collectives.

Les religieux de St-Martin furent invités à se faire représenter aux Etats généraux convoqués par le roi Jean.

L'abbé Etienne Cosson délégua pour représenter l'abbaye, son parent Pierre Cosson et deux autres moines. Voici un extrait de la procuration qui leur fut donnée :

O. h. v. frater Stephanus humilis abbas monasterii Sti Martini juxta Pontisaram, O. S. B., notum facimus quod nos, nomine nostro et monasterii nostri, magistrum Petrum Cosson dilectum nostrum, et Johannem de Villanova, Johannem Hurelli commonachos nostros presentium exhibitores, constituimus procuratores generales et nuncios speciales, ita quod non sit melior conditio occupantis, ad comparandum pro nobis et tractandum quicquid erit tractandum, in convocatione generali tenenda et facienda apud *Parisius* per illustrissimum Dnum Regem Francie ab eodem in instanti festo B. Andree apostoli cum diebus sequentibus.....

Datum anno Dni M⁰ CCC⁰ L⁰ V⁰, die sabbati post festum B. Clementis.   (*Fol. 160.*)

Il en fut de même en 1380 :

Omnibus hec visuris, frater Johannes abbas monasterii sti Martini... nomine nostri, et monasterii nostri, dillectos et fideles fratres Johannem Hurelli, Petrum le Plastrier commonachos nostros, et Guillelmum Marguerite dilectum nostrum...

constituimus procuratores generales et nuncios speciales, ita quod non sit melior conditio occupantis, ad comparandum pro nobis, audiendum, trattandum quicquid erat trattandum et faciendum, in convocatione generali facienda apud locum Neris, per illustrissimum Dominum nostrum Regem Francie... instanti decima septima die mensis februarii... ad deliberandum super que in dicta convocatione trattabuntur... ad excusandum nos, allegantes impedimentum nostrum legitimum... Datum in monasterio nostro, anno Dni millo IIIc octogesimo, xiia die mensis februarii. *(Fol. 91.)*

En mai 1403, l'abbé Mathieu fut désigné par acte capitulaire pour se rendre à l'Assemblée de notables convoquée pour recevoir les ambassadeurs du pape Boniface IX.

Procuratio ad comparandum in Concilio generali pro unione Ecclesie.

Universis presentes litteras inspecturis frater Guillelmus Menardi humilis prior claustralis monasterii sti Martini... totus que ejusdem loci conventus... in capitulo dicti monasterii ad sonum campane, more soluto congregati, deliberatione super hoc inter nos habita, consensimus et ordinamus ... quod venerabilis in Christo pater dompnus Matheus Aluptarii abbas noster sit et comparat pro nobis et quolibet nostrum, ad trattandum et concordandum in convocatione generali tenenda et facienda Parisius per illustrissimum dominum nostrum Regem Francie, seu deputatos aut deputandos ab eodem, in instanti decima quinta die mensis maii cum diebus sequentibus, super facto unionis nostre Sancte Matris Ecclesie, quocusque hujusmodi negocium Deo previo, fuerit debite terminatum, necnon ad deliberandum et concludendum cum personnis ecclesiasticis que ibidem ad dictam convocationem intererunt... Et si necesse fuerit... constituimus... religiosum et honestum virum dominum Johannem de Montefortem, necnon ac magistrum Drogonem de Bouvilla licentiatum in decreto... procuratores nostros generales et nuncios speciales, ita quod non sit melior conditio occupantis, sed quod unus ipsorum inceperit in hoc, alter persequi valeat, terminare et finire... Datum anno Dni millesimo quadringesimo tercio, die xii mensis maii. *(Fol. 91.)*

Mathieu Le Cordounier fut aussi délégué au Concile de

Pise en 1409. Il parait que les déplacements onéreux qu'il eut ainsi à faire grevèrent le trésor du monastère, car la communauté obtint en 1415, à titre de compensation, d'être en partie déchargée des taxes extraordinaires levées pour les besoins de l'Etat.

ÉPISODES ET DÉSASTRES DE LA GUERRE

A deux reprises, durant la Guerre de Cent Ans, le Vexin se trouva en proie à l'invasion anglaise : au lendemain de Poitiers et au lendemain d'Azincourt. La première période fut courte, la seconde se prolongea, à travers mille péripéties, de 1416 à la reprise de Pontoise par Charles VII en 1441.

Certains relevés annuels contenus dans le *Livre de raison* pourraient permettre la construction de diagrammes indiquant la répercussion des effets de la guerre sur la prospérité publique.

Rien n'est plus édifiant, au point de vue du ralentissement des transactions, que de relever les produits de la « bouette du pont de Pontoise », c'est-à-dire de la part (*un neuvième*) que prélevait l'abbaye sur les recettes du péage. Le *Livre de raison* contient l'énonciation détaillée des produits de cette part, de 1341 à 1393 (1).

Le levées se faisaient, au début de cette période, trois fois par an et le produit en était considérable. En 1341, la

---

(1) Les énonciations antérieures remontant à 1329, peuvent être difficilement utilisées. Les premières (1329-1330) paraissent comprendre deux exercices annuels. Plus tard (1331-1334), on n'a qu'une balance de compte énonçant le boni de l'exercice triennal, défalcation faite des dépenses couvertes à l'aide de ces revenus.

Voici le relevé des recettes des années 1335-1336 :
1335. Saint-Martin d'été   70 s. p.
— Saint-Remi   66 s.-3 mines de sel, 3 provendes de gros sel.
— Noël   70 s.
1336. Saint-Grégoire   100 s.
— Saint-Martin d'été   64 s.
— Saint-Remi   30 s. 1 set. de sel. 1 set. de gros sel.

Ce qui donne environ 15 livres pour l'année, sans compter le sel.

part de St-Martin s'élève à 21 liv. 6 s.; en 1342 à 41 liv. et 6 boisseaux de sel; en 1343 à 38 livres; en 1344 à 32 livres. C'est une moyenne de plus de 33 livres.

Brusquement, en 1345, la recette tombe des deux tiers. La part de l'abbaye n'est plus que de 12 liv. En 1346, 10 liv. 7 s.; en 1347, 14 liv. 5 s.; en 1348, 12 liv. (moyenne des quatre années).

Arrive 1349; on ne fait plus qu'une seule levée, qui ne produit que 2 liv. 10 s.

En 1350, on reprend les trois levées; leur montant revient à 10 liv. En 1351, 11 liv. 10 s.; en 1352, 21 liv.; en 1353, 12 liv. 10 s.; en 1354, 13 liv. 7 s.; en 1355, 15 livres (chiffre un peu supérieur à la moyenne des six années).

Mais en 1356 et 1357, les levées sont totalement suspendues. En 1358, une seule levée produit 12 livres, mais elle se réfère évidemment à une portion de l'exercice précédent non répartie, car en 1359, l'unique levée ne donne que 5 livres. En 1360, on rétablit une double levée; elle produit 6 liv. 1 s.; en 1361, 5 liv. 10 s.; en 1362, 8 liv. 10 s.; en 1363, 3 liv. 12 s.

L'année suivante, le système des trois levées est remis en honneur. Voici les résultats de ces opérations :

1364	—	9 l.	2 s.
1365	—	14 l.	10 s.
1366	—	15 l.	
1367	—	6 l.	12 s.
1368	—	11 l.	2 s.
1369	—	10 l.	4 s.
1370	—	15 l.	4 s.
1371	—	5 l.	4 s.
1372	—	7 l.	6 s.
1373	—	8 l.	18 s.
1374	—	8 l.	8 s.

La productivité du péage s'accroît lentement à partir de cette date; elle atteint un chiffre absolument régulier de 13 livres 3 sous en 1390, 1391 et 1392.

Une autre indication bien frappante sur l'état du monastère à cette époque nous est fournie par un détail agricole. L'Abbaye avait, dans ses dépendances contiguës et dans ses fermes, des troupeaux assez nombreux qu'elle faisait tondre, et le *Livre de raison* enregistre d'une manière assez régulière les résultats de cette opération.

L'an 1338 tondismes nos brebis de l'Abbaye et y ut c et xv toisons et de la Chapelle vi^{xx} toisons et de Boisemont xlvii toisons.

C'est un total de 281 bêtes à laine.

Mais la guerre passe, et en 1361, nous ne trouvons plus que 35 toisons. Cependant un travail de reconstitution du troupeau s'opère dès que la tranquillité revient. En 1364, on relève 126 toisons; en 1368, 228.

Au début de cette première période d'épreuves, la terreur fut si grande, que le gouverneur militaire de Pontoise, Gasce de Bouconvilliers, fit raser militairement tous les couvents et démanteler les mottes féodales qui parsemaient le Vexin (1). Les prieurés de St-Martin ne furent pas épargnés.

En 1369, l'abbé Jehan réunit les prieurés de Valmondois et du Rosnel « *ruinables, inhabitables, desertos* », il déclare « *redditus et proventus eorum nullius relevationis, circa guerrarum mortalitate, gencium et temporum inoportunitate et inhabitatione domorum* ». Ils furent concédés à vie à Jehan de l'Aitre (*Johanni de Atrio commonacho nostro*), à condition de les remettre en valeur et de résider au Rosnel. (*Fol. 79.*)

On fit de même pour le prieuré de Marquemont. Le prieur de Boury le prit à ferme en 1372, moyennant 13 francs par an.

---

(1) D. Duplessis, *Description de la Haute-Normandie*.

Le *Livre de raison* mentionne fréquemment la présence à St-Martin de curés de paroisses rurales, réfugiés à l'abbaye (1).

Le pays tout entier, et surtout le quartier extérieur de la ville, avait aussi souffert des premiers épisodes de la Guerre de Cent Ans. Un cueilloir (ou nomenclature des cens dus dans le faubourg Notre-Dame), non daté, mais dont l'encre correspond à la date de 1372, nous signale, par exemple, l'abandon des étuves, situées autrefois « dans la maison qui fut Eve, femme de feu Pierre de Chambli, au Richebout », et l'avilissement d'autres maisons de ce quartier, récemment transformées en « estables à berbis ».

Un acte du 31 janvier 1410, qui fait partie des archives de Saint-Martin, nous montre en quel état restèrent pendant plus de cinquante ans, ces alentours de Pontoise. C'est le procès-verbal d'adjudication, à la requête du procureur de la ville, devant le prévôt-maire Simon Pavie, « d'une place et masure pleine de terraux, où jadis eut maison, assise à Pontoise emprès et devant l'église Nostre Dame, en dehors de la fermetté d'icelle ville ». Cette place vague tient « d. c. à une autre place qui est lès la maison nuefve de Jehan Paillou, d. c. au maisnil qui fu feu Guillaume Couldoué »; elle aboutit « d. b. sur le ru en droit, et par devers la rue du Pardon; d. b. au cimetière de l'eglise ». Le sol « mouvait en chefve seigneurie de la ville et commune de Pontoise à un denier de chefcens chacun an le dernier dimanche de may ».

« Il est advenu, ajoute le procès-verbal, que pour occasion de guerres qui jadis furent environ cest païs, il esconvint que la maison qui pour lors i estoit feust abatue et desmolye pour doubte que elle ne feist ou portast prejudice à lad. eglise de Nostre Dame. » Tant par suite de ce fait de guerre que par la mort de son possesseur, Pierre Le

---

(1) En 1352, mesire Michel, curé de Guyry (*Fol. 56*); en 1348, mesire Raoul, curé de Livilliers (*Fol. 109*), etc.

Terrier, l'emplacement en question devint « presque a non valoir, sans detenteur, au prejudice de lad. ville et seigneurie foncière, et encouru depuis icelui temps en grant quantité d'arrerages vers lad. ville ».

C'est pourquoi le procureur de la commune requiert qu'elle soit « subhastée ». Elle est adjugée moyennant, outre le cens annuel d'un denier, une somme de 42 sous 9 deniers versés à Pierre Faidon, argentier de la ville (1).

Cette « maison nuefve » qui vient de se construire auprès de la place abandonnée, le prix élevé auquel ce sol couvert de décombres trouve acquéreur (ce prix eût représenté *cinq cent treize* années d'arrérages) montrent la sécurité complètement rétablie, mais on voit aussi par là combien cette prospérité avait été lente à renaître.

Elle n'allait pas tarder à subir une éclipse autrement sinistre et prolongée.

Le registre des procès de l'abbaye au commencement du XVe siècle permet de fixer exactement la date où l'invasion reparut, amenant avec elle l'interruption forcée du cours de la justice.

Le 26 juillet 1416, les causes, jusque-là débattues aux audiences régulières du prévôt-en-garde de Pontoise, sont « remises au mois pour cause des vacations d'aoust ».

Le 23 août, l'audience ne s'ouvre pas ; les causes sont remises sans explication à huitaine. Le 30 août, « continuation generale de toutes les causes à quinzaine pour raison de la guerre ». Il n'y a pas d'audience jusqu'au 25 octobre ; le 25 on remet au 29 ; le 29 on remet au mois « pour l'occupacion de la guerre. » Il n'y a plus d'audience avant le 20 décembre 1417, et l'on remet au 23 février

---

(1) Archives de Seine-et-Oise. Fonds Saint-Martin, carton 64.

1418, toujours pour le même motif. Quelques audiences se tiennent au printemps de cette année, mais le cahier s'arrête au 9 juillet 1418, ce qui prouve qu'à ce moment tout exercice des fonctions judiciaires fut absolument suspendu.

En effet, à partir de cette époque, la malheureuse ville de Pontoise, sans cesse entourée d'ennemis, tombée à deux reprises entre leurs mains, eut à souffrir toutes les calamités.

Le gouvernement de Mathieu Le Cordonnier, commencé sous d'heureux auspices, se termina dans les plus grandes difficultés. A son avènement, Pierre III Le Boucher ne crut pouvoir mieux faire que de confirmer l'affermage général des biens du monastère, consenti par son prédécesseur. Il suffit de lire entre les lignes de ce document pour se rendre compte de la situation lamentable des affaires de l'abbaye.

U. p. l. i. Petrus permissione divinâ humilis abbas monasterii *Bti Martini super Viosnam juxta Pontisaram* (1) prior totusque conventus..... Cum a tribus annis citra causis certis et rationabilibus, ac pro utilitate et bono ejusdem monasterii nostri...... considerantes maximè quod ecclesia, domus, granchiæ et aliæ habitationes dicti monasterii quam plurimis et necessariis indigebant reparationibus, qui sine magno sumptu minimè fieri valebant, nec dicti monasterii nostri facultates ad ipsas faciendas nunc minimè sufficiebant, piæ memoriæ Reverendus pater Abbas, prædecessor noster..... et totus conventus certum contractum cum venerabili viro magistro Andrea Legati presbytero, in jure canonico bacchalaureo, curato ecclesiæ parochialis de Callyaco, Rothomagensis diœcesis, fecerant..... Nos ratam habentes, etc. Actum anno Dni Mo. CCCC trigesimo tertio, die xxviiiª mensis aprilis (2).

La famille Le Boucher, à laquelle appartenait l'abbé

---

(1) Cet acte est, croyons-nous, le premier, où le titre de l'abbaye soit modifié par l'adjonction des mots : *Sur-Viosne*, nom sous lequel elle fut ordinairement désignée depuis.

(2) D. Estiennot, t III, xxiv, 1.

Pierre III, avait pactisé avec l'ennemi puisqu'elle devait au duc de Bedford les trois roses rouges qu'elle portait sur son blason. Mais la domination tyrannique des Anglais avait fini par devenir insupportable à toute la population pontoisienne. Après une première tentative infructueuse, les habitants réussirent, en 1435, à fermer les portes de leur ville au capitaine John Ruppeley, sorti avec une partie de la garnison pour aller fourrager dans la campagne.

Ce succès fut malheureusement de courte durée. Le gouverneur français, Jehan de Villiers, sire de l'Isle-Adam, se laissa surprendre par Talbot, en 1437, et la cité fut mise au pillage. Les Anglais pénétrèrent dans l'hôtel où les moines étaient réfugiés, et où ils avaient entassé leurs provisions et leurs richesses. Les soldats pillèrent les blés et les vins, et une partie des joyaux. Mais ils ne purent trouver les reliquaires et les vases sacrés, prudemment cachés dans un cellier plus d'un an auparavant. Ils tourmentèrent l'abbé de mille manières pour lui faire livrer ce secret, et l'emmenèrent enfin prisonnier à Rouen.

On croit que l'abbé demeura captif plusieurs années. Cependant les moines firent leur soumission à l'envahisseur. En 1438, Henri VI, se disant roi de France et d'Angleterre, se déclara, par un diplôme spécial, le protecteur et le défenseur du monastère, dont les hôtes lui avaient prêté serment de fidélité. Peut-être un autre abbé fut-il installé à la place de Pierre Le Boucher, car sa famille était redevenue très française (1).

Voici le texte des lettres de Henry VI, datées de Rouen, le 13 mai 1438 :

A tous ceuls qui ces presentes lettres verront, Richart Strit garde de par le Roy nostre Sire du scel de la Chastellerie de Pontoise, et Durant de Gieufosse tabellion juré du Roy nostre

---

(1) Après le retour des Anglais, aucun membre de cette famille ne recouvra les fonctions qu'il avait occupées auparavant ; mais au contraire en 1441, lorsque les Français eurent reconquis Pontoise, Charles VII rendit aux Le Boucher toutes leurs charges.

Sire en la dite Chastellerie, salut. Savoir faisons que nous l'an de grace mil CCCC trente huit le lundi second jour du mois de juing, veismes, teinsmes et leusmes de mot a mot unes lettres du Roy nostre dit Seigneur scellées de son grant scel en simple queue et cire jaune, avec unes lettres de delivrance données des gens des comptes du Roy nostre dit Seigneur à Rouen et des tresoriers et gouverneurs generaulx de toutes les finances dudit seigneur en France et Normandie scellées de leurs singnes en cire vermeille, desquelles lettres qui sont saines et entieres de sceaulx et escripture, la teneur s'ensuit.

HENRY par la grace de Dieu roy de France et d'Angleterre, à nos amez et feaulx les gens de nos Comptes à Rouen et les tresoriers et gouverneurs generaulx de toutes nos finances en Normandie salut et dilection. Receue avons humble supplication de noz bien amez les religieux abbé et convent de *Saint Martin* prez Pontoise contenant comme lesdiz supplians aient tousiours demouré et residé, demeurent et resident encores de present en leur dite abbaye de Saint Martin, en laquelle ils ont fait et encores font de nuyt et de jour le service divin sans ce que ils se soient aucunement entremis du fait de la guerre, a l'occasion de laquelle ilz sont prezque tous destruis et exillez, mais ce non obstant le prevost de Pontoise et autres nos officiers ont prins et mis en nostre main tant petit de revenue que lesdiz supplians ont en la dite prevosté, soulz umbre ou couleur de ce que ladite ville de Pontoise a esté par certain temps ocuppée par nos ennemis et adversaires, dont il n'avoit aucune chose du fait et coulpe desdiz supplians, laquelle chose est en très grant grief preiudice et dommaige desdiz supplians, et plus pourroit estre se par nous ne leur estoit sur ce pourveu de nostre gracieux et convenable remede, si comme ils dient, humblement requerans icellui. Pour ce est-il que nous, qui sommes protecteur de l'eglise et voulons les droiz d'icelle estre inviolablement gardez, et le service divin estre tousiours fait et continué, vous mandons et enjoignons que des fruiz, rentes, revenues et possessions de la dite eglise Vous laissiez joir et user paisiblement iceuls supplians de tout le temps qu'il vous apperra suffisamment qu'ils auront esté mis et receuz en nostre obeïssance, depuis la recouvrance de nostre dite ville de Pontoise, moiennant que lesdiz supplians nous seront tenuz faire paier les drois et devoirs de leur dis heritages et revenues, s'aucuns 1) nous en sont deubz. Car ainsy nous plaist-

---

(1) Si quelques-uns.

il et voulons estre fait, et ausdis supplians l'avons ottroyé et ottroyons de grace especial par ces presentes, nonobstant quelzconques lettres subreptices, impetrees ou à impeter à ce contraires. Donné à Rouen le xiiiᵉ jour de may lan de grace mil CCCC trente huit et de nostre regne le seizesme..... Et nous garde dessusdiz avons scellé ce present vidimus du scel dessusdit (1).

⚜

Le long siège de Pontoise en 1441 acheva la ruine du monastère. Voici comment les incidents de cette dernière période sont relatés dans un « Livre de comptes des mises et receptes faittes par l'abbé Pierre depuis l'an 1433 jusques à sa mort arrivée environ l'an 1456 ». Dom Estiennot eut entre les mains ce manuscrit qui a malheureusement disparu des archives de St-Martin ; il nous en a conservé l'extrait suivant :

(Vix legi possunt prima et secunda pagina.) Cest icy la déclaration en manière dadvertissement des..... que a souffert labbé de Sᵗ Martin lez Pontoise en la prise de la ville de Pontoise en lan quatre cent trente et deux (2). Les Anglois ayant pris lad. ville entrèrent dans l'hostel de ladᵉ abbaye où estoit retrait..... tant bleds que vins..... sy eurent les Anglois tous les joyaux etc..... et led. abbé eut à souffrir tant..... et finablement en son corps qui fut prins et mené à Rouen.

Pag. 10. — Item la recepte des joyaux de l'église que les Religˣ déterrèrent quant je fus allé à Rouen pour..... à la fureur qui estoit sur moy par la prinse de mon corps quant la ville de Pontoise fut prinse par le Roy Nre Sire qui fu au mois de septembre quatre cent quarante et un. Lesquels joyaux avant lad. prinse avois mis en terre un an ou plus et autres choses en un sellier en nostre hostel à Pontoise, et ne furent point trouvés par les gens de guerre qui prindrent nostre hostel etc...

A ma revenuë de Rouen après ce que je eu parlé au capitaine et fay le serment, voulu scavoir l'estat ; ne trouvé ne

---

(1) Orig. avec sceau brisé. Fonds Saint-Martin. Cart. 1.
(2) Il y a là une erreur évidente de lecture, mais très explicable étant donné l'état du manuscrit.

denier ne maille, ne pains ne vin, ne quelque chose du monde pour vivre ne pour gens ne pour bestes, et trouvé tout plein de fiens l'église, le cloistre, le dortoir et generalement tout et tant l'abbaye en quelque lieu que ce fust, tant et si largement que plus d'un an on ne pouvoit venir à bout de le vuider; les vignes destruittes, les arbres couppés, les huys, fenestres, chassis de l'église et d'ailleurs emportés.

Le vaisseau d'argent ou estoit le chef St Felice pezant 14 marcs et 6 onces vendu 86 l. 16 s. p. Un calice vendu 14 l. 6 p. Un autre 8 l. 6 s. 8 d. Un autre 13 l. 4 s. 8 d. Une croix dargent pezante 7 marcs 3 onces. Un timbre pezant 43 livres 43 s. Un pot de cuyvre pezant 83 l. Il fait un estat des réparations qui ont esté faittes à la p. 24 et 28 (1).

Dans le chapitre relatif aux bâtiments, nous avons signalé les réparations coûteuses que les suites de la guerre entraînèrent dans la seconde moitié du XVe siècle.

Le pont de la Flache, situé sur le ru de Viosne, près de l'église Notre-Dame, avait aussi été ruiné. Il fut rétabli et inauguré le 6 juin 1476. Comme « le pavé du roi » traversait en cet endroit les domaines de St-Martin, l'abbaye contribua aux frais d'un repas qui fut servi aux entrepreneurs et ouvriers « pour l'abillaige » (ou enguirlandage) du pont, et fournit quatre pains, deux jambons et autres victuailles, le tout pour 6 s. 3 den.

Quant à l'état du reste du domaine monastique et de tout le pays environnant, il est décrit, au dénombrement de 1463, dans des termes non moins lugubres.

S'ensuit la déclaration des rentes et cens cotages appartenant à lad. eglise de St-Martin, lesquels sont de présent, et dès quarante ans a, en non valoir, et n'en recept-on aucune chose, obstant que les maisons et lieux ci après desclarez, chargez desd. rentes, sont, à l'occasion des guerres qui ont esté en ce royaume, inhabitez et inhabitables.

---

(1) D. Estiennot, t. III, xxv, 2.

Et premierement où souloit estre le village appelé la *Ville Saint-Martin*, où estoit residence de cent à vi^{xx} mesnages tenant feu et lieu, habitans et paroissiens de lad. eglise, souloit avoir icelle eglise de xxvi à xxx livres de rente; et est tout diminué, obstant que audit village, n'a maison, ne à peine pierre sur autre, et par consequent nuls habitans, et pour ce ne vaut aujourdhui à lad. eglise iiii sols parisis de rente.

Item, en la rue de la Carriere, qui sied entre led. village de St Martin et la fontaine du Vivier (1) aboutissant sur la rue de la Flache, souloit avoir iiii maisons dont ne reste rien. » (2)

Enfin, un dernier document emprunté au chartrier de St-Martin (3), ajoute quelques traits au tableau des ruines de la guerre dans les faubourgs de Pontoise, tout en précisant l'époque où de nouveaux travaux de fortification furent entrepris pour renforcer la défense militaire de la ville.

Le 10 janv. 1485 (n. st.) dev. Jaques d'Estouteville, g. de la prevosté de Paris, traité passé entre P. de Monstier, abbé de S. M., et honor. personnes Jehan des Vignes et Gillebert Langlois, bourgeois de Pontoise, marregliers de leuvre N. D. L'abbé disoit avoir droit de prendre 32 s. p. de chef cens sur une piece de pré contenant 2 arp. en la prairie de Pontoise, l. d. le Fresche aux Tanneurs, ten. d. p. à la riviere d'Oise, d. p. au ru de Vionne ; 8. s. g. d. de cens et 68 s. p. de rente sur les heritages qui ensuivent. C'est assavoir sur une place assise dev. lad. eglise N. D. au dessoubz de la Boucherie, 8 den. de cens et 16 s. p. de rente sur une place ou souloit avoir maison appelee anciennement la Loge N. D. qui fut à Pierre Belleeglise, ten. d. p. à une place où souloit estre le presbitaire dicelle eglise et d'autre part à la maison où souloit demeurer le maistre des euvres de lad. eglise N. D. ; item sur le lieu et place où souloit avoir maison ou anciennement souloit demeurer le maistre de l'euvre de lad. eglise ten. d. p. à la place ou jadis souloit estre la loge N. D. et d. c. à la place où estoit la maison des gardes de la porte de Barc et a la maison qui fu Agnes de Belleeglise, aboutissant d. b. aud. hostel Dieu et

---

(1) Comme aujourd'hui sous le nom de *Fontaine d'Amour*.
(2) Arch. mun. de Pontoise. Fonds Pihan de la Forest, doss. 1, pièce 4.
(3) Arch. de S.-et-O. Fonds Saint-Martin, Cart. 8.

d. b. au pavement du Roy, 4 d. p. de cens et 10 s. p. de rente.
Item sur une autre petite place et lieu où souloit avoir maison
seant derriere lad. place que tenoit et occupoit pareillement
led. maistre de leuvre, ten. d. p. à icelle place, 18 d. p. de
cens.

Item sur le lieu ou souloit avoir maison assis au devant le
petit huys de lad. eglise, qui fut à la Chambriere, ten. d. p.
aux hoirs de feu Marie d'Annery et d. p. au pavement par ou
l'on monte de lad. eglise à la boucherie, about. d. b. au Ru et
d. b. aud. petit huys, 3 d. p. de cens.

Item sur la maisure pres la porte de Barc qui fut Robert
Messant à cause de sa fe nommée la Terriere, 4 d. maille par.
de cens et 5 s. p. de rente. Item sur le tronc de lad. eglise,
15 s. p. de rente. Item sur la maison qui fut Marie d'Annery,
depuis à maistre Andrey Legat, ten. d. p. au ru de Vyonne,
d. p. à la place qui fut à la Chambrière, 8 d. p. de cens et
32 d. p. de rente. Item sur la maison, court et jardin qui fut
Pierre de Poullainville et dep. à Jehan des Vignes, seant rue
de la Flasche, ten. à la ruelle des Prez, 6 s. p. de cens.
Item sur la maison qui fut Agnes de la Court Dieu, depuis à
la Prieure de l' H. D. assis pres de lad. eglise, où souloit entre
la voye par laquele on alloit à la maison dite du Pré ten. d. p.
au curé, et d. p. à Jehanne La Landerie dite la Petite, 6 d. p.
de cens. Item sur une maisure hors Pontoise en la rue de la
Savaterie tenue du fief de Rieu, une maille de cens... Des
quels heritages lesd. abbé et religieux disoient lesd. margliers
estre detenteurs et proprietaires, et afin destre paiez de plusieurs arrerages qui leur estoient deubs, des amendes pour
cens non paiez, des ventes saisines et amendes... Et au contraire lesd. margliers disoient non estre detenteurs d'aucuns
desd. heritages, sur quoy ils demandoient lesd. cens et rentes,
estoient inutiles et de nule valeur à lad. eglise, parce que la
plus part diceulx avoient esté appliquez a l'accroissement des
fossés dicelle ville par l'ordonnance du Roy Loys dernier tres-
passé, cui Dieu pardoint; et que lesd. religieux ne faisoient à
recevoir à faire icelle demande, veue certaine moderacion qui
dès lan mil CCCC vint sept en auroit esté faite. Pour procès
eschiver les parties, composent ainsy : pour consideracion de
la ruyne et desolacion du quoy sont lesd. heritages, les religieux modèrent à 28 s. 3 d. de rente lesd. 68 s. de rente
deubz par lad. eglise. Quant aux arrerages, amendes et droits,
les margliers en demeurent quittes moyennant 40 s. p.

(Confirmation par lettres de Charles VIII, données à Paris le 15 janvier 1495 Orig¹ avec sceau.)

❦

La sécurité fut longue à renaître après de si terribles secousses. Pendant les règnes de Charles VII et de Louis XI, la rédaction des actes revêt encore un caractère spécial où les appréhensions que les esprits ne pouvaient secouer trouvent leur écho dans des clauses aléatoires. Cette impression se dégage encore d'un projet d'affermage général des revenus de l'abbaye, dressé en 1469 :

A tous... Robert d'Estouteville chev. sgr. de Veyne, baron d'Ivry, garde de la prevosté de Paris... Furent presents Reverend Père en Dieu Monseigneur Jehan abbé de St Martin de Pontoise, et religieuses personnes Dom Martin Ragot prieur du couvent de lad. abbaye, et Dom Gilés Des Lyons prieur du prieuré de St Pierre d'Amblainville, ont fait les convenances qui ensuyvent... Ledit Monseigneur l'abbé baille à titre de ferme auxd. Ragot et Des Lyons, du jour de Noel dernier passé, à troys ans ensuyvant, toutes les revenues qui pendant ce temps competeront, à la charge d'accomplir le service de lad. abbaye, de fournir aux religieux leurs vivres, boire, manger, feu, vestures et chaussures, et autres leurs necessitez; et de leur paier en la ville de Paris 50 liv. parisis, troys muys de vin, les deux vermeux (vermeils, rouges) et l'autre blanc, deux muys d'avoine et deux muys de blé, et un pourceau gras du prix de 24 sols; et bailler de plus aud. Monseigneur l'Abbé 40 liv. par an pour tourner et convertir en reparations; et rendre à la fin des trois annees la granche de l'abbaye 30 muys de grain les deux pars blé et le tiers avoyne... Led. Monseigneur l'abbé a retenu sa chambre et logis pour luy, ses serviteurs et chevaulx quant il ira aud. lieu de Ponthoise, et seront tenus les religieux lui querir et fournir vivres pendant le temps qu'il sera aud. Ponthoise. Et se pendant led. temps aucunes fortunes survenoient sur les gaignages venans en lad. abbaye, que Dieu ne veuille ! en ce cas iceluy Mgr l'Abbé y aura regard au dit de preudes hommes comme on a accoustumé de faire en tel cas. Item les preneurs confessent avoir receu cinq chevaux enharnachez de gros harnois, et de meme, ung chariot à quatre roues, deux tumbereaux garnis chacun de deux roues ferrées, deux charrues garnis de leurs fers, estimez le tout à 40 escus d'or du coing du Roy. Les preneurs prendront a leur prouffit les revenues eschues au jour de Noel dernier passé, et à la fin des trois années led. abbé prendra a son prouffit ce qui escherra au jour de Noel ensuyvant mil CCCC soixante douze.

(Original incomplet, non daté. Fonds Saint-Martin, Cart. 8.)

Telles sont les principales observations que nous avons relevées dans le *Livre de raison* de St-Martin. Pour mieux dépeindre, avec son secours, une fondation monastique de ce temps-là sous des couleurs vives et saisissantes, combien nous regrettons de ne pouvoir emprunter la plume érudite et piquante d'un abbé Tollemer reconstituant la vie du sire de Gouberville! Avant et surtout après lui, on a publié nombre de ces registres privés auxquels Charles de Ribbe a consacré une intéressante monobibliographie. Parmi les types variés qui ont revu le jour, ne figure encore, croyons-nous, aucun *Livre de raison monastique*. Il serait à souhaiter que le recueil pontoisien ne restât pas isolé et qu'on pût retrouver et produire d'autres spécimens de ces répertoires d'actes, de conventions et de comptes que recèlent probablement plus d'un de nos fonds d'abbaye, amples et touffus, encore presque inclassés dans maints dépôts publics de province.

J. DEPOIN.

18 mars 1899.

INDEX GÉOGRAPHIQUE

(*Les italiques se réfèrent aux mentions concernant les familles.*)

Amblainville, 12, 18, 127, 144, 184, 191.
Argenteuil, 163, 175.
Armentières, *143*.
Arronville, 144.
Aubeville, 124.
Auvers-sur-Oise, 36, 158, 170, 173, 175, 187, 191.

Balincourt, 146, 156, 160, 212.
Bantelu, 27, *59*, *154*, 163.
Beaumont-sur-Oise, 153.
Beauvais, 14.
Bellay-en-Vexin, 143.
Belléglise, 12, 72, *150*, *151*, 153, 220.
Bessancourt, 127.
Boisemont, 225.
Bornel, 127.
Bouconvilliers, *825*.
Boury, 12, 13, 42, 96, 225.
Bréançon, 143.
Brécourt, 8, *49*, *67*, *69*, *75*, *89*, 113, 146, 152, 153.
Brignancourt, 144, 152.
Buhotière (la), 12, 164.

Cergy, 3, 43, 145, 151, 156, 165, 175, 187, 212, 217.
Chaillot, 118.
Chambly, 12, 13, 15, 72, 83, 127, 138, *150*, 184.
Champagne, 140, 151.
Chars, 154.
Chapelle (la). *V. Vallangoujard.*
Chaumont, 16.
Chavençon, *150*, *167*.
Cléry, *59*, *144*, 154.
Commeny, 175.
Conflans-Sainte-Honorine, 212.
Cormeilles-en-Vexin, 28, 143.
Courcelles-sur-Viosne, 192.
Courdimanche, 72, *91*, 146, 147.
Creil, 218.

Eaubonne, 153.
Ennery, *59*, *137*, 141, *144*.
Epiais, 152.
Ermont, 63.
Etrépagny, 175.
Eu, 31, 103.
Exeter, 5.

Franconville, 153.
Frémécourt, 120.
Frette (la), 174.
Frouville, 152.

Gaye, 11.
Gency, 36, *136*, 173, 193.
Genicourt, 127, 186.
Gisors, 16, *59*, 115, *145*, 152, 160.
Gouzangrez, 72.
Grisy, 30, 48, 49, 115, 177.
Guiry, 165.

Haravilliers, 143. *V. le Ruel.*
Hédouville, 28, *170*.
Hénonville, *137*.
Hérouville, *59*, *66*, 141, 142, 152, 186.
Hibouvilliers, *134*, *137*.
Isle-Adam (l'), 14, 139, *152*, 156, *158*, 210, 212, 229. *V. Stors.*
Issy, 173.
Ivry-le-Temple, 91, 114, 151, 210.

Jouy-le-Moutier, 36, 72, *193*, 217.
Joyenval, 142.

Labbeville, 8, 160. *V. Brécourt.*
Lendit (le), 100, 120, 180.
Lieux. *V. Vauréal.*
Limoges, 41, 44.
Livilliers, 36, *69*, *91*, 152, 173, 178, 185, 217.

Lormaisons, *170*.
Lorris, 43.
Luzarches, *151*.

Marcoussis, 28.
Margicourt, *21*.
Marines, *136*.
Marquemont, 12, 96, 116, 138, 152, 220, 225.
Maudétour, *93*.
Maubuisson, 64, 111, 116, 142, 144.
Mello, *20*.
Menouville, 165.
Mériel. *V. Val-Notre-Dame.*
Méru, 151.
Méry-sur-Oise, 140.
Mézy, 152.
Meulan, 107.
Mézières, 143.
Milly, *170*.
Montalet, 212.
Montdidier, 15, 129.
Montmorency, 63, *153*, *161*.
Morcerf, 12, 15.

Neaufle-Saint-Martin, 37, 150.
Neauphle-le-Vieux, 16.
Nesle, *14*, *59*, 146, 175.
Neuilly-Marines, 149, *153*.
Noyon, 15.

Osny, 152.
Outrevoisin, *156*.

Paris, 32, 37, 60, 88, 172, 184.
Perchay, *136*.
Poissy, 28, 67, *154*.
Pomponne, 28.
Pontoise, 4, 12, 17, 36, 38, 64, 70, 84, 127, 203, 225, 231. *V. Val-Hermer, Vau-Geroud.*
Port-Royal, 212.
Précy, 175.
Puiseux, 3, 36, 120, 185, 190.

Ronquerolles, 12, 127.
Rosnel (le), 15, 48, *114*, 225.
Royaumont, 153.
Rouen, 6, 19, 54, 60.
Ruel (le), 48.

Sandricourt, 38, 170.
Sartrouville, 175.

Séez, 63.
Senlis, 37, 60, 88, 135, 167.
Serans, 114.
Serqueux, *152*.
Sèvres, *153*.
Soisy, *28*.
Stors, 209.
Survilliers, 28.
Saint-Cloud, 129.
Saint-Denis, 3, 5, 44, 154. *V. Lendit.*
Saint-Germain-en-Laye, 219.
Saint-Germer, 15.
Saint-Leu-d'Esserent, 149, 175.
Saint-Leu (S. e -O.). *V. Taverny.*
Saint-Ouen-l'Aumône, 64, 216. *V. Maubuisson.*
Saint-Prix (Tour), 12, 72, 93, 97, 118, 197.

Taverny, 72, 97, 127, 160, 194, 219, 220.
Théméricourt, 9, 72, *136*.
Thourotte, 148.
Touffrescalle, *152*.
Tour. *V. Saint-Prix.*
Trainel, *152*.
Tréport (le), 31, 103, 152.
Troussures, 209.

Valdampierre, *136*.
Val-Hermer (le), 84, 142.
Vallangoujard, 36, 37, 43, 69, 127, 145, 148, 149, 156, 162, 178, *185*, 225.
Valmondois, 72, 127, 170, 184, 212, 225.
Val-Notre-Dame, 116, 212, 219.
Vau-Geroud, 93.
Vauréal (Lieux), 72, 153, 170, 192.
Vaux-de-Cernay, 48.
Venderesse, *152*, *153*.
Vézelay, 20.
Vigny, *136*.
Villebon, *160*.
Villeneuve-Saint-Martin (la), 9, 26, 168, 173.
Villetertre (la), 167.
Villette, 152.
Villiers-Adam, 37, 218.
Villiers-sur-Ouchy, 10.

TABLE DES CHAPITRES

I. LE MANUSCRIT.	1
II. ORIGINES DE L'ABBAYE	5
III. LES ABBÉS DU XIVᵉ AU XVIᵉ SIÈCLE	8
IV. INDÉPENDANCE DE L'ABBAYE.	17
Serment de l'Abbé au Souverain Pontife	28
V. LES BATIMENTS ET L'ÉGLISE.	32
VI. LE TRÉSOR ET LE MOBILIER.	39
Inventaires du Trésor (1343-1412)	40
Inventaires de chapelles	48
Cloches. — Horloge.	49
Bibliothèque. Catalogue de 1241.	51
VII. LE CULTE ET LES PÈLERINAGES	54
Introduction de la liturgie de Rouen en 1239	54
Luminaire. — Cérémonies. — Prières	55
Reliques. — Pèlerinages. — Indulgences	60
Fondations pieuses au XIVᵉ siècle	63
VIII. LE PERSONNEL DE L'ABBAYE	71
Liste de religieux de 1329 à 1420.	72
Rouleaux mortuaires.	74
L'Aumône.	79
L'Hôtellerie.	81
Pensionnaires.	83
Convers. — Domestiques.	84
Médecin. — Chirurgien. — Barbier.	86
Chambrières.	87
Écrivains	88
Écoles. — Étudiants.	89
IX. DISCIPLINE MONASTIQUE. — Vie intérieure et conduite morale.	92
Réparation à un moine calomnié.	96
Spéculations d'un prieur.	96

	Vestiaire	99
	Alimentation	102
	Boisson. — Cervoise.	106
	Huile. — Sel. — Épices.	107
	Cuisine. — Vaisselle d'étain	109
	Réceptions	111
	Éclairage. — Chauffage. — Étuves.	118
X.	Le Budget de l'Abbaye	119
	Droits ecclésiastiques. Patronages d'églises	126
	La paroisse St-Martin	128
	La paroisse Notre-Dame et le pèlerinage de Pontoise	129
	Les dîmages.	138
	Le fief Boivin.	144
	Droits féodaux	145
	Pressoir. — Moulins.	148
	Droits de cens.	149
	Charges féodales. Le besant de St-Denis	154
	Le droit de chasse.	155
	Immunités.	161
	Droits judiciaires	161
	Officiers de justice. — Messiers	163
	Contentieux. Procès.	166
XI.	Biens fonciers. — Maisons	172
	Agriculture. Inventaire de fermes.	176
	Animaux	179
	Viticulture.	187
	La taverne de Pontoise	195
XII.	Commerce. Les péages.	203
XIII.	La guerre de Cent ans	213
	Cours des monnaies.	214
	Prêts et avances au Roi et à la Cour.	215
	Rôle politique de l'Abbaye.	220
	Episodes et désastres de la guerre	223

VERSAILLES. — IMPRIMERIES CERF, 59, RUE DUPLESSIS.

ANNEXES

I

Lettres de non-préjudice pour l'élection de l'abbé Etienne I.

(27 juillet 1201.)

Omnibus Christi fidelibus ad quos presens scriptum pervenerit, Prior et conventus Sti Martini Pontisarensis, salutem in Domino. Cum inter Venerabilem patrem nostrum Dnum Walterum Rothomagensem archiepiscopum et nos controversia verteretur, Dno archiepiscopo asserente se vel aliquem nomine suo, debere electioni abbatis nostri interesse, nobis è contrario asserentibus nos eo non presente vel nuntio ipsius, eligere posse, tandem Dnus noster archiepiscopus predictus ad preces Dni Oct(aviani) Hostiensis et Velletriensis episcopi, Apostolice Sedis legati, et Dni Regis *Francie*, querelam istam ad presens distulit, et Stephanum quem elegimus, salvo jure suo et nostro in posterum, confirmavit et benedictionis manum apposuit. Actum anno Incarnationis Dominice M° CC° primo, IIII° Kl. augusti; apud Vaus.

(Orig. sans sceau. Arch. de la Seine-Inférieure, G 1846. — Transcrit au Cartulaire de Philippe d'Alençon : G 7, fol. 505.)

II

Premier acte en langue française tiré du chartrier de St-Martin.

Extrait d'un compromis fait avec la dame et seigneur de Menouville pour la bannalité de moulin dud. lieu.

(Mars 1260, n. st.)

A tous ceux que ces presentes lettres verront et orront, frere Dryues, abbes de St Martin de Pontoise par la grace de Dieu et Clemence dame de Pompone, saluz en nostre seignor Jhu Christ. Scachent tuit que comme contenz fust entre Monseignor Ansel de Menouville, chevalier de une partie, et la communeté de la Ville de la Chapelle jouxte Valenguegard de l'autre partie, ce est a scavoir surs ce que ly devant dit Chevalier disoit que tuit li hommes de la Chapelle devant dite estoient et devoient estre benniers au moulin de Menouville qui est au devant dit Ch^{er} et li hommes de la dev^t dite ville de la Chapelle disoient encontre que ils n'estoient ne devoient estre benniers de devant dit moulin. A la parfin, du conseil de preuz des hommes les parties devant dites par devant nous de leur commun assentement et de leur commune volonté ensemble pristrent et elleurent deux preuz des hommes preuveires pour le conteenz devant dit apesier. Ce est a scavoir Monsignor Jehan le prestre de Valleroy, pris et esleu de la partie aux hommes devant ditz, et Monseignor Simon Chapelain à moy Clemence dame de Pompone devant dite, pris et esleu de la partie du devant dit Chevalier....

Ce fut faict en l'an de l'incarnation de Nostre Seigneur Jhû Christ mil deux cent et cinquante et neuf ans, aux mois de mars.

(D. Estiennot, l. III, xv, 6. — Tria sustinebat cartha sigilla; nullum superest, nisi forte unius media pars in quâ visitur apri forma : *un sanglier contourné.*)

III

Taxe des procurations dues à Saint-Martin.

(Vers 1282.)

Hec est taxatio procurationum nostrarum que debentur a prioribus nostris ad terminos inferius annotandos.

Ad festum Ste Trinitatis, prior de *Buhoteria*, L. sol. tur.

Ad festum Sti Petri qui est in Junio, prior de *Moressarto*, L. sol. tur.

In vigilia Assumptionis Bte Marie, prior de *Ronquerollis*, XL. sol. par.

Ad festum Sti Flavii, prior de *Umblevilla*, xxx sol. par.

Ad festum Nativitatis Bte Marie, prior de *Taberniaco*, XL sol. par.

Ad festum Exaltationis Ste Crucis, prior de *Borricio*, XL sol. par.

Ad festum Sti Gerardi pro anniversario THEOBALDI abbatis et

domini STEPHANI DE SACRO CESARE militis, prior de *Chambliaco*, LX sol. par.

In die Omnium Sanctorum, prior de *Turno*, L sol. par.

Ad festum Conceptionis Bte Marie, prior de *Ronello*, XL sol. par.

Ad festum Ascensionis Dni, prior de *Vallemonda*, XXX sol. par.

Ad festum Sti Germani Par(isiensis), prior de *Marcomonte*, XXX sol. par.

Ad festum Purificationis Bte Marie, prior de *Bellaecclesia*, XXX sol. par.

(B. N. Mss. lat. 13889, fol. 189. Ce texte est suivi, sur le même feuillet, de la transcription d'un acte de 1282.)

ADDITIONS ET CORRECTIONS

P. 2, l. 1. *Des partages; de dimes*, supprimer le point et virgule.

P. 8, l. 9. *Probablement en 1343*, lisez : *en 1348 ou 1349* (Voir ci-après, page 75, note 1.)

P. 50, l. 10. *D'avant l'an 1504*, lisez : *d'avril l'an 1504*.

P. 73. Ajouter à la liste :

1418, dampt Guillemin Dutuit, prieur de Chambly.
1418, dampt Henry des Hayes, prieur de Valmondois.
1418, dampt Pierre Le Boucher, prieur d'Amblainville et *procureur* (depuis *abbé*).

P. 155, l. 1. Lisez : Au xive siècle on n'était pas très bien fixé sur la valeur de cette monnaie. »

www.ingramcontent.com/pod-product-compliance
Lightning Source LLC
Chambersburg PA
CBHW060127170426
43198CB00010B/1064